城市中小学校课后体育服务体系构建策略

杨巧静 著

北方文艺出版社

· 哈尔滨 ·

图书在版编目（CIP）数据

城市中小学校课后体育服务体系构建策略 / 杨巧静

著. -- 哈尔滨：北方文艺出版社, 2025. 6. -- ISBN

978-7-5317-6661-2

Ⅰ. G633.962

中国国家版本馆CIP数据核字第202565NJ76号

城市中小学校课后体育服务体系构建策略

CHENGSHI ZHONGXIAOXUEXIAO KEHOU TIYU FUWUTIXI GOUJIANCELÜE

作　　者 / 杨巧静

责任编辑 / 宋雪微　　　　　　　　　　封面设计 / 邓小林

出版发行 / 北方文艺出版社　　　　　　邮　　编 / 150008

发行电话 / （0451）86825533　　　　　经　　销 / 新华书店

地　　址 / 哈尔滨市南岗区宣庆小区 1 号楼　　网　　址 / www.bfwy.com

印　　刷 / 三河市中晟雅豪印务有限公司　　开　　本 / 710毫米 × 1000毫米　　1/16

字　　数 / 200千　　　　　　　　　　　印　　张 / 14.5

版　　次 / 2025 年 6 月第 1 版　　　　　印　　次 / 2025 年 6 月第 1 次印刷

书　　号 / ISBN 978-7-5317-6661-2　　　定　　价 / 69.80元

前　言

　　《城市中小学校课后体育服务体系构建策略》着眼于当下城市中小学校课后体育服务实际所需，全面且细致地探讨了课后体育服务体系该怎么去构建的思路、其运行的机制以及能够进行优化的路径。整本书是围绕课后体育服务相关的基本概念、供需方面的关系、课程所形成的体系、师资组建的队伍、场地相关的设施、组织方面的管理以及未来发展等诸多关键之处展开来阐述的，其目的在于给教育方面的管理者、从事体育教育研究的人员以及处在一线教学的体育教师给予相应的理论方面的有力支撑以及在实践操作上的有效指导。

　　此书一开始便对国内外课后体育服务的发展实际状况展开了梳理工作，对其具备的价值以及所起到的作用加以分析，进而阐述构建相关体系的必要之处。在此前提之下，着重针对课后体育服务的课程体系该如何建设、师资队伍怎样去培养、场地设施要如何保障、组织管理模式是什么样等诸多方面的内容展开探讨，与此同时，联系典型的案例，给出具有可操作性的策略方面的建议。除此之外，此书还将关注点放在智慧体育的应用情况、跨部门合作的模式以及国际上的先进经验等方面，以带有前瞻性的眼光去展望未来课后体育服务体系将会朝着怎样的方向去发展。

　　此书适合教育行政部门、学校的管理者、体育教师、社会体育机构，还有那些对体育教育研究抱有兴趣的读者。它能够在提升城市中小学校课后体育服务的质量方面发挥作用，也能给促进学生体育素养以及健康发展给予科学的指导，同时带来实践方面的参考。

作者

2025 年 3 月

目 录

第一章 课后体育服务体系概述

第一节 课后体育服务的内涵与特征

一、课后体育服务的基本概念

（一）课后体育服务的定义与范畴

课后体育服务说的是在学校正常教学时间以外，专门为中小学生所开展的那些有着组织安排、有着明确计划的体育活动以及相关的指导服务。它所涉及的范围包括在放学后、周末，还有寒暑假期间所开展的各式各样的体育活动，其内容是多元的，像体育技能方面的培训、体育游戏的开展、体育竞赛的举办以及体质健康管理等诸多方面都涵盖在内。这样的一种服务实际上打破了传统体育教学在时间与空间上所存在的限制，把体育教育进一步延伸到了课堂之外的区域，从而形成了对于学校体育教育而言极为重要的一种补充形式，也为青少年们赋予了更为丰富且多样的体育体验以及锻炼的良好机会。

课后体育服务的范畴相当宽泛，一方面可以是学校所组织开展的课后体育俱乐部活动，另一方面也可以是校外专业机构所给予的特色体育培训。这里面存在着团体性的集体运动项目，同时也有那种侧重于个性化的专项技能指导。其中既涵盖了像足球、篮球、乒乓球这类传统体育项目的训练内容，也涉及诸如滑板、极限运动等现代新兴体育项目的探索事宜。如此多元化的服务范畴状况，使得课后体育服务有能力去满足不同学生的个性方面的需求，进而为青少年的全面发展给予了更为灵活多样的选择余地。

课后体育服务的定义是处于不断发展变化之中的，会随着社会持续发展以及教育理念逐步变革而变得更加丰富且完善起来。它一开始仅仅是单纯的体育锻炼而已，发展到如今，已然延伸成了一套综合素质培养体系。课后体育服务如今已然变成了一座极为重要的桥梁，将学校体育和社会体育紧密地连接在了一起,同时也成为实现青少年体育教育全面覆盖的关键途径,更是构建终身体育理念不可或缺的重要基础。该服务并非仅仅着眼于体能方面的提升,还特别注重对体育精神展开培养,并且致力于健康生活方式的逐步养成。

(二)课后体育服务的构成要素

课后体育服务体系涵盖了诸多关键构成要素,其中服务主体当属首要方面,这涵盖了像学校体育教师、专业体育教练以及体育志愿者等各类人员队伍。这些服务主体肩负着对课后体育活动予以组织以及给予指导的工作任务,他们所具备的专业素养以及服务水准会对课后体育服务的质量与成效产生直接的影响作用。要想达成优质的课后体育服务,那就有必要去构建起专业化且多元化的服务团队,对校内外的相关资源加以整合,进而形成协同育人的一种合力效果。专业的体育教师团队能够依据学生的年龄特征以及身心发展的规律情况,来设计出既科学又合理的课后体育活动方案。

服务内容属于课后体育服务当中极为关键的核心要素,其在很大程度上决定了该项服务所具备的吸引力以及实际产生的效果。优质的课后体育服务内容理应呈现出多样性的特点并且具备良好的适应性,这里面既涵盖了基础性的身体素质方面的训练内容,同时也把专项性的运动技能培养囊括其中;不但有着趣味性十足的体育游戏活动,而且还存在竞技性的体育比赛项目。在对服务内容进行设计的时候,务必要充分考虑到学生的兴趣爱好情况、身体条件状况以及他们自身的发展需求等方面,要始终将学生置于中心位置,着重关注学生的体验感受与参与程度,从而有效激发学生对于运动的热情以及能够让他们保持较为持久的兴趣。

服务保障在课后体育服务当中属于极为关键的支撑要素,其涵盖了场地设施、器材装备、安全管理以及评价反馈等诸多方面。就开展课后体育活动而言,完善的场地设施以及充足的器材装备无疑是不可或缺的物质基础所在;而科学合理的安全管理机制恰恰是确保活动能够得以顺利开展的重要保障条件;有效的评价反馈系统从另一个角度来讲则是促使服务质量实现持续改进的必要手段。

上述这些要素彼此之间存在着紧密的关联，并且相互给予有力的支撑，它们共同组合起来便构成了完整的课后体育服务保障体系，进而为课后体育服务能够顺利开展筑牢了坚实无比的保障根基。

（三）课后体育服务的基本属性

课后体育服务带有显著的教育属性，它和单纯的娱乐活动以及商业培训是不一样的，实则是学校教育体系的一种有机延伸，同时也是必要的补充部分。借助课后体育服务这一途径，学生一方面能够学到运动技能，另一方面还能培育诸如团队合作精神、竞争意识以及坚韧品质等诸多重要品格。正是这种教育属性，使得课后体育服务务必秉持育人为本的原则，要把体育技能的学习和品德的培育、性格的塑造相互融合起来，进而达成知识、能力以及情感的统一发展态势。

课后体育服务带有十分鲜明的社会特性，它把家庭、学校以及社会紧密连接起来，同时对多方的资源还有力量加以整合。借助课后体育服务这一途径，学校能够和社区体育组织、专业体育俱乐部、体育产业企业等构建起合作的关系，进而引入专业的指导方面的力量以及丰富多样的体育资源。正是这样的社会特性，让课后体育服务变成学校实行开放办学、社会积极参与教育的重要承载形式，并且为处理家长接送存在困难、监管方面有难题等一系列问题给出了有效的解决办法。

课后体育服务所具备的服务属性是绝不容忽视的，它将满足学生个性化发展需求当作起始点，着重关注服务的针对性以及有效性。品质优良的课后体育服务理应依照学生的年龄特征、身体状况、兴趣喜好等诸多因素，来给出存在差异、极具个性化的体育活动可选项目。这样的服务属性使得课后体育服务务必要尊重学生作为主体的地位，关切学生实实在在的需求，给予多样化的活动内容以及灵活多变的参与形式，最大程度地唤起学生参与体育活动的那份积极性与主动性。

二、课后体育服务的特征分析

（一）组织形式的多样性与灵活性

课后体育服务于组织形式方面彰显出颇为显著的多样性以及灵活性，这和常规体育课那种统一的安排是全然不同的。就参与方式来讲，学生能够依照自身的兴趣爱好以及可支配的时间来自主地去选择参与的项目，同时也能自主确定参与的频次。从活动形态层面来看，一方面存在着常态化开展的俱乐部训练活动，另一方面也会有阶段性开展的专项培训活动，除此之外，还会有临时性举办的各类体育赛事。这样的组织形式所呈现出的多样性已然打破了传统体育教学所秉持的那种刻板模式，从而为学生营造出了更为自由且灵活的体育锻炼空间，进而能够更为妥善地去适应不同学生所具有的个性化需求。

课后体育服务在组织方式方面，呈现出了校内外相互结合的特点。就校内而言，其组织形式包含了体育俱乐部、兴趣小组以及校队训练等，这些活动是由学校的体育教师或者专职教练来负责给予指导的；而在校外，组织形式有社区体育活动、专业培训机构以及青少年体育俱乐部等多种类型，是由社会体育指导员或者专业教练来提供相关服务的。这样一种校内外相结合的组织方式，在很大程度上拓展了课后体育服务所涉及的空间范围以及包含的内容范畴，能够让学生有机会接触到更为多元且更为专业的体育资源。

伴随信息技术不断发展演进，课后体育服务的组织形式已然呈现出线上与线下相融合的崭新趋向。借助在线预约报名的途径、依靠网络视频予以指导以及凭借智能设备展开监测等诸多方式，课后体育服务成功突破了时间与空间的双重限制，达成了服务方式的创新以及升级优化。此种线上线下融合的组织形式还能有力确保课后体育服务能够保持连续不断，具备稳定可靠的特性，从而为学生提供全方位、毫无间断的体育指导以及相关服务，使得课后体育服务的组织形式变得更加灵活且富有变化。

（二）服务内容的丰富性与专业性

课后体育服务所涵盖的内容展现出了以往从未有过的丰富程度与多元特性，其已不再仅仅被限制在传统的那几项运动范畴之内了，而是将竞技体育、民族传统体育、休闲体育以及极限运动等诸多不同的类型都囊括其中。中小学生由此能够接触到诸如田径、球类、水上运动、冰雪项目、武术、舞蹈、户外拓展等这些各具独特风格的体育项目。这种内容层面的丰富状况，一方面满足了学生那种想要探寻新奇事物的心理，另一方面也迎合了学生尝试新鲜事物的欲望，并且还为学生去发掘自身在体育方面的潜在能力开拓出了极为广阔的空间，从而使得每一个学生都有机会寻觅到契合自身的体育活动开展形式。

课后体育服务内容所呈现出的专业性正愈发凸显出来，服务的提供者也越发重视其科学性以及系统性方面的特质。专业的课后体育服务往往会去设立一套较为科学的课程体系，这一体系会从基础的入门阶段，逐步发展到技能得以提升的阶段，进而延伸至竞技水平阶段，如此便形成了一条完整的可供学生学习进阶的路径。在教学内容的设计环节，会参照专业的体育训练相关理论，依据学生具体的身体条件以及所处的发展阶段，来拟定具有针对性的训练计划。专业的教练会采用科学的指导方式，从动作所具备的要领、技战术如何运用，一直到对学生心理进行调控等多个方面，全面且有效地提升学生的运动能力及其水平。

课后体育服务的内容往往有着融合性这一显著特点，体育同德育、智育以及美育等诸多方面彼此相互渗透起来，进而实现了多维度的育人目标。在课后所开展的体育活动当中融入了品德教育方面的诸多元素，借助体育竞赛这一形式来着力培养学生的规则意识以及公平精神；同时还融入了不少科学知识，使得学生能够在参与运动的过程中去深入了解人体结构以及生理反应的相关原理；并且也融入了艺术元素，像在体育舞蹈、艺术体操等具体项目里面着重培养学生的审美能力。这样一种内容上的融合特性促使课后体育服务不再局限于单纯的身体锻炼范畴，而是摇身一变成为推动学生实现全面发展的极为重要的途径，这无疑也充分彰显出了当代体育教育理念所具备的先进性。

（三）参与主体的广泛性与互动性

课后体育服务所涉及的参与主体展现出了颇为广泛的特性，其并非仅仅局限于学生以及体育教师这两类群体，实际上还涵盖了学校的管理者、学生家长、社会体育工作者等多种多样的主体。学生无疑是该项服务最为核心的对象群体，他们会依据自身所具有的需求以及个人兴趣来挑选各不相同的体育活动。体育教师以及专业教练在其中扮演着服务主要提供者的角色，肩负着对各类体育活动进行组织实施以及给予相应技术指导的重任。学校管理者则要负责对课后体育服务展开整体层面的规划工作，同时还要对相关资源加以协调处理。家长是以支持者的身份参与到整个活动当中的，主要从事活动监督以及效果反馈方面的工作。而社会体育工作者会为课后体育服务提供专业层面的支持，并且还能在资源补充方面发挥作用。

第二节 课后体育服务的国内外发展现状

一、国际课后体育服务的发展概况

（一）美国课后体育服务的实践与经验

美国的课后体育服务体系历经长时间的发展，已然形成了相对成熟的模式，其最为关键之处在于学校体育和社区体育实现了紧密的融合。美国的中小学大多设置了多种多样的体育俱乐部以及运动队，专职教练会负责这些俱乐部和运动队的日常训练工作，同时也会对相关比赛给予指导。这些在课后开展的体育活动和常规的体育课程能够彼此起到补充的作用，由此便构成了完整的学校体育体系。美国对体育竞赛在课后体育服务当中所发挥的作用格外看重，还构建起了从校级一直到州级，进而到全国性的多层级竞赛体系。校际联赛已然成为美国课后体育服务不可或缺的重要构成部分，其不但促使学生的运动技能得以提升，而且还对校园文化的营造以及集体荣誉感的培养起到了推动作用。

美国课后体育服务还有一个颇为显著的特点，那便是社会力量的广泛介入。像YMCA（基督教青年会）这类非营利组织，在整个美国范围内，会给青少年带去多种多样的体育项目以及相关服务；各类体育俱乐部针对不同年龄段的学生，专门开设了专业培训课程；社区体育中心则为学生们提供了十分便捷的体育场地与设施。这些社会组织和学校之间一直保持着极为密切的合作关系，它们共同成为美国课后体育服务极为重要的支撑力量。美国政府同样也借助多种途径来支持课后体育服务的发展，比如制定相关的政策法规，给予资金方面的支持，还有建设公共体育设施等。

美国课后体育服务的管理机制颇具借鉴意义，其呈现出专业化运作以及市场化运行的特点。全美中学体育协会这类专业组织承担着制定统一竞赛规则与管理标准的职责，由此确保了课后体育活动具备规范性和专业性。各类体育俱乐部以及培训机构采取市场化运作的模式，它们凭借收费服务以及获取社会赞助来维持日常的运营，进而形成了可持续发展的良性循环。美国的课后体育服务着重强调家长和社区的参与，家长志愿者在组织管理、后勤保障等诸多方面都发挥着极为重要的作用，社区居民同样也积极地支持并参与学校的体育活动，如此便营造出了全社会都关心且支持青少年体育发展的良好氛围。

（二）日本课后体育服务的特色与创新

日本课后体育服务最为显著的特点在于其运动部活动，这属于一种组织化程度颇高且颇具制度化特点的课后体育活动样式。基本上，日本的所有中小学校都设立了诸多运动部，像棒球部、足球部、田径部以及柔道部等，学生能够依照自身的兴趣爱好来自由地选择加入其中。运动部活动一般是在放学之后以及周末时段开展，由学校的教师来出任指导员这一角色，承担起日常训练以及比赛指导方面的工作。这种活动形式一方面培育了学生的运动技能，另一方面通过较为严格的纪律方面的要求以及层级方面的管理，还培育了学生的责任感与团队精神，充分彰显出了日本所特有的集体主义文化方面的传统。

日本的课后体育服务把对传统体育文化的传承以及发展看得颇为重要。像柔道、剑道这类传统的武道项目，在课后体育活动里占据着不容小觑的重要地位。学校还特意设立了专门的道场，并且聘请专业的教师来给予相应的指导。这些传统体育项目可不单单是教授一些技术动作而已，它们更加着重强调礼仪规范以及精神修养方面的内容，由此也充分展现出日本体育教育对德育功能重视的这一特点。在这个过程中，日本同时也在积极地引入诸如棒球、足球、篮球等现代体育项目，然后结合本国自身的文化特点去展开创新发展方面的工作，就这样逐步形成了将传统与现代有机结合起来的多元化课后体育服务体系。

日本课后体育服务还有一个创新之处，那便是社区体育俱乐部的逐步发展。日本政府为了设法解决学校教师负担过重这一难题，自2000年起便着手推动建设综合型地域体育俱乐部，积极鼓励社区居民自行去组织以及管理各类体育活动。这些俱乐部一般会设立在学校或者社区的体育设施里面，其服务面向社区里各个不同年龄段的居民，而青少年更是其重点服务的群体。社区体育俱乐部和学校之间维持着极为密切的合作关系，二者共同肩负起课后体育服务所应承担的责任。如此一来，这种模式便达成了学校体育和社区体育的有机融合，在一定程度上缓解了学校所面临的压力，同时还拓展了课后体育服务可施展的空间，并且也为青少年赋予了更为专业且更为多样的体育体验。

（三）欧洲课后体育服务的模式与启示

欧洲国家的课后体育服务往往会采用俱乐部制这样的模式，在青少年体育发展方面，体育俱乐部可是发挥着极为核心的作用。这些俱乐部基本上都是民间自行组织起来的，它们有着比较高的自主性，灵活性也很不错。欧洲的体育俱乐部和学校之间一直保持着十分紧密的合作关系，不少体育训练活动就在学校的场地来开展，俱乐部的教练也会按照一定的周期到学校去开展相应的指导活动。这种学校和俱乐部紧密合作的模式，一方面保证了学生能够拥有获得专业指导的契机，另一方面也减轻了学校在组织方面的负担，进而达成了资源的优化配置，实现了双方的互利共赢局面。

欧洲课后体育服务还有一个显著特点，那便是极为看重普及跟提高两者的相互结合。从一方面来讲，欧洲诸多国家借助政策方面的有力支持以及资金的投入，力求让所有青少年都可以拥有参与体育活动的契机，并且对弱势群体的体育方面需求予以格外的关注；从另一方面来看，通过构建起完备的人才选拔以及培养方面的机制，给那些具备潜力的青少年给予专业的训练所需条件以及发展的路径。这样一种普及与提高同时并重的策略，不但确保了体育活动能够得到广泛的参与，而且还为竞技体育人才的培育筑牢了相当坚实的基础。

欧洲课后体育服务在制度保障方面称得上完善。各国政府大多会把青少年体育发展归入到法律法规体系当中，借助立法的方式来明晰各方所承担的责任以及所享有的权利。政府会给予体育俱乐部财政补贴以及税收方面的优惠，以此来支撑俱乐部为青少年提供免费或者收费较低的体育服务。学校、家庭、社区还有体育协会这几方之间构建起了较为稳定的合作机制，进而形成了由多方参与进来、共同担负责任的服务网络。从欧洲的情况来看，健全的制度保障以及多元的参与机制，属于课后体育服务能够实现可持续发展的关键要素。这些来自欧洲的经验，对于我国去构建城市中小学课后体育服务体系而言，有着颇为重要的启示价值。

二、我国课后体育服务的演进历程

（一）萌芽阶段的探索与实践

我国课后体育服务的发端能够回溯到20世纪80年代，那个时候其主要是以学校体育兴趣小组以及体育训练队这样的形式呈现出来的。在这一时期，课后开展的体育活动基本上是由学校来负责组织安排的，其主要着眼于提升学生的运动技能，并且促使学生能够参与到各级别的体育比赛当中去。各个学校会依据自身所具备的条件以及师资方面的力量情况，去开展诸如田径、球类等传统体育项目方面的训练活动，而负责进行指导工作的则是体育教师，他们会利用课余的时间来完成此项任务。这种处于初步阶段的课后体育服务，尽管其规模并不是很大，形式也相对较为简单，然而却为后续的进一步发展筑牢了根基，不但培育出了一批在体育方面有特长的学生，而且还积攒下了一定的组织方面的经验。

自20世纪90年代起，素质教育理念逐渐兴起，与此同时，学校体育改革也在稳步推进，在这样的背景之下，课后体育服务便朝着多元化的方向开启了发展之路。部分经济较为发达地区的学校率先展开尝试，将更为丰富多样的体育项目引入其中，像武术、游泳、棋类等，如此一来，便拓宽了学生可选择的范围。校外的体育培训机构也随之应运而生，专门针对那些有着特殊需求以及浓厚兴趣的学生来提供相应的服务。在这一时期，课后体育服务虽说大体上还是以竞技体育占据主导地位，不过，已经渐渐开始重视学生的兴趣以及他们的实际需求了，从中也能够看出服务意识已然开始冒头、初现萌芽状态了。

在步入新世纪之后，因教育改革不断推进以及家长越发重视素质教育，课后体育服务迈入了快速发展的时期。学校着手对课后体育活动予以系统规划与管理，专门设立了经费，对场地设施加以完善，还制定出了相关管理制度。各地的教育部门同样开始看重并支持课后体育服务的发展，凭借政策方面的引导以及资源的投入来推动学校去开展形式多样、内容丰富的课后体育活动。

（二）快速发展阶段的创新与突破

我国课后体育服务自2010年之后便步入了快速发展的阶段，在这一发展进程当中，国家层面所给予的政策支持无疑成为极为重要的推动力量。像《全民健身条例》以及《关于加强青少年体育增强青少年体质的意见》等一系列政策文件先后接连出台，这些政策文件为课后体育服务实实在在地给予了政策方面的有力保障，同时也提供了明确的方向方面的指引。在此情形之下，全国各地纷纷开始着重关注课后体育服务的建设工作，于是乎，一批具备示范作用的学校以及示范区域陆陆续续地涌现了出来。就拿上海来说，其实施了"体育俱乐部进校园"的工程，把专业的体育社会组织引入进来，让它们参与到学校的课后体育服务当中；而北京，则开展了"阳光体育大课间"的活动，将课间的体育活动和课后的体育活动巧妙且有机地结合在了一起；再看深圳，它构建起了"学校体育超市"的模式，从而为学生们提供了多种多样的体育项目以供其进行选择。这些不同地方所开展的实践活动，极大地丰富了课后体育服务所涵盖的内容以及呈现的形式，并且还从中积累了相当宝贵的经验。

课后体育服务的内容以及形式在此阶段达成了创新与突破。传统的竞技型项目依旧占据着主导地位，不过休闲娱乐型、健身养生型项目也在快速发展起来，像瑜伽、街舞、飞盘这类现代时尚的运动项目就颇受学生的喜爱。项目呈现出多元化的态势，这便使得课后体育服务可以满足不同学生在兴趣方面的需求。其组织方式也变得更为灵活多样了，除了常见的兴趣小组以及校队训练之外，主题体育节、体育夏令营、亲子体育活动等全新的活动形式接连不断地涌现出来。部分学校已经着手尝试"走班制"体育课程了，学生能够依据自身兴趣跨班级、跨年级去选择参与不同的体育项目，如此便实现了课后体育服务的个性化以及可选择性。

在这一阶段，还有一个突出的情况就是社会力量参与课后体育服务的程度有了明显提升。像专业体育培训机构、体育社会组织、高校体育院系以及退役运动员等各类社会力量，纷纷开始大量地参与到课后体育服务的相关工作当中，并且带来了专业的技术以及丰富多样的资源。有一些城市已经着手探索政府购买服务的模式了，通过开展招标活动的方式，去挑选那些优质的体育服务机构，让它们能够进入校园来提供专业的服务。与此同时，体育企业也没闲着，它们会通过赞助学校举办的体育活动、捐赠体育器材等多种方式，积极地参与到课后体育服务里面来。社会资源这样不断地被引入，极大程度上丰富了课后体育服务所涵盖的内容，使得服务质量也得到了有效提高，而且还在很大程度上减轻了学校以及教师所承担的负担，最终形成了多元主体共同参与课后体育服务的全新格局。

（三）转型升级阶段的深化与规范

在步入"双减"政策实施阶段之后，课后体育服务便迎来了转型升级的极为关键的时期。2021年7月的时候，《关于进一步减轻义务教育阶段学生作业负担和校外培训负担的意见》正式出台了，在这份意见里明确地做出了要求，那就是学校得开展各式各样丰富多彩的课后服务活动，而体育活动在其中属于重要的一项内容。正是这样的政策背景情况，促使课后体育服务产生了很大的转变，从过去那种可选择参与的状态变成了如今必须要开展实施的状态，也从原本处于边缘地带的情况逐渐走向了中心位置，并且十分迅速地就成为学校教育当中不可或缺的重要组成部分。各个地方的教育部门也都纷纷行动起来，陆续出台了一系列与之相配套的政策，还加大了投入的力度，以此来推动课后体育服务能够更加全面深入地发展，同时也促使其发展更加规范有序。

服务内容以及质量的提升已然变成这一阶段最为关键的核心任务。学校着手对课后体育服务体系展开系统的规划工作，在项目设置、教师配备、场地安排以及安全保障等诸多方面建立起完善的管理制度，以此来切实确保服务具备应有的规范性以及持续性。课后体育服务的内容在设置上更加着重于科学性以及育人性的体现，其并非仅仅单纯地关注技能方面的培养，而是将更多的目光投注到养成教育以及综合素质的提升之上。部分学校把体质监测和运动处方的概念引入其中，依据学生具体的体质状况来精心制定出极具个性化的锻炼计划，从而使得服务的针对性以及有效性得以显著提高。与此同时，服务评价机制也在一天天不断地走向完善，像学生满意度、参与度以及体质健康水平等一系列指标均被纳入到评价体系当中，有力地推动了服务质量能够持续不断地获得改进。

课后体育服务的体系建设以及制度保障在当下这个阶段都有了明显的强化。各个地方纷纷着手去建立课后体育服务的协调方面的机制，像教育部门、体育部门还有财政部门等，它们相互之间协同起来进行配合，由此凝聚成一股政策上的合力。学校和社区以及专业机构彼此之间的合作机制正一天天变得更为规范起来，借助签订合作协议、搭建定期沟通机制等一系列的方式，进而确保合作能够具备稳定性以及持续性。财政投入连同经费保障这两方面同样也得到了进一步的加强，中央财政与地方财政都专门设立了专项资金，以此来支撑学校顺利开展课后体育服务的相关工作。有一些地区还在积极探索着去建立教师激励方面的机制，针对那些参与到课后体育服务当中的教师给予其适当的补贴，并且在职称评定上也给予一定的倾斜，如此一来便充分调动起了教师参与其中的积极性。

第三节 课后体育服务的价值与作用

一、课后体育服务的教育价值

（一）促进学生身体素质全面发展

课后体育服务借助提供丰富多样的体育活动，切实推动了学生身体素质的发展。其活动时间更为充裕，强度方面能依照学生的具体需求予以调整，进而更有效地发挥体育锻炼所具有的作用。通过开展较为系统的体能训练以及运动技能学习，学生在力量、速度、耐力、灵敏性、协调性等诸多基本身体素质上均实现了较为全面的提升。北京某所示范小学展开了为期一学年的课后体育活动追踪调研，结果显示，参与课后长跑训练的学生，其肺活量平均提升了12.3%，800米跑的成绩也提高了8.6%；而参与力量训练的学生，引体向上和仰卧起坐的成绩分别提高了15.7%和13.2%。这些详实的数据有力地证实了课后体育服务对于推动学生身体素质发展所起到的积极作用。

课后体育服务着眼于不同学生的身体发展需求，给出了颇具个性化的体育指导以及锻炼方案。相较于常规体育课，课后体育服务能够依据学生具体的身体状况还有发展水平，去落实更具针对性的训练计划。就体质相对较弱的学生来讲，可以凭借科学的体能训练来提升其身体素质；要是遇到肥胖学生的话，便能够借助有氧运动以及饮食指导去助力其控制体重；而对于运动天赋格外突出的学生而言，则可给予专业的技能训练以推动其特长发展。这样个性化的体育服务是能够切实满足不同学生的发展需求的，能让每一个学生都获取到契合自身的锻炼机会并且实现自身的提高。

课后体育服务在很大程度上培养起了学生良好的体育锻炼习惯以及健康生活方式。当学生长期参与到课后体育活动当中去的时候，他们会逐渐地形成自主锻炼的意识，同时也具备了自主锻炼的能力，进而养成终身体育的那种良好习惯。课后体育服务可不单单是提供运动技能方面的指导，还把健康教育的相关内容给融入了进去，以此来帮助学生树立起较为科学的健康观念，让学生能够掌握基本的健康知识以及相应的技能。学生借助课后体育活动，得以学会怎样去合理安排运动时间，还掌握了正确的运动方法，并且对科学的营养知识也有了了解，而这些方面都给学生养成健康的生活方式打下了坚实的基础。良好的体育锻炼习惯与健康生活方式将会让学生终身都从中受益，这无疑是课后体育服务教育价值极为重要的一种体现。

（二）提升学生心理素质和意志品质

课后体育服务在提升学生心理素质方面具备独特的促进功效。体育活动其自身便蕴含着诸多丰富的心理方面的因素，像注意力能够集中起来、对情绪加以调控、面对压力予以应对等这些情况。在课后所开展的体育活动期间，特别是那些带有竞技性质的活动当中，学生必须要让自己保持着相当高度的注意力，同时还要对自身的情绪予以有效的控制，并且要去应对比赛过程中所产生的压力，而这些环节无一不是对学生心理素质展开的颇为有效的锻炼方式。相关研究已经表明，长期参与到课后体育活动当中的学生，往往会呈现出更为出色的心理适应方面的能力以及情绪方面的稳定性。他们能够以更好的状态去应对在学习以及生活里面所遭遇的压力与挫折，进而始终保持着积极且乐观的心态，这一点对于处在当代的青少年的健康成长而言，是极为关键且重要的。

意志品质的培育算得上是课后体育服务所具备的极为重要的教育价值之一。体育活动当中，尤其是像长跑、攀岩、拓展训练这类带有一定挑战性的项目，要求学生得去克服身体上产生的疲劳以及心理方面存在的障碍，并且要一直坚持到最后才行。就在这样的一个过程之中，学生所拥有的诸如毅力、勇气、自信心等诸多意志品质，都能够得到相应的锻炼，并且实现一定程度的提高。而在参与团队体育项目的时候，学生还得要学会怎样和他人展开合作，要为了集体荣誉去努力奋斗，如此一来便培养起了他们的团队精神以及责任感。不少学校经过实践之后都能够证明，参与课后体育活动的那些学生，普遍都展现出了更为强烈的目标意识以及自律能力，他们是可以为了达成目标而持续不断地付出自身努力的。这种意志品质可不单单是在体育这个领域能够发挥出其作用，事实上还能够迁移到学习以及生活的其他诸多方面当中去。

课后体育服务对于学生建立起积极的自我概念以及健康的人格是很有帮助的。当学生在体育活动里获得成功，取得相应的进步之时，其自信心与自尊感是能够得到增强的；而当学生面对在体育活动中出现的挫折以及遭遇失败的那种体验时，这对于培养学生具备挫折忍受力以及调适能力是有帮助的。上述这些不同的经历一同推动了学生积极自我概念的逐步形成。在课后体育活动当中所蕴含的规则意识、公平竞争方面的理念以及尊重对手等诸多理念，同样也对培养学生形成健全的人格起到了作用。相关调查所显示的情况来看，那些参与了课后体育活动的学生在人际交往这个方面、情绪管理方面以及行为规范等多个方面的表现往往会更为积极一些。他们能够以更好的状态去理解并且遵守相关规则，能够做到尊重其他的人，还能够较好地控制自身的行为，而这些方面既是健康人格所呈现出的重要表现，同时也是课后体育服务在心理健康教育领域所具备的重要价值所在。

（三）培养学生社会适应能力与合作精神

课后体育服务给学生带来了颇为丰富的社会交往契机，切实推动了社会适应能力的发展进程。在开展课后体育活动期间，学生得和不同年龄层次、来自不同班级、具备不同特长的同伴展开交流以及互动活动，如此一来便拓展了他们的社交圈子范围，还给予了更多的社会学习机遇。像足球、篮球、排球之类的团队运动项目，要求学生在比赛的时候相互协作、彼此给予支持，这无疑培养了学生的人际沟通本领以及团队协作意识。借助参与各式各样的体育竞赛以及表演活动，学生也拥有了接触校外同龄人和成人的机会，这更进一步地拓宽了他们的社会视野范畴，同时也强化了社会适应能力程度。

合作精神的培育在课后体育服务当中属于极为重要的教育功能范畴。团队体育项目往往要求队员彼此间展开密切配合，大家齐心协力共同去完成比赛所设定的各项任务，如此一来便顺理成章地对学生的合作意识以及能力起到了培养作用。在课后开展的体育活动期间，学生得要学会去理解并尊重团队当中的分工安排，充分发挥自身所具备的特长进而为团队贡献力量，与此同时还得学会去信任以及依靠身边的队友。这种通过参与团队体育活动所积累起来的合作经验，能够助力学生深刻认识到集体力量所具有的重要意义，让他们对个人与集体之间的关系有更为透彻的理解，进而促使其形成积极向上的合作态度以及良好的行为习惯。经过对一些学校的观察可以发现，那些经常参与团队体育活动的班级，其学生之间所展现出来的凝聚力以及向心力都有明显的增强态势，整个班级的氛围也变得更加和谐且融洽了。

课后体育服务于培养学生的责任感以及公民意识方面颇具成效。在课后体育俱乐部或者运动队当中，学生常常肩负着特定的角色以及相应的责任，像队长、记录员、器材管理员之类的。这些角色会促使学生对自身的行为切实负起责任来，进而培养起他们的责任意识。再者，体育竞赛里蕴含的规则意识与公平精神，同样属于公民教育当中十分重要的内容。学生在参与体育竞赛的过程中，通过严格遵守比赛规则，并且尊重裁判所做出的判罚，由此学会了尊重规则以及权威，而这恰恰是形成良好公民素养的根基所在。另外，部分学校还会组织学生去参与体育志愿服务活动，比如协助组织校运会，又或者担任社区体育活动的志愿者等。通过这些经历，能够进一步强化学生的社会责任感以及公共服务意识，从而为他们日后成长为富有责任感的社会公民筑牢了基础。

二、课后体育服务的社会价值

（一）缓解学业压力，促进素质教育

课后体育服务给学生带来了恰当的体育锻炼契机，切实缓解了学业方面的压力。在应试教育的大背景之下，中小学生大体上都面临着颇为沉重的学业负担以及不小的升学压力，长时间持续的学习致使他们身心俱疲。课后开展的体育活动借助适度的身体锻炼活动，助力学生舒缓学习带来的疲劳感，释放自身压力。体育活动期间产生的诸如多巴胺、内啡肽这类物质，能够赋予学生愉悦之感以及满足之感，起到调节情绪的作用，进而减轻焦虑与抑郁等情绪状况。有一项针

对初中生展开的调查表明，每周参与三次及以上课后体育活动的学生，他们对于学业压力的感知明显要比不参加的学生低很多，而且抑郁症状的发生概率也显著降低了。

课后体育服务在一定程度上让学校教育生态得以改善，有力地推动了素质教育的落实。以往传统的学校教育往往侧重于知识的传授以及智力方面的发展，却在很大程度上忽略了学生们的身体素质状况以及情感方面的体验。而课后体育服务一经开展，便对学校教育的内容与形式都进行了拓展，使得学校教育朝着更为全面且更为均衡的方向发展。学生们在参与各类体育活动之时，一方面锻炼了自身的身体，另一方面也培养起了自身的意志品质，与此同时还促使自身社会交往能力得到发展，这恰恰契合了素质教育所倡导的全面发展这一理念。部分学校通过开展颇具特色的课后体育活动，像是武术、舞龙舞狮以及民族体育等，不但传承并弘扬了中华优秀传统文化，而且还让校园文化生活得以丰富，进而营造出了健康且向上的育人环境。

课后体育服务确实为学生的个性发展营造出了有利条件，并且搭建起了一个能够展示其自身才能的广阔舞台。它和那种较为统一模式的体育课存在明显不同之处，课后体育服务能够给出多样化的项目以供选择，学生完全可以依照自身的兴趣爱好以及身体方面的实际条件，去挑选契合自己的体育活动。这样一种能够自主去选择的契机，会让学生有机会察觉到自己在体育方面所潜藏的能力，进而培养出属于自己的特长，促使个性得以发展。当学生参与到校内校外的各类体育比赛以及展示活动当中时，他们便拥有了展示自身体育才能的良好机会，由此能够收获满满的成就感以及外界给予的认可，而这对于提升他们的自信心以及自我效能感而言，无疑有着极为重要的意义。从更为长远的角度来讲，课后体育服务若能实现广泛的普及并不断地推进深入发展，那么这将会有助于去改变社会对于教育那种相对单一的固有认知，有力地推动素质教育得以全方位地贯彻实施，同时还能促进教育评价体系朝着多元化的方向去进行改革。

（二）构建和谐校园，促进家校合作

课后体育服务借助各式各样丰富多彩的体育活动，切实活跃了校园的文化氛围，并且成功构建起了和谐的校园环境。像体育比赛、体育节、体育展示之类的活动，已然成为校园文化建设当中十分重要的内容，有力地增强了学校所具备的凝聚力以及向心力。在开展课后体育活动期间，不同年级的学生以及不同班级的学生都获得了相互交流与合作的契机，从而得以增进彼此间的了解，加深相互间的友谊，还使得校园欺凌以及矛盾冲突的情况有所减少。教师和学生在参与体育活动之时所产生的互动，也成功打破了传统意义上那种师生之间存在的壁垒，进而建立起了一种更加平等且和谐的师生关系。而全校性开展的体育活动，还很好地培养了学生的集体荣誉感以及归属感，促使积极向上的校园精神和文化传统得以形成。

课后体育服务在很大程度上推动了家校之间的合作，使得家长对于学校教育的参与程度以及支持力度都得到了显著的提升。课后体育服务切实解决了相当一部分家长内心的担忧，尤其是那些双职工家庭，他们的子女在放学后能够留在学校里参与有组织并且配有专业指导的体育活动，如此一来，既能够充分保证孩子们的安全，又能够有力促进孩子们的全面发展。对于这项服务，家长们普遍都表达出了支持的态度并且心怀感谢之情。部分学校还会积极组织家长参与到课后体育服务相关的活动当中去，比如让家长担任志愿者，或者邀请家长参加亲子体育活动，又或者安排家长观摩体育表演等。通过这些活动，家长对学校各项工作的了解得以进一步加深，同时也极大地促进了家长和学校之间的沟通以及互动。而且家长在参与这些活动的过程当中，自身的体育意识也随之提高了，进而更加全力支持子女去参与各类体育锻炼，就这样形成了家校共育的一片良好局面。

课后体育服务给学校跟社区的合作架起了一座桥梁，有力推动了教育资源的共享以及优化。学校能够引入社区的体育资源，像是邀请社会体育指导员来参与指导方面的工作，还能使用社区的体育场馆设施之类的；社区同样可以参与到学校组织的课后体育活动当中去,比如给学生创造社区体育志愿服务的机会,举办学校和社区联合开展的体育活动等。这样的学校与社区之间的合作,一方面丰富了课后体育服务所涵盖的内容,另一方面也推动了社区教育不断向前发展,达成了教育资源得以最大化利用的效果。据相关调查表明,那些开展学校与社区合作来进行课后体育服务的学校,其学生的参与率以及满意度,相比仅仅依靠学校自身资源来开展课后体育服务的学校,明显要高出许多。这种合作模式已然变成了解决课后体育服务在师资以及场地方面存在不足问题的一个行之有效的途径,同时也为构建开放且共享的教育生态开拓了新的思路。

(三)推动体育事业发展,培养后备人才

课后体育服务在一定程度上使得青少年体育人口基数得以扩大,从而为体育事业能够持续向前发展筑牢了颇为坚实的基础。借助课后体育服务这一途径,更多的学生获得了去接触以及参与各种各样体育活动的契机,在此过程中,他们的体育兴趣得以培养起来,体育习惯也逐步养成。那些对体育喜爱有加且经常参与锻炼的青少年,已然构成了体育消费方面的主力军,同时也是各类体育活动当中极为核心的参与者,如此便为体育产业的发展给予了有力的市场支撑。相关研究清晰地表明,在青少年时期所养成的体育习惯,通常情况下是能够一直延续到成年阶段的,而这恰恰成为终身体育极为重要的基础所在。所以说,课后体育服务若能实现广泛的普及并且不断深入开展下去,是有助于全民体育参与率得到提升的,进而能够有力地推动全民健身事业不断向前发展,最终也会对健康中国战略的实现起到积极的促进作用。

课后体育服务实实在在地为专业体育人才的选拔以及培养搭建起了极为广阔的平台。相较于传统的体校培养模式而言,课后体育服务所涉及的范围明显更广,能够使数量更多的学生充分展示自身的体育才能,进而挖掘出自身的运动潜能。借助课后体育俱乐部活动以及校队训练这些途径,那些具备体育天赋的学生能接受到较为系统的专业指导,如此便为他们后续的进一步发展筑牢了根基。部分学校还与专业体育队构建起了人才培养合作方面的机制,凭借这一机制,那些表现优秀的学生便有机会通过推荐的方式顺利进入专业队伍当中。除此之外，课后体育服务还培育出了大量的体育爱好者以及基层体育骨干，尽管他们最终并未成为职业运动员，然而却在校园体育以及群众体育领域切实发挥出了极为重要的作用，进而成为体育文化的传播者以及实践者。

课后体育服务有力推动了学校体育和竞技体育之间展开良性的互动，进而形成了具备多层次特点的体育人才培养体系。在学校开展课后体育服务期间，完全能够参照竞技体育方面那些先进的理念以及行之有效的方法，以此来提升服务的质量水准；而竞技体育同样可以借助学校所搭建的平台，去发现并着力培养优秀的体育人才，从而拓展人才的来源渠道。如此这般的互动合作模式，促使学校体育和竞技体育达成了优势相互补足、彼此促进这样极为良好的关系状态。部分地区已然构建起了一条从课后体育俱乐部起始，延伸到校队，接着到区队、市队，直至省队的完整无缺的选拔培养链条，给优秀体育人才开辟出了一条顺畅无阻的成长通道。这种呈现出多层次架构的体育人才培养体系，不但能够契合不同学生在体育发展方面的各类需求，而且还为竞技体育实现可持续性的发展提供了坚实的人才保障支撑。经实践充分证实，课后体育服务不断发展这一情况，对于提升我国竞技体育所达到的水平，以及增强体育在国际上的竞争力而言，有着至关重要的战略层面的意义，并且已然变成体育强国建设进程当中不可或缺的重要构成部分。

第四节 课后体育服务体系构建的必要性

一、学生全面发展的内在需求

（一）应对体质健康下滑的紧迫需求

当下我国青少年群体的体质健康情形着实难以让人乐观起来，其中近视率以及肥胖率都在不停地往上攀升，而像耐力、力量这类身体素质指标也普遍呈现出下降的态势。依据国家学生体质健康监测所获取的数据来看，学生的体质健康水平明显有着城市方面比农村要低、高年级比低年级要低的状况，并且还有部分指标依旧处于不断下滑的状态。诸如肺活量、50米跑、立定跳远等能够反映基本身体素质的相关指标，其表现也并不理想，这恰恰反映出了当代学生在身体活动方面存在着普遍不足的问题。要是这种状况一直都没办法得到有效的改变，那么不但会对学生自身的健康成长以及未来的发展带来极为严重的影响，而且还会进一步加重国家在医疗方面的负担，甚至会对人口素质产生不良的影响。所以，去构建起一套科学且有效的课后体育服务体系，以此来增加学生参与体育锻炼的时间，并提升锻炼的质量，这已然成为应对体质健康不断下滑这一情况的极为紧迫的需求。

通常而言，常规体育课在满足学生体质全面发展需求方面存在着诸多困难。在现行的教育制度之下，学校安排给体育课的时间往往是比较有限的，而且其教学内容还会受到教学大纲的诸多约束，如此一来，便很难去满足学生在体育发展方面所呈现出的个性化需求。那种标准化的体育课教学模式，是难以周全地顾及到每一位学生具体的身体状况以及他们各自的发展水平的，进而使得体育锻炼所能够达成的实际效果也受到了不小的限制。而若能构建起课后体育服务体系的话，那么就可以有效地延长学生参与体育活动的时间，并且能够给予学生更加契合其自身情况的个性化体育指导，以此来弥补常规体育课所存在的不足之处。课后体育服务是可以依据学生的体质状况以及他们的发展需求，为其提供具有较强针对性的锻炼计划以及健康指导的，从而助力学生去改善自身的体质状况，促使其健康水平得以提升。

体质健康乃是学生得以全面发展的根基所在，无疑应当受到充分的关注。健康所涵盖的范畴并非仅仅局限于身体不存在疾病这一方面，它还将身心以及社会适应等方面所呈现出的完满状态囊括其中。拥有良好的体质，对于学生在学习过程当中、日常生活里面以及未来长远的发展而言，无疑是极为重要的一种保障。相关研究已然清晰地表明，体质健康所达到的水平，和学习能力、心理健康状况以及社会适应能力等诸多方面，均存在着十分紧密的关联。通常情况下，那些体质相对较好的学生，往往能够展现出更为强劲的学习专注力，其学习效率也会更高一些，并且他们的心理承受能力也会更为出色，在社会交往方面所具备的能力同样也是更为优秀的。所以说，致力于改善学生的体质健康状况，这绝非仅仅只是一个单纯的体育方面的问题，实则是与学生全面发展息息相关的重大问题。着手去构建课后体育服务体系，以便能够为学生赋予充足的体育锻炼契机，同时给予其科学合理的健康指导，这既是达成上述目标的行之有效的途径，同时也是推动学生实现全面发展的一种必然的要求。

（二）满足个性成长的多元需求

当代的教育理念着重于对学生个体差异予以尊重，尽力去满足他们多元化的发展诉求。每一位学生都具备独一无二的身体状况、兴趣喜好以及发展的潜在能力，那种标准化的学校教育模式往往很难契合这种极具个性化的需求。而课后体育服务体系在构建起来之后，便为学生创设出了多种多样的体育活动选项，让学生能够依照自身的特点以及兴趣爱好，自主地去抉择参与的方式以及具体内容。不管是竞技类的体育项目，还是休闲性质的体育活动，抑或是传统的体育项目，又或者是新兴起来的运动类别，学生都能够从中寻觅到契合自身的体育活动样式。这样一种多元选择的契机，能够促使每一位学生都获取到与之相适配的体育体验以及发展的空间，进而达成个性化的成长目标。

体育活动乃是学生去发现自我以及展示自身才能极为重要的一种途径。要知道，并非所有学生都能够在学业这个方面呈现出突出的表现，不过，每一个学生其实都拥有着属于自己的特长以及潜藏的能力。就拿那些学业成绩并非突出但体育方面天赋却比较不错的学生来讲，体育活动无疑是给他们搭建起了一个能够充分展示自我价值的良好舞台。当这些学生参与到课后体育活动当中去的时候，他们便能够从中发掘自身所具备的体育潜能，进而对自身的特长加以培养，还可以从中收获到满满的成就感以及十足的自信心。有相关调查显示，一部分在学业方面表现并不是很好的学生，在参与了课后体育活动之后，不但其体育能力获得了显著的提升，就连综合素质也有了明显的改善，甚至就连学习态度以及学习成绩也都出现了一定程度的好转情况。这也就充分表明了，课后体育服务可不仅仅是满足了学生在个性成长方面的需求，同时还对他们的全面发展起到了很好的促进作用。

青少年阶段实则是生活方式以及价值观得以形成的重要阶段，而课后体育服务在助力学生培育健康生活方式与塑造积极人生态度方面，有着不容小觑的作用。当学生参与到体育活动当中时，他们能够学会怎样去合理规划时间，进而逐步养成自律的良好习惯，同时还能形成一种积极且向上的生活态度。体育活动里存在的诸多挑战与困难，同样有助于学生去构建起正确的成功观念以及挫折观念，使其深刻领会到努力和坚持所具有的重要价值。这些认知与态度将会始终伴随学生一生，对他们未来的生活方式以及价值取向产生深远影响。尤其是在当下虚拟娱乐极为盛行的这样一种环境之下，去构建起课后体育服务体系，引领学生迈向操场，促使他们参与到真实的身体活动以及社会交往之中，这对于培育健康的生活方式和价值观而言，意义十分重大，无疑是满足学生个性成长需求的一种必然抉择。

（三）促进全面发展的基础需求

素质教育着重于推动学生在德、智、体、美、劳等诸多方面实现全面的发展，而体育在其中无疑是极为重要且不可或缺的一个组成部分。健全的人格、健康的体魄、良好的心理素质以及积极的社会适应能力等，这些素质教育所聚焦的核心目标均和体育活动存在着极为紧密的关联。构建课后体育服务体系，实际上为达成这些目标开拓出了一条行之有效的途径。借助于丰富多样的体育活动，学生一方面能够对自身身体起到很好的锻炼作用，另一方面还能够培育出坚韧不拔的意志品质，形成团结协作的集体意识，养成尊重规则的行为习惯，而这些恰恰都是素质教育一直所极力追寻的重要素质。从这样的视角来审视的话，课后体育服务并非是学校教育额外附加的内容，而是构成素质教育的基础部分，其重要性是不可忽视的。

体育活动在促进学生认知能力提升以及学习效率提高方面有着积极作用。以往传统观念通常认为，体育活动跟学业仿佛是相互竞争的关系，要是把时间花费在体育活动上，那么用于学习的时间势必就会有所减少。不过，现代相关研究却显示出，适度开展体育活动压根不会对学习产生不利影响，反倒能够促使学习效率得以提升。那些经常参与体育锻炼的学生，他们大脑的血流量会增多，神经元之间的连接也会变得更为活跃，其认知能力以及记忆力都能得到明显的提高。美国针对中小学生所做的一项研究表明，每天起码开展30分钟中等强度体育活动的学生，他们的学习成绩相较于不进行锻炼的学生，平均要高出11%。这一情况充分说明，构建起课后体育服务体系，以此来保证学生拥有充足的体育锻炼时间，这不但对学生的体质健康有益处，而且有助于提升学习效率，进而推动学生实现全面发展。

课后体育服务给学生的职业发展以及人生规划开拓出了更为宽广的选择余地。课后体育服务一方面培育了学生的运动技能，另一方面还使得他们对体育相关的职业领域有所知晓，像是体育教练、健身指导、体育管理、赛事组织之类的领域。对于那些热衷于体育的学生而言，这些方面的了解与体验说不定会对其将来的职业选择以及发展走向产生影响。实际上，近些年来，有越来越多的学生挑选体育相关专业去进一步深造，或者从事和体育相关的职业，在这个过程当中，课后体育服务发挥了极为重要的引导以及启蒙的作用。从更为宽泛的层面来讲，课后体育服务所培育的团队合作能力、压力应对能力、目标管理能力等，对于学生日后在任意职业领域当中的发展来讲，都具备着积极的意义。所以说，构建起课后体育服务体系，以便为学生给予多种多样的体育体验以及发展机遇，这可是促进学生全面发展以及未来取得成功的一项重要保障。

二、学校教育改革的现实需求

（一）落实"双减"政策的重要抓手

"双减"政策得以实施，这可是我国在教育改革方面极为重要的一项举措。而课后体育服务恰恰就成了落实该政策的关键着力点。自2021年"双减"政策开始施行之后，减轻学生那过重的课业负担、对校外培训加以规范、促使学校教育质量得以提升，这些都已然成为教育工作当中着重关注的要点。该政策很明确地提出，要求学校去开展各式各样丰富多彩的课后服务活动，以此来满足学生多种多样的不同需求，在这其中，体育活动无疑是相当重要的一项内容。课后体育服务能够为学生们提供丰富多样的体育活动，如此一来，一方面能让学生在校园之内实现较为全面的发展，使得他们对校外培训的依赖程度有所减少；另一方面，还可以有效地对学业压力进行缓解，进而促进学生们的身心健康，真可谓是好处多多。经过实践检验可以发现，那些课后体育服务开展得很不错的学校，学生们在学校里的满意度往往会更高一些，家长们对此的认可度同样也会更高，如此一来，"双减"政策所产生的效果也就越发明显了。

课后体育服务对于优化学生的作息时间颇具益处，能够推动学习以及锻炼达成平衡发展的态势。"双减"政策其中一个核心目标在于促使学生回归到正常的学习与生活节奏当中，防止因过度学习而出现身心俱疲的状况。课后体育服务借助于对体育活动时间的科学规划安排，让学生在紧张的学习间隙得以拥有放松身心的契机，进而恢复自身精力。不错的作息规律有益于提升学习的效率，还能够削减总体的学习时长，达成高质量的学习感受。据相关调查表明，那些把体育活动融入到日常作息规划安排里面的学生，他们在学习时的专注程度以及效率，相较于长时间不间断学习的学生而言，明显要高出许多。从这一角度来讲，构建起课后体育服务的体系，并且科学合理地去安排学生的作息时间，实乃落实"双减"政策、舒缓学生压力以及提升教育质量的一条重要路径。

课后体育服务切实为满足家长的相关需求、减轻家庭所承担的负担给出了有效的解决办法。在"双减"政策施行之后，校外培训的规模有所缩减，然而家长对于孩子能够实现全面发展的这一需求却依旧存在着。学校所提供的课后体育服务，一方面可以满足学生在自身发展方面的需求，另一方面还能够妥善解决学生放学后的看护方面的问题，如此一来也就减轻了家长内心的担忧。相较于校外体育培训而言，学校开展的课后体育服务具备诸多优势，比如场地是学生们所熟悉的，师资力量也是较为可靠的，而且所需费用还比较低廉等，所以也就更能得到家长们的欢迎。相关调查显示，超过85％的家长都对学校开展课后体育服务持支持的态度，并且认为这是解决孩子放学后去向以及满足其发展需求的最为理想的选择。所以说，构建起课后体育服务体系，这不仅仅是落实"双减"政策的一种必然要求，同时也是回应家长期待、让家庭负担得以减轻的一项具有现实意义的重要举措，其在社会层面所具有的意义也是不容忽视的。

（二）促进学校体育改革的有效路径

学校体育改革已然成为当下教育改革当中极为重要的一项内容，而课后体育服务的构建恰恰为该改革开辟出了一条行之有效的路径。传统意义上的学校体育存在着诸多问题，像是课时安排不够充足、教学内容较为单一、评价方式太过片面等，这些情况致使其很难去满足学生实现全面发展所产生的诸多需求。课后体育服务能够通过延长开展体育活动的时间、让活动内容变得更加丰富、在组织形式方面不断创新等做法，为学校体育改革给予了全新的思路以及可供实践操作的平台。课后体育服务是有能力突破常规体育课所存在的种种限制的，其能够引入更为多元多样的体育项目，运用更为灵活多变的教学方法，达成更为个性化的目标设定，而这些方面统统都是学校体育改革所指向的方向所在。部分学校早已经把课后体育服务归入到学校体育的整体规划当中了，凭借着将常规课和课后活动进行有机融合的方式，构建起了完整且完善的学校体育体系，并且还收获了颇为显著的成效。

课后体育服务有益于推动体育教学模式实现创新以及变革。传统的体育教学往往是以教师作为中心的，在这种教学模式下，学生处于被动接受知识的状态，自主性以及参与感都比较缺乏。而课后体育服务更多的是去强调学生的主体地位，会着重对学生的兴趣加以培养，并且鼓励学生自主参与其中。在开展课后体育活动之时，学生能够依据自身的兴趣还有需求来挑选项目，去亲身体验各式各样不同的运动形式，进而发现自身在体育方面所潜藏的能力。这样一种以学生为中心的教学理念，慢慢地对常规体育课的改革产生了影响，促使教学模式出现转变。与此同时，在课后体育服务当中所采用的诸如小组教学、项目教学、探究教学等诸多方法，也给体育教学改革带来了有益的启示。部分学校经过课后体育服务的实践之后，积攒了体育教学改革的相关经验，从而推动了整个学校体育教学模式的创新以及发展。

课后体育服务给体育评价改革开拓出了新的视角以及实践方面的空间。传统意义上的体育评价往往太侧重于标准成绩还有技能水平，而对学生的个体差异以及发展过程有所忽略。课后体育服务相对来讲更加看重过程评价以及发展性评价，会对学生的参与程度、进步的幅度以及情感方面的体验予以关注。这样的评价理念给体育教学评价改革带来了积极的影响。部分学校已经着手尝试把课后体育活动当中学生的表现归入到学生综合素质评价体系之中，从而构建起了更为完善、更具客观性的评价体系。经过课后体育服务的具体实践，学校积攒了大量丰富的评价数据以及相关经验，这就为体育评价改革给予了强有力的支撑。从长远的角度来讲，课后体育服务不断发展有利于构建起更加科学、更为全面的体育评价体系，进而推动学校体育整体水平实现提升，而这恰恰是学校体育改革极为重要的目标中的一个。

（三）拓展教育时空的创新举措

课后体育服务切实拓展了教育所涉及的时空范畴，已然打破了传统学校教育在时间以及空间方面存在的限制。传统意义上的教育往往主要集中于上学期间的时间以及校园内部的空间来开展，而课后的时间以及校外的空间当中所蕴含的教育资源却未能得到充分的利用。课后体育服务借助延长服务的时长，进一步拓展活动所涉及的空间范围，同时对校内外的各类资源加以整合，从而在很大程度上扩展了教育的时空界限。放学之后的时间、周末时段以及假期等，均已成为体育教育开展的重要时间段；学校周边的公园、体育场馆以及社区活动中心等场所，也都变成了体育活动得以延伸拓展的空间所在。这样的时空拓展状况不但使得学生接受体育教育的机会有所增加，而且还进一步丰富了教育的具体内容与呈现形式，进而为学校教育的改革开拓出了一片全新的领域。

课后体育服务在很大程度上推动了学校教育同社会教育达成有机衔接的状

态，进而构建起了更为开放化的教育生态环境。传统意义上的学校教育往往呈现出相对封闭的特点，其与社会存在脱节的情况，在充分利用社会教育资源方面存在诸多困难。而课后体育服务恰恰打破了这样的封闭局面，以积极的姿态引入诸多社会体育资源，像专业教练、体育场馆以及体育组织等，由此塑造出了学校与社会携手共同育人的全新格局。学生们在参与课后体育活动的过程当中，便拥有了去接触更为广阔的社会环境的契机，能够获取到更加丰富多样的体育体验，这对于培育学生的社会适应能力以及综合素质而言，无疑有着极为重要的意义。部分学校和社区体育组织构建起了常态化的合作机制，使得教育资源得以实现共建共享，教育所取得的效果也有了显著的提升。这种教育生态所呈现出的开放与融合态势，无疑代表着未来教育发展的趋向，具备十分重要的示范价值。

　　课后体育服务实际上为施行个性化教育营造出了相应条件，很好地契合了教育多样化方面的诸多需求。通常来讲，标准化的学校教育在面对每个学生的个性需求时，往往难以做到全面满足，然而课后体育服务却能够给予更为灵活且多元的选择路径。学生们能够依照自身的兴趣爱好以及所具备的特长优势，去挑选不同的体育项目，同时也可以选择各异的参与方式，如此一来便能够获取到更具个性化的发展契机。就体质相对较弱的学生而言，可以为其安排具有适应性的体育活动；要是碰到运动天赋极为突出的学生，那就能够为其提供专项训练内容；而对于有着特殊需求的学生，还可以专门为其量身设计出契合其情况的活动方案。这种带有个性化色彩的教育服务，一方面彰显出了教育公平的理念内涵，另一方面也切实满足了教育多样化的需求状况，为每一位学生的全面发展构筑起了良好条件。从这样的视角来审视的话，着力去构建课后体育服务体系，无疑是拓展教育所涉及的时空范围、创新教育呈现的形式、达成教育多样化目标的一项重要举措，其对于推动学校教育改革进程而言，有着不容小觑的重要意义。

第二章 城市中小学校课后体育服务的供需分析

第一节 课后体育服务的需求分析与学生体育发展需求

一、学生身心发展的体育需求

（一）身体发育与运动能力发展需求

如今，中小学生正处在身体快速发育的时期，骨骼的生长、肌肉的发育以及心肺功能的完善，这些方面都离不开适量运动给予的支持。经过观察能够发现，城市里的学生，他们日常可活动的空间受到了限制，在课堂上长时间坐着已然成为常见的状态，由此使得体能呈现出明显下降的态势。诸多实践均显示，9至15岁这个年龄段，乃是运动技能得以形成的重要时期，在这一阶段要是缺乏系统的训练，那么就会对协调性、灵敏度等这些基本运动素养的构建产生影响，情况严重的话，甚至还会造成终身运动能力方面存在缺陷的情况。

城市里的学生往往普遍存在运动技能较为单一化这样的状况，不少孩子仅仅只是掌握了像跑、跳这类基础性的动作，而对于诸如球类、器械类、水上项目等多种多样的运动项目，他们所拥有的接触机会是明显不足的。相关调查的结果清晰地显示出，有超过百分之六十的中小学生都没办法熟练地去掌握三项及以上的运动技能，如此情形严重地对综合运动能力的形成起到了限制的作用。在现代体育教育所秉持的理念当中，特别强调了"一专多能"这一点，那么课后体育服务就应当结合学生在运动技能储备方面存在不足的实际现状，为学生们给予形式多样的专项训练契机。

都市生活有着较快的节奏，同时学习方面的压力也比较大，如此一来，中小学生的体质健康状况就很让人担忧了。从国家学生体质健康调查所呈现的数据能够看出，近视率以及肥胖率正呈现出逐年攀升的态势，而耐力、力量等相关指标却在持续地往下滑落。学生的体质状况和运动量之间存在着极为密切的关联，缺乏运动这一情况已然变成了影响学生身体正常发育的一个重要因素。城市学校在课后开展的体育服务迫切需要去关注学生体质提升方面的需求，要借助经过科学合理设计的体育活动来推动学生体能实现全面的发展，进而对体质健康状况加以改善。

（二）心理健康与社会适应能力需求

在现代的教育环境当中，学业成绩方面所带来的压力以及社会竞争引发的焦虑，已然变成了给中小学生心理健康造成困扰的关键因素。教育心理学相关研究显示，适度地去参与体育活动，是能够在释放压力、调节情绪以及增强心理弹性等方面起到有效作用的。城市里的学生所面临的种种压力，相比农村的同龄人而言要超出许多，具体表现出来就是焦虑的程度比较高，而且抑郁倾向也颇为明显。体育活动凭借着身体运动所产生的那种愉悦感以及成就感，能够促使大脑内啡肽的分泌被激活，进而达到缓解压力的效果，并且还能形成积极的情绪体验。

团队体育项目给学生搭建起了社会交往的平台，有助于培养他们的合作意识，提升其人际沟通能力。当代中小学生当中，独生子女所占比例颇高，而且家庭对他们的关注度往往过度集中，如此一来，便使得部分学生呈现出以自我为中心的状态，并且缺乏团队协作精神。课后体育活动特意设置了团队合作项目，进而营造出真实的社交情境，使得学生能够在参与运动的过程中学会尊重规则，去理解他人，还能做到协调配合。据相关调查表明，那些长期参与团队体育活动的学生，在社会适应能力测试当中有着极为优异的表现。

体育活动里所存在的那些挑战以及克服它们的整个过程，对于学生意志品质的形成而言，有着极为重要且无可替代的价值。就当下的情况来看，学生们普遍都比较缺乏挫折方面的教育，所以当他们碰到困难的时候，往往就很容易选择放弃。体育运动自身所具有的特性就决定了，在学习体育运动的过程当中，必然会伴随着反反复复的尝试以及可能出现的失败情况，而这样一种自然而然形成的挫折环境，是能够很好地去锻造学生坚韧不拔的那种意志品质的。通过田野调查可以发现，那些参与了较为系统的体育训练的学生，在面对学习方面所出现的困难时，往往会表现出更加强劲的毅力，同时在解决问题的时候也会展现出更强的主动性。课后所开展的体育服务，应当着重通过设置一些带有适度挑战性的活动，以此来着力培养学生坚持不懈的精神以及顽强拼搏的良好品质。

（三）兴趣培养与终身体育意识需求

当代中小学生在体育兴趣方面呈现出多元化的发展态势，传统体育项目的吸引力有所下滑，与之相对的是，各类新兴运动项目受到了众多学生的喜爱与青睐。据相关调研数据所呈现的情况来看，像滑板、攀岩以及飞盘等这类新兴运动，已然成为学生们在课外开展体育活动时极为热门的选择项目。学生体育兴趣出现的这种变化，一方面会受到身边同伴的影响，另一方面也从一定程度上反映出了社会文化所历经的演变过程。课后体育服务应当精准且准确地去把握学生们在体育兴趣方面所具备的特点，在充分保留传统体育项目所蕴含精华的基础之上，还需积极主动地引入那些契合时代发展特征的新兴运动项目，以此来切实满足学生们多样化的体育兴趣方面的诸多需求。

体育素养的培育得经过长期的积累过程，在学校接受教育的这个阶段，恰恰是形成终身体育意识最为要紧的时期。经过一番观察可以察觉到，不少城市里的学生，他们往往是被动地去参与体育课程，可实际上，这些学生自身却极度缺乏那种主动去开展运动的习惯以及相应的意识。之所以会出现这样的一种现象，其背后的原因颇为复杂，这里面既有受到应试教育所带来的影响，同时，家庭当中体育氛围不够浓厚等诸多因素也在其中起了作用。课后体育服务，它其实是学校体育的一种拓展与进一步的补足，在这个过程当中，应当着重去培育学生能够自主地参与到体育活动当中的意识以及相关的能力，从而引导学生去构建起健康的生活模式，为日后能够实现终身体育打下一个坚实的基础。

学生体育的发展离不开专业方面的指导以及个性化的服务，这已然成为家长还有学生较为普遍的一种诉求。传统意义上的体育课程往往会受到时间方面的限制以及师资力量等因素的制约，所以很难去满足学生在个性化发展方面的诸多需求。相关调查结果表明，有超过百分之七十的家长内心都期望自家孩子能够得到那种具有针对性的体育专项方面的指导。专业化且个性化的课后体育服务其实是能够对学校体育课程所存在的不足之处予以弥补的，其可以依据学生个体所存在的差异来给出更具针对性的指导，进而助力学生去发现自身所潜藏的潜能，培育其特长，达成个性化发展的目标。

二、学生体育发展的核心需求

（一）身体素质提升需求

现代城市生活环境下，中小学生普遍面临着身体素质下降的挑战。长时间伏案学习、电子设备使用频繁、户外活动时间减少等因素，都对学生的身体发育产生了不利影响。据调查统计，近年来城市中小学生的体质健康测试合格率呈现下降趋势，近视率、肥胖率不断攀升，心肺功能下降现象普遍存在。这些问题引起了学生、家长和学校的高度关注，提升身体素质成为课后体育服务的首要需求。学生们渴望通过科学、有效的体育锻炼，改善自身的健康状况，增强体质。

身体素质提升需求不仅仅是出于应对体质测试的考虑，更是基于学生对自身健康发展的理性认知。随着健康教育的普及，越来越多的学生意识到良好的身体素质是学习和生活的基础，是实现全面发展的必要条件。他们期望通过参与课后体育活动，改善自己的柔韧性、力量、耐力、速度和协调性等基本素质，为未来的学习和生活奠定坚实的身体基础。这种对身体素质的关注反映了学生健康意识的提升和自我发展观念的成熟。

身体素质提升需求还体现在对专业化训练的追求上。学生们不再满足于简单的体育活动，他们希望获得科学系统的体能训练指导。针对自身的薄弱环节，如核心力量不足、柔韧性差、心肺功能弱等问题，学生们期望接受专门的改善训练。特别是在升学考试中体育成绩占比提高的背景下，许多学生希望通过有针对性的体能训练提高自己在体育测试中的表现。这种对专业化训练的需求，对课后体育服务提出了更高的要求，促使服务提供者不断提升自身的专业能力和服务水平。

（二）运动技能发展需求

城市中小学生对运动技能的发展表现出强烈的需求和热情。他们不满足于简单参与体育活动，而是希望能够系统学习各种运动项目的基本技能，掌握科学的运动方法。掌握运动技能不仅能够提高参与体育活动的质量和乐趣，还能增强学生的自信心和成就感。调查显示，当学生掌握了某项运动的基本技能后，其参与该项运动的积极性明显提高，持续参与的时间也更长。因此，运动技能的发展成为课后体育服务不可忽视的重要需求。

运动技能发展需求还体现在对多样化技能学习的追求上。现代社会强调全面发展和适应能力，单一的运动技能已经难以满足学生的发展需要。学生们希望能够接触和学习不同类型的运动项目，如球类运动、田径运动、水上运动、冰雪运动等，拓展自己的运动视野，增强适应不同环境的能力。这种多样化的技能学习需求，要求课后体育服务能够提供丰富多彩的项目选择，并配备具有不同专长的指导教师，为学生创造全面发展的机会。

技能发展需求还延伸到了高水平专项训练领域。一些对特定运动项目有浓厚兴趣和天赋的学生，希望能够接受更加专业和深入的训练，将自己的运动水平提升到更高层次。他们期望在课后时间能够得到专业教练的指导，进行有针对性的技术训练和战术学习，参加高水平的比赛和交流活动，为未来可能的体育专业发展奠定基础。这种专项训练需求虽然只存在于部分学生群体中，但对于培养体育人才、促进学校体育发展具有重要意义，应当在课后体育服务体系中得到适当的重视和满足。

（三）心理健康平衡需求

现代城市中小学生面临着前所未有的学业压力和心理负担，这使得他们对通过体育活动调节心理状态、缓解压力的需求日益凸显。学业竞争激烈、家长期望过高、社交压力增加等因素，都可能导致学生产生焦虑、抑郁、自卑等负面情绪。而体育活动作为一种积极的情绪调节方式，能够帮助学生释放压力，改善心理状态，找到情绪的平衡点。越来越多的学生意识到体育活动的这一重要功能，主动寻求课后体育服务来维护自己的心理健康。

心理健康平衡需求还体现在对情绪调节能力培养的追求上。良好的情绪调节能力是心理健康的重要标志，也是现代社会生活的必备技能。通过参与体育活动，尤其是竞技性体育项目，学生能够在胜负交替、情绪波动中学习如何控制自己的情绪，如何面对挫折和失败，如何保持积极乐观的心态。这种情绪调节能力的培养过程，对学生的心理发展具有深远影响，是他们成长为心理健康、情绪稳定的个体的重要途径。

心理健康平衡需求还包含了对社交能力提升的期望。现代社会对个体的社交能力提出了更高要求，而许多学生由于过度依赖电子设备、缺乏真实社交经验等原因，在人际交往方面存在困难。体育活动尤其是团队运动，为学生提供了丰富的社交机会和情境，帮助他们学习合作、沟通、领导、解决冲突等社交技能。许多学生和家长正是看到了体育活动在促进社交发展方面的独特价值，才积极寻求参与课后体育服务的机会。这种对社交能力提升的需求，要求课后体育服务不仅关注身体训练，还应重视活动中的人际互动和社交体验，为学生创造良好的社交学习环境。

第二节 课后体育服务的供给主体与服务模式

一、学校主导型课后体育服务体系

（一）学校内部资源整合与服务供给

城市里的中小学校在课后体育服务方面属于核心供给主体，其有着场地设施、专业教师以及制度保障等方面的基础优势。相关调研表明，绝大多数家长都把学校看成是最值得去信赖的课后体育服务提供者，之所以会有这样的信任，是因为学校具备公益属性以及教育专业性。那些优质的学校通过对校内资源加以整合，构建出了相对完善的课后体育服务体系，实现了从资源配置、制度设计一直到实施评价的闭环管理。比如某所示范性中学，通过打造"一校一品"的体育特色，把课内教学和课后训练很有机地结合起来，既提升了学生的专项技能，又形成了特色鲜明的学校体育文化，由此彰显出学校主导型服务模式所具有的独特价值。

校内的体育教师实则为学校所主导的课后服务当中的核心力量所在，他们自身所具备的专业背景以及对学生的了解情况，能够让该项服务具备更强的针对性特点。经过观察可以发现，由体育教师来主持开展的课后服务项目往往会更加注重教育性特点以及系统性特点，并且能够和学校所设置的体育课程达成良好的衔接状态。不过就当下的情况而言，城市里的中小学普遍都面临着体育教师数量不够充足、工作负担过于沉重的诸多挑战。从某区教育局所调查出来的数据能够看出，中小学的体育教师平均下来每周的课时量已经达到了20节之多，而且还额外承担着课后服务方面的工作，这就使得他们的工作时间被进一步延长，自身的精力也出现了分散的情况。有一部分学校已经开始对教师资源的优化配置策略展开探索，比如实行"项目负责制"这样的方式，而并非让所有教师都参与其中，通过集中优势资源的做法来着力打造特色项目，以此避免服务质量因为教师过于疲劳而出现下降的不良情况。

学校的场地设施条件在很大程度上决定着课后体育服务所具有的承载能力以及项目的多样程度。经过实地调研可以发现，城市里各个学校之间在体育场地方面存在着颇为显著的差异，这种差异对课后体育服务开展的质量有着直接的影响。有一部分位于老城区的学校，其场地面积较为狭小，在面对多个班级或者不同项目的课后活动需求时，往往很难同时予以满足；与之相对的是，那些新建起来的学校，普遍有着较为充足的场地，如此一来便能够对更加丰富多样的课后体育项目给予支持。就拿某一所重点小学来说，该校通过针对体育场地实施功能区划以及时段管理等举措，相当巧妙地将场地紧张这一问题给解决掉了，进而实现了对有限空间的最大化程度的利用。如今，场地资源管理方面的创新已然变成了提升学校课后体育服务能力的极为关键的因素，像智能化预约系统、跨校联盟共享机制等一系列新型的管理模式正在逐步地得到推广，从而为以学校为主导的课后体育服务提供了更为坚实可靠的场地方面的保障。

（二）学校管理体制与服务保障机制

规范的管理制度实实在在是学校课后体育服务得以持续且稳定开展的基础性保障。从实践经验方面来看，去建立一套完善的课后服务专项管理制度，将职责分工、运行流程以及安全预案都明确下来，是能够在切实的意义上有效提升服务的质量以及其安全性的。就某示范区的中小学来讲，普遍都建立起了这样一种管理架构，也就是由校长直接来负责、德育主任进行统筹协调、体育组长负责具体实施的三级管理架构，由此便形成了一个责权清晰明确的垂直管理体系。这样的一种制度设计，一方面确保了课后体育服务能够得到学校层面给予的重视，并且能有资源方面的倾斜，另一方面也保证了在实施过程当中具备专业性以及连续性。管理体制方面的创新已然成为学校去提升课后服务效能的一条极为重要的途径，像分布式领导、项目化管理等一系列现代管理理念正在逐步地被应用到课后体育服务这个领域之中。

科学的评价机制实则是推动服务质量得以持续改进的一股关键动力。相关调查表明，那些建立起多元评价体系的学校，它们所开展的课后体育服务往往更富有生命力，在发展方面也更具潜力。其评价维度已然从以往传统的诸如出勤率、参与人数这类量化指标，进一步拓展到了像学生满意度、能力提升程度、家长认可度等带有质性特点的指标层面。某所实验学校颇具创新性地引入了一种被称作"成长档案袋"的评价方式，通过该方式来详细记录学生在课后体育活动当中的具体表现以及所取得的进步情况，进而形成有关过程性评价的有力证据。这种评价方式成功突破了单纯以结果为导向所存在的诸多局限，它更加侧重于去关注学生的个体差异以及其在发展过程中所发生的各种变化。那些较为先进的学校还格外注重对评价结果的有效应用，会把评价所反馈回来的相关信息直接转化成为课程进行调整以及教学得以改进的重要依据，由此便形成了一个从"评价到反馈，再到改进，最后到再评价"的完整质量提升闭环。

经费保障以及资源配置属于学校主导型服务模式所面临的实际层面的挑战。从财政数据分析能够看出，大部分城市学校在课后体育服务方面，其经费来源呈现出较为单一的状况，主要是依赖财政拨款这一途径，缺乏那种稳定且多元化的筹资渠道。一些优质学校已经着手去探索资源整合的全新路径了，像设立专项基金这种方式，还有引入社会捐赠以及开展有偿服务等做法，通过这些来拓宽经费的来源。比如说某重点中学就建立起了"体育发展基金会"，这个基金会专门是用来支持课后体育特色项目发展的，每年所筹集到的资金能够超过50万元，这就给高质量的课后服务给予了较为稳定的保障。资源配置的方式同样也在发生转变，从以往的平均分配逐步朝着重点倾斜的方向转变，会优先保障特色项目以及优势团队，以此来达成资源的最优配置状态。合理的经费使用情况以及资源调配机制已然变成了学校提升课后体育服务效能极为关键的因素。

二、社会力量参与的课后体育服务模式

（一）专业体育培训机构的服务特点

市场化的体育培训机构依靠其自身专业方面的优势，已然逐步成为城市当中课后体育服务领域里的一股重要力量。相关的行业调研情况表明，体育培训市场的规模在近些年来一直维持着超过20％的年增长速率，参与到课后体育服务当中的专业机构的数量也在迅速地增多起来。这类机构大体上可以划分成综合性体育培训企业以及单项专业俱乐部这两种主要的类型。综合性的机构往往有着较为雄厚的资金实力，其拥有完备的课程体系以及教学方面的规范，能够为课后体育服务提供多种多样的内容；而专业俱乐部，在特定的项目上有着颇为深厚的积累，所提供的服务也更加精准且专业。就拿某一家知名的篮球俱乐部来说，它和多所中小学展开合作以开展课后训练活动，凭借自身专业的教练团队以及系统的训练方法，极大地提升了学生的篮球水平，完完全全地展现出了专业机构所具备的独特优势。

专业的师资队伍称得上是体育培训机构的核心竞争力所在。人才结构方面的分析能够表明，在市场上处于领先地位的那些体育培训机构，普遍都有着高质量的教练团队。在这些团队当中，有不少人是曾经的职业运动员，还有国家级

教练，以及体育专业的硕博人才。就拿某知名机构来说，其教练招聘标准明确规定，应聘者要么得具备专业体育院校的学历背景，要么得拥有国家二级以上运动员的资质，而且还设置了极为严格的岗前培训以及定期考核机制。正是这样高标准的人才政策，有力地确保了教学质量具备专业性。另外，市场调查也发现了一个情况，那就是优质的机构往往很重视对教练员教育教学能力的培养，会定期组织师资培训活动以及研讨活动，目的在于帮助那些有着竞技背景的教练去转变教学理念，进而能够掌握适合中小学生的教学方法。可以说，专业的师资实实在在为体育培训机构参与课后服务筑牢了坚实的人才基础。

（二）社区体育组织的参与方式

社区体育组织乃是连接学校和社会的关键纽带，其在课后体育服务方面发挥着别具一格的作用。经过实地考察调研可以知晓，城市社区里的体育组织呈现出多种形式，像居委会所设立的体育小组、社区体育俱乐部以及体育志愿者团体等皆是，而且这些组织带有显著的公益性，有着颇为深厚的群众基础。这类组织通常扎根于社区之中，对居民的需求有着较为清晰的了解，所以能够提供贴合实际、很接地气的课后体育服务。就拿某老城区的社区体育协会来说吧，它充分利用退休体育教师以及体育爱好者这些资源，给周边学校给予传统体育项目方面的指导，如此一来，既使得学校课后服务的内容变得更加丰富多样，同时也很好地传承了地方的体育文化，将社区组织所具有的独特价值充分地展现了出来。社区体育组织参与到学校课后服务当中，已然成为城市社区治理领域的一种创新实践活动，呈现出了多元主体协同开展育人工作的全新模式。

资源整合无疑是社区体育组织开展服务极为关键的一项能力。经过观察能够发现，那些取得成功的社区体育组织往往很善于去链接并且整合各种各样的资源，像场地设施、专业人才、活动经费等这些方面的资源都涵盖在内。就拿某新建小区的体育俱乐部来说吧，它通过和物业公司展开合作的方式，成功地将小区内原本处于闲置状态的体育空间给盘活了；又通过主动去联系退役运动员以及体育院校的学生，进而组建起了一支志愿者教练团队；还通过积极去申请政府所推出的购买服务项目，顺利地解决了活动经费方面存在的问题。正是这种涉及多个方面的资源整合能力，让原本自身力量相对有限的社区体育组织也有能力去提供高品质的课后体育服务了。伴随城市治理精细化的程度不断提升，社区体育组织所处的工作环境也在持续地得到优化，而且政策方面给予的支持力度也在逐步加大，如此一来，其整合资源的能力以及可利用的空间便进一步得到了扩大，这就为其参与课后体育服务营造出了十分有利的条件。

社区参与模式正朝着多样化的方向不断发展。从实践探索的情况来看，社区体育组织会依据自身所具备的特点以及资源方面的实际状况，已然形成了多种多样参与学校课后体育服务的模式。就场地支持型模式来讲，主要是由掌握着体育场地资源的社区组织来给予支持，其通过将社区体育设施对外开放这种方式，以此来化解学校所面临的场地不够用的难题；人才支持型模式，则是充分借助社区体育方面的骨干人员以及志愿者所具备的资源优势，从而为学校课后开展的各项活动配备相应的指导人员；而活动支持型模式更多地侧重于去组织开展社区体育赛事以及相关的展示活动，进而为学校课后训练所取得的成果搭建起展示的平台。在某体育实力较强的区域，还创新性地构建起了"社区体育指导员"制度，通过选拔那些优秀的体育人才来出任专职指导员，并且让他们按照规定的时间周期前往学校开展课后体育方面的指导工作，如此便形成了一种相对稳定的学校与社区之间联动协作的机制。这些呈现出多样化特点的参与模式，在很大程度上丰富了课后体育服务所涉及的形式以及具体内容。

（三）企业赞助与公益组织支持

企业参与课后体育服务已然从简单的赞助形式逐步迈向深度合作的层面。通过市场方面的观察能够发现，那些具备社会责任感的企业如今已不再仅仅局限于单纯的资金给予或者物资捐赠这类较为单一的做法，而是愈发看重参与到服务设计环节当中以及与学校一同开展品牌共建事宜。就拿某一家知名的体育用品企业来说，其和多所中小学建立起了合作关系，在这个合作过程中，该企业不光为学校提供器材方面的赞助，而且还专门派遣专业团队参与到课程开发工作里面，双方携手共同打造出带有"企业冠名+学校特色"特点的品牌课后项目。这样的一种深度合作模式一方面满足了企业对于社会责任实践以及品牌推广方面的需求，另一方面也为学校送去了优质的资源支持，由此达成了互惠共赢的良好局面。企业的参与情况已经从过去那种带有随机性、呈现碎片化的状态转变为如今的系统性、具备持续性的状态，长期合作协议以及战略伙伴关系的数量也在一天天增多，进而为课后体育服务给予了更为稳固的社会层面的支持。

公益基金会于弥补课后体育服务资源不均衡状况而言，着实发挥着极为关键的作用。有相关数据统计表明，全国范围内的体育公益基金会的数量在近些年来一直呈现出稳步上升的态势，而青少年体育发展已然转变成了其主要的资助趋向。这些基金会借助项目制的资助形式，着重对那些欠发达地区以及属于弱势群体的课后体育发展给予大力支持。由某知名企业家所创办的教育基金会在全国范围内设立了名为"阳光体育计划"的项目，每年都会投入多达上千万元的专项资金，以此来对农民工子女较为集中的城市学校开展课后体育活动予以支持。像这样的定向资助举措，切实有效地缓解了资源分配不够均衡的问题，也充分彰显了公益组织在推动教育公平这件事情上所具备的独特价值。公益组织的支持模式正在一天天地朝着规范化以及专业化的方向发展，其资助决策也变得越发科学合理，项目评估也更为严格细致，如此便有力确保了公益资源能够得以有效利用。

第三节 课后体育服务的政策支持与社会参与

一、国家政策导向与支持体系

（一）体教融合政策对课后服务的引领

体教融合上升至国家战略层面，这为课后体育服务给予了顶层设计层面的规划以及政策方面的有力保障。从政策分析的情况来看，近些年来在国家这一层级，已然是把体教融合当作了深化教育领域改革以及体育方面改革的关键突破口，陆陆续续地出台了诸多具有指导性的文件。这些政策文件对体育在素质教育当中所占据的重要地位予以了明确，着重指出学校体育和社会体育要达成有机的衔接状态，如此便为课后体育服务的发展营造出了极为有利的环境。在中央所确立的政策导向之下，各个层级的政府都纷纷着手去制定相关的实施细则，进而形成了一套从上至下的政策体系。就拿某省来说，其教育厅和体育局联合发布了《关于推进体教融合促进青少年健康发展的实施意见》，在这份文件里还专门设置了课后体育服务的相关章节，对服务的目标、具体内容以及保障措施都做出了明确规定，这很好地体现出体教融合政策对于课后体育服务所起到的直接引领作用。

体教融合政策对学校体育和社会体育之间的关系予以了重新构建，从而为课后服务开辟出了相应的制度空间。从政策解读情况来看，在传统体制之下，学校体育与社会体育二者是处于相对割裂的状态的，彼此间协同合作存在明显不足的情况。然而，在新一轮的体教融合改革当中，着重强调了要实现资源的共享以及优势的相互补充，并且清晰明确了"学校体育课内外一体化、校内校外一体化"这样的发展趋向。这一理念上的转变，给课后体育服务朝着多元化方向去发展提供了相应的政策方面的依据。某市的体育局和教育局携手共同建立起了"青少年体育发展联席会议"的制度，会定期针对体教融合过程中所出现的各类问题展开协调并加以解决，以此推动诸如体育场馆向学校开放、体育专业人才参与到学校教学等一系列举措能够真正落地实施。体教融合政策成功突破了传统那种部门分割所形成的制度方面的障碍，进而为课后体育服务营造出了一个更加具有开放性以及包容性的发展环境。

（二）地方政府落实机制与创新实践

地方政策做到因地制宜，这可是国家政策能够落地的极为关键的一个环节。从政策调研的情况来看，各个地方会依据自身的经济发展实际水平、所拥有的教育资源具体状况以及体育方面的传统特色等不同情况，进而形成了多种多样的落实路径。在经济较为发达的那些地区，往往会更加看重市场机制所发挥的作用，并且积极鼓励社会方面的力量参与其中，如此便形成了多元共治这样一种格局；而在教育资源相对丰富的地区，则会着重强调学校所起到的主体作用，通过对教师采取激励措施以及在课程方面进行创新等方式，以此来提升校内的服务质量哟；至于体育传统颇为浓厚的地区，那就会充分地去发挥特色项目所具有的优势，把地方的体育文化巧妙地融入到课后服务里面去。就拿某一个沿海城市来说吧，它紧密结合本地所拥有的海洋资源优势，把水上运动项目纳入到课后体育服务的体系当中，从而形成了独具自身特色的"蓝色课后服务"这样一个品牌。这些充满了地方特色的创新实践，可是极大地丰富了课后体育服务的内涵以及其形式，很好地展现出了政策落实过程当中的多样性以及创造性。

专项经费投入属于地方政府用以支持课后体育服务的一种直接做法。从财政数据分析能够看出，各地政府基本上都设立了课后服务专项经费，并且投入力度呈现逐年增加的态势。经费的来源有着多元化的走向，除了基础教育经费之外，像体育彩票公益金、政府购买服务经费、专项发展基金等诸多渠道也都包含在内。有一个省会城市在其年度预算里专门列出了一笔用于"课后体育服务提升计划"的经费，数额达到2000万元，这笔经费主要用在场地改造、器材购置、人员培训等多个方面，从而给课后体育服务给予了稳定的资金方面的保障。资金的使用方式也慢慢由直接拨付的形式朝着项目制、绩效制的方向转变，借助竞争性分配以及绩效考核等手段，使得资金使用效益得以提高。专项经费投入一方面解决了课后体育服务启动资金方面存在的问题，另一方面也对服务方向以及重点起到了引导作用，充分彰显了政府对于课后体育服务的重视程度以及支持力度。

（三）政策评估与持续优化机制

政策执行效果的评估工作，实则是政策得以优化的一个必要环节。相关的政策研究已经清晰地表明了，要是能够定期去开展那种带有系统性的评估活动的话，是特别有助于去察觉到在政策执行整个过程里面所存在的各类问题以及不足之处的，进而可以为后续的政策调整工作提供相应的依据。在一些较为先进的地区，人家已经成功建立起常态化的评估相关机制了，会从像政策所涉及的覆盖范围、资源具体的配置情况、服务所呈现出来的质量状况、社会层面的满意程度等诸多不同的维度，去对政策执行效果展开评价。就拿某省教育科学研究院来说吧，其可是连续三年都在开展针对全省课后服务政策执行状况的调研活动，最终形成了一份数据详实且对问题剖析极为精准的评估报告，这无疑是为政策的优化提供了极为重要的参考依据。另外，第三方评估如今也是越发受到大家的重视了，通过积极引入那些独立的研究机构或者是专业的评估团队，能够有效地增强评估结果所具有的客观性以及在社会上的公信力。相关的数据也明确显示出来了，那些经过了系统评估并且还能够及时做出调整的政策，它们在执行效果方面明显要比那些未曾经过评估的政策好得多，这也就充分证明了政策评估对于提升政策执行质量是有着非常积极的推动作用的。

　　动态调整同政策创新相互作用，进而形成政策优化的良性循环态势。通过对政策演变加以分析能够发现，那些成功的课后体育服务政策体系往往展现出了不错的适应性以及创新性特点，其能够依据具体的实施状况以及外部环境所发生的种种变化，及时地去做出调整动作并且开展创新举措。就好比某省级教育部门构建起了课后服务政策的"双向调整"机制，在这之中，宏观层面的政策始终维持着相对的稳定性，而微观层面的各项措施则会依据执行过程中所反馈回来的信息进行灵活的调整操作，如此一来，既确保了政策的连贯特性，又使得其在应对新情况之时具备更强的灵活程度。与此同时，政策创新也逐渐变得常态化起来，像某市就会每年从基层去广泛征集课后服务政策创新的相关案例，并且会把那些成功的经验进一步上升转化为政策措施，随后在全市范围内进行推广普及。经过实证研究可以明确得知，那种处于持续优化状态下的政策体系相较于固化且一成不变的政策而言，其更有能力去适应复杂且多变的现实状况，而且也更容易收获来自各方的支持与认可。如今，政策优化已经不再仅仅是被动地去应对各类问题了，而是开始主动地去展开探索创新活动，持续不断地提升政策自身的质量水平以及执行所能够达成的效果，最终形成了政策制定、执行、评估以及调整等环节有机衔接的良性循环格局。

二、社会力量参与的多元化格局

（一）市场化机构的商业模式与社会责任

专业体育培训市场已然形成了分层分级的业态架构。据行业调研情况来看，城市课后体育服务市场正逐步细化出高端定制、中端综合、基础普惠这三个层次，且各个层次的服务定位以及价格体系均有着各自的特点。就高端定制型机构而言，其主要是面向那些高收入家庭的，所提供的课程属于个性化且专业化的精品课程，其单课时的价格往往会超过200元。而中端综合型机构，主要是面向中等收入家庭，所提供的是标准化且系统化的培训课程，价格区间在50至150元之间。至于基础普惠型机构，主要是和学校展开合作，提供的是大班制且收费较低的基础课程，单课时价格通常是在30元以下。这样的一种分层架构，一方面满足了不同层次的市场需求，另一方面也营造出了较为良性的市场竞争环境。某一大型体育培训集团针对不同的人群推出了三个子品牌，这三个子品牌涵盖了各个市场细分领域，进而实现了规模效益和个性服务两者之间的平衡，充分体现出市场化机构对于市场结构精准把握的能力。

品牌经营已然变成市场化机构极为重要的发展战略。品牌方面的相关研究显示出，在课后体育服务市场这样竞争高度激烈的环境当中，品牌所具备的影响力实际上已经演变成关键的竞争要素了。那些处于行业龙头位置的企业，普遍都对品牌建设格外重视，它们会从服务标准化、专业师资力量配备、特色课程设置等诸多方面着手，以此来打造出具有差异化特点的品牌形象。就拿某一家大家都熟知的知名培训机构来说，其每年会拿出营收的15%专门用于品牌建设工作，通过建立起完善的品牌识别系统、推出独具特色的教学方法以及构建专业的认证体系等一系列举措，成功形成了在市场竞争当中的优势地位。与此同时，品牌运营的模式也一直在不断创新，像特许经营、连锁加盟等多种形式的出现，使得一部分优质品牌能够实现快速扩张，进而促使整体的服务水平得以提升。经过实证分析能够发现，那些拥有着清晰市场定位并且有着良好口碑的品牌机构，不但在市场竞争当中占据着优势地位，而且还能够更为出色地去履行自身所肩负的社会责任，能够为大众提供更加稳定且可靠的服务，在很大程度上推动了整个行业朝着更加规范的方向发展，也促使行业的服务质量得到了相应的提升。

商业利益和社会责任之间达成平衡，这可是市场化机构所面临的极为重要的命题。市场方面的观察情况显示出，那些仅仅一门心思去追求商业利益的机构，在课后体育服务这个领域当中，是很难获得长久的发展态势的。与之相对的是，那些有能力在经济效益以及社会效益之间实现平衡的机构，它们往往就更具备可持续发展的特性。优秀的企业通常都会把社会责任融入到自身的经营战略里面去，会借助差异化定价、公益赞助、对薄弱学校给予支持等多种多样的方式，来切切实实地履行社会责任。就拿某一个行业当中处于领军地位的企业来说吧，它专门设立了一个叫做"阳光体育基金"的项目，每年都会从所获利润当中拿出百分之五的份额，用来资助那些处于贫困地区的学校去开展课后体育活动。并且，在自身的业务开展过程当中，还实行了一个"班班有学困生"的政策，会给每个培训班都免费提供一到两个名额，而这些名额是专门留给家庭经济状况比较困难的学生的哟。像这样把社会责任实实在在地内化为自身经营理念的做法，不但为其赢得了很不错的社会声誉，而且还培育出了更加忠诚的客户群体。市场实践已经充分证明了，商业利益和社会责任并非是那种相互对立的关系，反而是能够达成共赢局面的互补性要素，社会责任感如今已然成为市场化机构的核心竞争力当中的一个重要方面。

（二）行业自律与职业标准建设

行业协会于规范发展层面发挥着颇为关键的作用。据相关行业研究来看，伴随课后体育服务市场的迅速拓展，行业自律所具备的重要性正一天天地凸显出来。各地的体育培训行业协会都在积极地发挥着类似桥梁纽带般的作用，其一方面能够代表整个行业去和政府部门展开沟通，进而参与到政策的制定环节当中；另一方面还会组织会员单位一同来制定行业方面的标准，以此维护市场的既有秩序。就某省的体育培训行业协会而言，其制定出了《青少年体育培训机构行业规范》，针对场地设施、师资所提出的要求以及服务价格等诸多方面均做出了清晰明确的规定，并且还构建起了会员评价以及退出这样的机制。由协会所组织开展的定期培训以及经验交流等活动，有效地提升了整个行业的整体专业水准，有力地推动了行业朝着规范化方向发展的进程。从相关数据能够看出，那些加入到行业协会当中的机构，它们的合规性相较于非会员机构而言明显要高出许多，这也充分表明行业自律对于规范市场行为确实有着积极正向的作用。随着行业协会自身职能不断地得以完善，其在推动课后体育服务实现健康发展的过程当中所起到的作用必然会得到进一步的强化。

职业标准以及资质认证体系迫切需要进一步健全和完善起来。人才方面的调研情况表明，在课后体育服务这一领域当中，专业人才存在着短缺的状况，与此同时，人才的质量也是良莠不齐的，而缺乏统一化的职业标准和资质认证体系恰恰是其中极为重要的一个原因。就目前的实际情况来讲，那些从事课后体育指导工作的人员，他们的背景是多种多样的，其中涵盖了体育教师、退役运动员、体育专业的学生等诸多类型，然而他们的专业能力却存在着高低不同的情况，如此一来，服务水平自然也就难以得到切实的保证了。有部分地区已经着手开始探索去建立课后体育指导员的资质认证体系了，对入职条件、专业方面的要求以及培训标准都做出了明确的规定。比如某一个体育较为发达的城市就推出了"青少年体育指导师"这样的职业资格认证，设置了初级、中级、高级这三个不同的等级，通过开展统一的培训并且实施相应的考核，从而为课后体育服务领域输送了合格的专业人才。行业协会同样也在积极地参与到相关标准的制定工作当中去，像某一个协会就联合了高校的体育院系一同去开发了课后体育教练的培训教材以及评价标准，有力地推动了职业标准的建设工作。一套健全完善的职业标准和资质认证体系，其作用不仅仅在于能够有效地提升服务的质量，而且还能够为从事这一行业的人员提供一条专业发展的路径，对于整个行业的长远发展而言，无疑是具有极为重要的意义的。

伦理规范以及投诉处理机制均属于行业自律范畴当中极为重要的内容。就服务质量监测所呈现出的情况来看，在开展课后体育服务期间，像是不当教学行为、安全事故处理方面存在的问题以及虚假宣传等一系列涉及伦理层面的问题常常会有发生的情况，而这无疑对行业整体的形象以及服务质量都产生了影响。那些较为先进的地区已经着手开始重视起伦理规范的建设工作了，其会通过制定诸如教练员行为准则、服务承诺书等这样的一些方式，以此来对服务行为加以规范。有某一个行业协会还特意专门成立了一个名为"伦理委员会"的组织，该组织主要负责去制定整个行业的伦理规范，并且对其执行情况予以监督，对于那些违反了相关规范的机构，会做出警告或者直接除名这样的处理。与此同时，投诉处理机制也在一天天不断地趋于完善，有很多地方都已经建立起了"一站式"的投诉平台，能够对课后体育服务相关的所有投诉进行统一的受理，并且还构建起了调解、仲裁以及司法相互衔接的一整套解决机制。从相关数据所展示出的情况能够得知，一套完善的伦理规范以及投诉处理机制是能够在很大程度上有效减少服务纠纷的出现频次的，进而还能够提升消费者对于服务的满意度以及他们对整个行业的信任程度。可以说，伦理规范如今已然成为行业自律当中最为核心的一项内容，其对于提升整个行业的服务质量以及社会形象都有着不容忽视的重要作用。

（三）社会监督与公众参与机制

媒体监督于推动课后体育服务朝着规范方向发展这件事上，实实在在地发挥着正面作用。从媒体所做的相关分析能够看出，伴随公众对体育教育方面关注度逐步提升起来，与之相关的各类报道以及评论数量也一天比一天多了起来，如此一来便营造出了一种较为广泛的社会监督氛围。传统媒体往往会借助专题报道、开展调查报告等不同形式，去将课后体育服务当中存在的一些问题以及不足之处给揭示出来；而新媒体，则是通过短视频、利用社交平台等多种方式，把那些优秀案例以及创新实践展示给大家看。就好比某省级电视台专门开设了一个叫"课后服务观察"的专栏，会定期对典型经验以及突出问题进行报道，这可引起了社会层面的广泛关注，同时也让政府方面对此重视起来。在社交媒体上，家长们所给出的评价以及他们分享的体验等内容，同样也形成了一股颇为强大的舆论导向力量，对于服务机构而言，这无疑形成了一种有效的监督。经过实践检验可以证实，媒体监督是能够把公众的诉求传递出去的，还能够推动相关问题得到解决，进而促进服务不断改进，它在课后体育服务所构成的生态系统当中，实实在在是一种不可或缺的监督力量。

第三方评估给予了质量监控专业层面的有力支持。相关评估研究显示，具备独立且客观特性的第三方评估，能够对政府监管以及市场调节所存在的不足之处予以弥补，进而为服务质量给出具备科学性的评价。专业的评估机构会构建起科学合理的评价指标体系，同时设立严格规范的评估程序，以此针对课后体育服务展开全面且细致的评价，如此得出的结果更拥有公信力。有某教育研究机构成功开发出了"课后体育服务质量评估体系"，该体系从专业性、安全性、满意度等诸多维度来精心设计评价指标，并且会定期对外发布评估报告，这便为家长在选择方面以及政府展开监管工作提供了极为重要的参考依据。伴随评估方法持续不断地完善优化，那种将定量评价和定性分析相互结合起来、让过程评价与结果评价达成统一的综合评估模式也逐渐发展成熟起来，相应评估结果的科学性以及实用性都在不停地提升。如今，第三方评估已然变成课后体育服务监督体系里不可或缺的重要组成部分，其在推动服务质量得以持续改进这一方面正发挥着十分积极的作用。

家长组织所进行的参与，实实在在地为服务改进给予了直接的推动力量。实际的实践探索清晰地呈现出这样一个情况，家长身为直接利益紧密相关的一方，他们以组织化的形式参与其中，能够切切实实地提升服务的质量，并且还能够让满意度得以提升。在各地，家长委员会、家长志愿者团队等诸多组织形式如同雨后春笋般不断地涌现出来，它们纷纷参与到课后体育服务的监督环节以及改进工作当中。就拿某示范区的学校来说，其建立起了"课后服务家长观察团"，会定期地邀请家长代表参与到课后活动的观摩活动以及评价工作之中，而且还会把家长所给出的反馈当作是服务进行调整的关键依据。与此同时，家长社群也已然变成了极为重要的信息交流平台，通过在其中分享相关的经验、提出具有建设性的建议等方式，对服务的内容以及方式产生影响。经过相关调查可以发现，那些家长参与程度比较高的学校，它们所开展的课后体育服务在质量方面以及满意度方面，普遍都要比家长参与度低的学校高出不少。家长的参与不但使得服务的透明度得以增强，让服务的响应性也得到了提升，而且还成功地形成了学校、家庭以及社会协同育人的强大合力，为课后体育服务能够持续不断地改进提供了源自内部的推动力量。

第四节 课后体育服务供需矛盾及应对策略

一、课后体育服务的结构性矛盾

（一）服务资源与需求分布的空间错配

城乡课后体育服务资源在分配方面呈现出显著的差距。通过空间统计分析能够看出，优质的体育服务资源大多高度聚集在城市中心地带，与之相对的是，郊区以及城乡接合部所面临的体育服务资源短缺情况极为严重。就主城区而言，每万名学生所拥有的体育培训机构数量达到了郊区的3.7倍之多，而专业教练员数量方面的差距更是进一步拉大，达到了5.2倍。依据某特大城市的调研数据来分析，市中心区域的学生平均下来能够选择的课后体育项目数量超过了20种，可是郊区学校的学生可以参与的项目平均仅仅只有5种。这样的一种空间错配状况使得郊区学生在体育发展方面的机会明显受到诸多限制，他们很难获取到专业的指导以及系统的训练。在城乡二元结构的大背景之下，农村进城务工人员的子女更是沦为了课后体育服务的盲区，他们既没办法享受到农村社区所具有的传统体育文化资源，同时也难以融入到城市的专业体育培训体系当中，从而面临着双重的不利状况。

不同城市区域之间，课后体育服务的供给方面呈现出颇为显著的分化态势。城市相关研究显示，像历史文化街区、教育资源相对集中的区域以及高收入人群聚居的区域，其体育服务供给往往丰富且多样；与之形成对比的是，老工业区、城中村以及保障性住房集中较多的区域，这里的体育服务供给就显得相对匮乏了。场地资源在很大程度上是造成这种差异出现的关键所在。新建城区在规划上较为合理，体育设施配套也比较完善，人均体育场地面积能够达到国家标准；然而老城区却面临着改造难度大的问题，场地资源紧张，学校的体育设施不仅陈旧而且还很狭小，难以满足开展多样化课后活动的需求。就拿某老城区的一所小学来说，其操场面积仅仅只有标准面积的60%，根本没办法同时容纳多个班级去开展不同类型的体育活动，这对课后服务的开展形成了极为严重的制约。资源分布在空间上呈现出的不均衡状况，使得学生参与课后体育活动的机会出现了不平等的情况，不同区域的学生在体质健康水平以及运动技能方面呈现出的差距日益扩大，这已然成为城市教育公平所面临的一项重要挑战。

特殊地区以及特殊学校所面临的供需矛盾显得更为严峻。像边疆民族地区、海岛地区这类特殊地区，存在着交通不够便利、经济发展相对落后、人才资源较为匮乏等情况，这使得其课后体育服务的基础十分薄弱。经过实地调研可以发现，在某边境县，所有的中小学竟然都没有专业的体育教师，课后的体育活动仅仅只能依靠兼职教师进行简单的组织安排，在专业性与系统性方面存在着极为严重的欠缺。特殊教育学校的学生，他们的体育需求有着更为独特的特殊性，然而与之相关的服务却严重匮乏。从某省特教学校的调查情况来看，仅有百分之二十八的学校能够为残障学生提供专门的体育课后服务，绝大多数特教学生都没办法获取契合自身特点的体育指导。这些特殊地区以及特殊群体的需求常常会被人们所忽视，资源的配置也不够充足，服务能力较为薄弱，如此便形成了课后体育服务方面的真空地带。究竟该如何突破地理空间所带来的限制，达成优质资源的共享，进而缩小区域之间的差距，这已然成为课后体育服务体系建设过程当中的一个重要课题。

（二）服务内容与学生需求的结构性失衡

传统体育项目和新兴运动项目之间，其供需方面的矛盾正逐渐变得明显起来。据市场调研所呈现的情况来看，学校在开展课后体育服务之时，往往是以传统体育项目作为主要内容的，像田径项目、篮球项目以及乒乓球项目等，它们在其中占据着主导性的地位。然而，就学生群体而言，他们普遍对诸如街舞、攀岩以及定向越野这类新兴运动项目，表现出了极为浓厚的兴趣。在针对某一样本所做的调查当中可以发现，超过百分之六十五的中小学生都表达了希望能够参与到新兴运动项目当中去的意愿，可是在学校所提供的课后体育服务里面，新兴运动项目所占的比例竟然还不足百分之二十。这样一种结构性的失衡状况，其主要的根源就在于师资结构存在着单一化的问题，大多数的体育教师，他们所接受的培养背景基本都是围绕传统体育项目展开的，所以就缺乏新兴运动项目方面的专业知识以及相应的教学能力。而且场地设施方面所存在的局限，同样也对新兴运动项目的开展形成了制约，像攀岩墙、滑板场这类专门针对新兴运动项目的场地，在学校当中是极为少见的。正是由于内容供给呈现出单一化的态势，而学生的需求却是多样化的，这两者之间所存在的矛盾，使得一部分学生对于课后体育活动的参与积极性并不是很高，进而对学校课后体育服务的效果也产生了一定的影响。

竞技体育理念和大众体育理念在服务导向上存在着颇为明显的差异。教育方面的实践情况显示，不少学校在课后所开展的体育服务依旧是沿袭竞技体育的思维模式，侧重于选拔那些成绩拔尖的学生，着力去培养体育方面的特长生，其目的在于为学校争得比赛方面的荣誉。通过对某一区域展开调查可以发现，超过百分之七十的学校体育社团以及训练队采取的是选拔制度，仅仅只有少数运动能力较为出色的学生才有机会参与其中，而余下的大多数学生则都被排除在专业的体育训练范畴之外。这样的一种精英导向模式与绝大多数学生想要参与体育活动、从中享受乐趣以及增强自身体质的需求之间形成了明显的冲突。并且，以竞技为导向的训练方式通常来讲是过于刻板且严格的，欠缺应有的趣味性以及游戏性，很难激发出一般学生对于体育的兴趣。从对家长所进行的访谈情况来看，家长们普遍期望自家孩子能够在一种轻松且愉快的氛围当中去参与体育活动，而不是去承受那种过大的训练压力。由于服务导向出现了错位的情况，这就使得资源投入更多地朝着少数特长生方面倾斜，如此一来，大多数学生在体育方面的需求便没办法得到充分的满足，这对于全面推进学生体质健康水平的提升是极为不利的。

体育技能的培养同全面发展目标二者之间存在着一定的张力。就教育评估情况来看，当下课后体育服务在内容设计方面存在着这样一种倾向，那就是对技能训练过度地予以强调，然而育人功能却相对处于一种被弱化的状态。具体而言，在课后体育服务开展过程中，技术动作训练往往会占据大量的时间，与之形成鲜明对比的是，像体育文化传承、品德培养以及情感教育等诸多方面的内容明显存在不足的情况。通过对某项目进行调研后发现，大部分课后体育课程在教学的时候采取的是"一堂课练一个动作"这样的模式，而且其评价指标也主要是以技术达标作为依据，至于学生在活动当中所应具备的合作意识、意志品质等方面的发展状况则很少能够得到关注。很显然，这种侧重于技术而轻视品德培养的倾向与素质教育所倡导的全面发展理念是不相符合的，同时也无法满足学生在多个方面发展的实际需求。要知道，体育作为育人的一条重要途径，其自身所蕴含的文化价值以及人文内涵理应得到充分的体现才行。那么究竟该如何在开展技能训练的基础之上，进一步去拓展课后体育服务内容的广度与深度，从而将价值观教育、文化传承以及社会适应能力培养等诸多方面的内容有效地融入到课后体育服务当中去？这无疑是提升课后体育服务质量、满足多元需求的一个极为重要的方向。

（三）优质资源供给与普惠发展的张力

优质的师资资源出现短缺情况，这对服务质量的提升起到了制约作用。人才相关调查清晰地表明，那些具备专业化水准且水平较高的体育教练员，实则是课后体育服务当中极为关键的核心资源，然而其供给的状况却严重不足。就全国范围来看，中小学体育教师存在的缺口已经达到了30万人以上，城市里的学校当中，专职体育教师的数量普遍都没能达到编制所规定的标准。不仅如此，专业的体育培训机构同样面临着人才招聘方面的诸多困难，从某大型培训机构所做的调查能够得知，符合岗位各项要求的应聘者，其数量还不足实际需求的40%。

优质师资在分布方面不均衡的问题显得格外突出，那些高水平的教练员大多集中在少数的重点学校以及高端的培训机构当中，其能够服务的对象范围较为有限。

场地设施方面存在供给不足的情况，与此同时，其使用效率也颇为低下。据相关统计数据表明，城市中小学体育场地设施在总量上是有所欠缺的，人均所拥有的面积达不到国家标准，而且设施陈旧老化这样的状况还比较常见。就某样本城市所做的调查来看，差不多50%的中小学体育场地面积都没有达到标准要求，并且有30%以上的体育器材都到了需要更新换代的时候了。而当下现有的这些设施，其利用率也不高，存在着这样一种现象，那就是在工作时间这些设施处于闲置状态，到了非工作时间却又封闭起来不让使用。比如说某中学的室内体育馆，平均算下来每天被使用的时间还不足4个小时，到了周末以及假期的时候就更是完全闲置在那儿了。这种利用率低下的状况和课后体育服务场地紧张的情况形成了极为鲜明的对比。公共体育设施其实也碰到了类似的问题，部分社区体育公园在周末的时候人多得都快挤不下了，可是一到工作日却又冷冷清清，没什么人光顾。资源配置不够合理以及管理机制存在不健全之处，使得有限的资源没办法发挥出最大的效益，进而让课后体育服务所面临的场地压力变得更大了。

普惠性服务和专业性服务这二者之间存在着资源分配方面的冲突情况。通过相关政策的分析能够看出，就当下的课后体育服务来讲，一方面得去追求普遍惠及全体学生，要让每一个学生都有机会参与进来，另一方面还得给予专业方面的指导，以此来满足学生在特长发展方面的需求，而在资源相对有限的这样一种条件之下，这便形成了颇为明显的矛盾状况。学校的经费预算是有限的，所以在普惠性和专业性这两者之间常常很难达到一种平衡的状态。从某一区域的调查情况来看，在课后体育经费当中，有超过60%的经费是用在了特色项目以及校队的训练上面，然而这些项目所覆盖到的学生仅仅不足20%；与之相对的是，那些面向全体学生开展的基础性活动，其所能获得的经费占比还不足30%。教师资源的分配方面同样也存在着类似的倾向，经验较为丰富的资深教师大多是被安排去带领校队以及指导特长生，而普通班级所开展的活动则是由经验相对较少的教师来负责。这样的一种资源分配机制，使得普惠性服务的质量很难得到有效的保障，也没办法充分地满足普通学生在自身发展方面的诸多需求。那么，在资源条件有限的情况下，怎样才能够同时兼顾到普惠覆盖的范围以及服务质量的提升，进而实现资源的合理配置，最终确保服务能够体现出公平性以及具备应有的效能，这无疑是课后体育服务体系建设过程当中所面临的极为重要的一项挑战。

二、课后体育服务面临的深层次问题

（一）体制机制障碍与协同治理困境

部门分割这一情况对资源整合以及协同发展起到了制约的作用。行政方面的相关研究显示出，像教育、体育、财政等部门，它们各自的职责划分得较为明确，然而在协作机制方面却并不顺畅，如此一来便使得政策制定与执行呈现出碎片化的态势。在对某市展开调研时发现，学校课后服务是由教育部门来负责的，而社会体育指导工作则由体育部门负责，这两个系统基本上是各自开展工作，在资源共享以及业务协同方面存在着明显不足的情况。财政资金是分头进行管理的，教育经费和体育经费在使用过程中存在着壁垒，没办法形成一种合力去支持课后体育的发展。在机构经过改革之后，尽管部分地区已经试着对教体部门进行整合了，可是其内部的条线分割现象依旧比较明显，协同意识以及相关机制还没有真正地建立起来。在基层实践当中，跨部门之间的合作往往要依靠临时性的项目以及个人关系网络才行，缺乏那种常态化的制度方面的保障。部门分割引发了诸多问题，比如优质资源被分散开来、政策措施在衔接上不够顺畅、服务标准也不一致等，这些都对体教融合政策在课后服务领域的深入落实形成了制约，进而成为多元协同治理过程中的制度性障碍。

学校的管理体制在对课后服务给予支持方面存在欠缺之处。通过对学校运行状况展开分析能够发现，课后体育服务并未完完全全地被纳入到学校正常的教育教学体系当中，存在着责任界定不清、激励措施不够充分、保障工作未能落实到位等一系列问题。就某一区域的调查情况来看，超过百分之七十的学校并没有把课后体育服务纳入到教师工作量的计算范畴之内，如此一来，教师参与其中的积极性便显得不高；将近百分之六十的学校缺乏专项经费来对课后体育活动予以支持，这就致使资源投入方面有所不足；百分之四十以上的学校还未曾建立起专门针对课后服务的管理机构，其组织保障力度较为薄弱。现行的教育评价体系对学业成绩过度地加以强调，这使得学校往往会将有限的资源优先配置到文化课教学方面，进而导致体育活动被边缘化。从对校长进行访谈所反映出的情况来看，在升学压力以及安全责任这双重因素的考量之下，部分学校对于开展丰富多样的课后体育活动秉持着较为谨慎的态度，更倾向于去选择那些风险较低、组织起来较为简单的常规活动。学校管理体制所存在的局限性对课后体育服务的创新发展形成了制约，难以催生出有效的内生动力以及能够持续发展的机制。

政府购买服务的机制尚存在不够完善之处。从政策评估情况来看，当下政府在购买课后体育服务方面，存在着标准不够明确、程序缺乏规范、评估欠缺科学性等诸多问题。就服务内容以及质量标准而言，其缺乏统一的规范，这使得采购决策往往带有较大的随意性；采购程序既复杂又冗长，致使供需对接的效率颇为低下；绩效评估体系并不健全，进而难以保证资金的使用效益。比如某市在审计过程中就发现，课后服务采购环节里存在着资质审核不够严格、合同管理不够规范、服务监督未能到位等一系列问题，这些问题对服务质量以及资金效益均产生了影响。社会机构也反映，参与政府购买服务时，其程序十分繁琐，回款周期又很长，如此一来便增加了运营成本与风险。中小微体育服务机构由于受到自身规模以及资质方面的限制，很难进入到政府采购体系当中，这在很大程度上制约了多元供给主体的形成。政府购买服务机制的不完善，对社会力量参与课后体育服务的积极性以及可持续性形成了阻碍，也影响了服务供给朝着多元化与专业化方向的发展。

（二）专业人才短缺与培养机制不健全

体育教师在数量方面存在着不足的情况，与此同时，其结构也并不合理。据师资方面的相关调查结果表明，在全国的中小学当中，体育教师的配备率仅仅只有80%，和音乐、美术等其他学科相比，这个配备率要低得多。就城市学校而言，体育教师的数量相对来讲还算可以，不过其结构方面却存在着十分突出的矛盾，具体表现为年龄结构呈现出老化的态势，专业结构显得较为单一，能力结构也出现了失衡的状况。通过对某一区域所做的调研能够发现，年龄在45岁以上的体育教师所占的比例已然超过了40%，而且新进入的教师数量补充得并不够；在教师所擅长的项目方面，篮球、田径等这些传统项目的教师占据了主体地位，然而像游泳、冰雪以及新兴运动项目的教师却极为缺乏；大部分教师在组织常规活动的能力上还是比较强的，但是在专项训练以及创新教学能力方面却有所欠缺。在教师资格准入制度进行改革之后，体育专业的毕业生进入中小学去任教的渠道变得狭窄了起来，补充的教师数量不足，这无疑进一步加剧了师资短缺的状况。教师队伍的建设速度已经滞后于课后服务不断发展的需求了，没办法满足项目多样化以及专业化方面的诸多要求，进而成为制约课后服务质量得以提升的一个极为关键的因素。

社会体育指导员的职业化程度处于较低水平，其可持续发展正面临着诸多挑战。通过职业分析能够发现，社会体育指导员在课后体育服务当中属于重要的一股力量，然而却面临着不少问题，像是身份界定不够明晰、所获待遇不太稳定以及自身发展空间较为有限等。大部分指导员是以兼职的形式来参与到服务当中的，所以缺乏相应的职业保障措施。就薪酬水平来讲，普遍是偏低的，据某市的调查情况来看，社区体育指导员平均每小时的薪资仅仅是专业培训机构教练薪资的40%左右，如此一来，其职业吸引力明显不足。再者，像职称评定、技能培训以及晋升通道等这些关乎专业发展的机制都不够完善，难以对高水平人才起到吸引以及留住的作用。社会体育指导员这支队伍明显存在着高端人才匮乏而低端人员又过多的结构性矛盾，其职业化以及专业化的水平迫切需要得到提升。职业发展所面临的困境使得人才的流动性很大，队伍也不够稳定，这便对服务的连续性以及质量的稳定性产生了影响，同时也对社会力量参与课后体育服务的深度和广度形成了制约。

人才培养和课后服务需求二者之间出现了脱节的情况。教育方面的相关观察能够发现，传统模式下对体育教师展开的培养，在面对课后体育服务所提出的全新要求时，是很难予以满足的。高校里体育教育专业所设置的课程，大多是以学科教学当作导向的，对于课后活动该如何组织、怎样去指导学生社团以及综合素质应当怎样培养等诸多内容，都没有给予足够的关注；而且其实践教学往往侧重于课堂教学，在指导课外活动方面所积累的经验是极为缺乏的。在职培训同样也存在着针对性不够强的问题，就拿某省对教师培训内容所做的分析来看，其中与课后体育服务相关的专题所占比例还不足20%，那种具有实战性的培训更是少之又少。市场所存在的需求和人才培养之间出现的错位状况，使得新入职的教师有着较长的适应期，其专业能力提升的速度也比较缓慢，很难迅速就能够胜任课后体育服务方面的工作。社会体育指导员所接受的培训也同样面临着实用性不强的难题，在培训过程中过于看重理论知识以及技术动作，然而对于青少年的心理特点、教育的具体方法、安全管理等在实际工作当中所必需的能力，却没有给予充分的培养。人才培养的机制不够健全，这便对课后体育服务专业队伍的建设起到了制约的作用，进而影响到了服务的质量以及其后续的发展潜力。

（三）经费保障机制与价格形成机制不合理

财政投入的渠道呈现出单一的状况，多元筹资机制到目前为止尚未真正形成。从财务分析情况来看，当下课后体育服务所需的经费基本上是依靠财政方面的拨款，其资金来源较为单一，并且资金总量也显得不足，这样的情况很难满足课后体育服务的发展所需。在教育经费里，用于体育活动的那部分所占比例是偏低的，就拿某样本城市的教育经费分析来说，体育活动经费所占的比例还不足3%，而其中专门用于课后体育服务的专项经费就更加有限了。社会资金参与到课后体育服务当中的渠道并不顺畅，像企业赞助、社会捐赠等这些多元筹资的机制还没有形成一定的规模。基金会等专业的公益组织对于课后体育这个领域的关注度是不够的，能够给予的资金支持也相当有限。家庭在经费负担能力方面存在着较大的差异，低收入家庭要承担高质量的专业服务费用是极为困难的。由于经费总量不足，这就使得场地设施的建设出现了滞后的情况，设备器材的更新速度也变得缓慢起来，对教师的激励也显得不足，这些情况直接对服务开展的广度以及深度产生了影响。资金来源单一这一特点同样加大了服务可持续性方面的风险，一旦财政投入出现调整的情况，那么将会给整个服务体系带来重大的影响。

经费使用所呈现出的效益并非处于较高水平，资源配置的效率也存在着有待进一步提升的状况。从预算执行分析的情况来看，课后体育服务在经费使用方面存在诸多问题，像是经费分配缺乏合理性、管理缺乏规范性以及所产生的效益不够显著等。就资金分配情况而言，存在着重硬件而轻软件的倾向，场地设施建设方面所占的经费比例颇高，与之形成对比的是，在师资培训、课程开发以及活动组织等关乎软实力建设的投入却显得不足；同时还存在着重赛事活动而轻日常服务的情况，大型比赛以及展示活动能够获取充裕的经费，然而常规训练和普及性活动所拥有的经费却颇为紧张；另外，还呈现出重体育特长生而轻普通学生的态势，优秀运动队训练经费所占的比重过高，而一般学生参与的基础性活动所能够获取的资源却相对匮乏。在经费使用管理方面，存在着计划性欠佳、监督未能到位、评估不够科学等一系列问题，这些问题对资金使用效益产生了不利影响。据某区的审计情况发现，课后服务专项经费当中差不多有近30％的部分未能依照计划得以有效使用，出现了资金闲置以及临时突击花钱之类的现象。资源配置所存在的不合理之处使得有限的经费无法产生出最大的效益，进而服务质量以及所能覆盖的范围也都受到了一定的影响。

服务价格的形成机制存在不健全之处，这对多元供给的发展产生了影响。市场方面的研究显示，课后体育服务的价格形成机制还不完善，存在着诸如定价依据不够明晰、价格管理缺乏规范、收费标准有失合理等诸多问题。就公办学校而言，其课后服务收费标准相对偏低，比如某市规定学校课后服务每生每天不超过5元，这一标准远远低于市场成本。而社会机构在收费方面却缺乏有效的监管，价格差异极为悬殊，从每课时20元一直到300元不等，使得市场呈现出混乱的局面。偏低的收费状况致使优质资源难以被引入到学校课后服务体系当中，而偏高的收费则让部分家庭难以承受，如此便形成了服务的两极分化情况。再者，价格监管和服务质量监管出现了脱节的现象，缺少科学合理的价格与质量相对应的机制，这就造成了价格信号出现失真的情况，无法有效地对市场资源配置起到引导作用。服务价格形成机制的不健全，一方面影响了服务供给方的积极性，另一方面也影响了家庭做出选择的合理性，进而制约了课后体育服务市场朝着健康有序的方向发展。那么，怎样去建立一种既能反映成本、又能体现质量，还能兼顾公益的价格机制，这已然成为推动多元供给发展所面临的一个重要课题。

第三章 城市中小学校课后体育课程体系建设

第一节 课后体育课程的基本构成与分类

一、课后体育课程的理论基础

（一）课后体育课程的内涵界定

课后体育课程在学校体育教育体系里处于一个承上启下的极为重要的环节位置，它作为正式体育课程的一种有效拓展以及必要的补充部分，有着其自身别具一格的教育价值以及功能方面的定位。经过多年的实践情况能够看出，课后体育活动凭借着它那种灵活且多样的组织形式还有内容设置情况，给学生给予了更加宽广的用于体育锻炼的空间以及能够自主去选择的契机。这样的课程并不会受到传统课堂模式所带来的种种限制，能够依据不同学生群体所具有的个性化的需求来加以定制，从而展现出一种更加动态化以及更为开放的种种特点，进而让学生可以在相对来说比较轻松的氛围当中去实现身心方面的发展。

课后体育课程充分彰显出了现代教育理念里以学生为中心的这一思想，它把兴趣的培育和能力的发展极为紧密地结合到了一起，从而突破了仅仅只是单纯传授技能的那种局限状态。该课程类型着重强调让学生去参与其中以获得体验，并且重视对学生情感方面的培育，会注重在开展各类活动期间引导学生逐步树立起积极向上的体育态度，同时也促使学生形成终身坚持锻炼的意识。借助于课后所开展的体育活动，学生能够在实际参与实践的过程中切身体验到运动所带来的种种乐趣，进而形成健康的生活方式，而且还能够在此过程中发展诸如团队协作、勇于挑战自我等诸多社会适应能力，这无疑对于青少年的全面且综合的发展有着极为特殊且重要的意义。

课后体育课程是学校体育工作里极为重要的一个部分，其开展一方面会受到教育政策以及学校体育整体规划的引领，另一方面也会受到学校现有资源条件以及社会环境因素的左右。在面对当下中国学生体质健康水平出现下降这样的实际情况时，课后体育课程肩负起了提高学生每日活动量、促使体质状况得以改善的实实在在的任务。从近些年教育部门接连不断推进的相关政策的情况来看，课后体育活动已经慢慢变成了应对青少年体质问题的一条重要途径，并且呈现出了越发明显的教育价值以及越来越高的社会关注度。

（二）课后体育课程的特性分析

课后体育课程跟常规体育课程相较而言，呈现出颇为明显的差异性特点。该课程有着突出的自主选择性，学生能够依照个人的兴趣爱好以及自身所具备的特长，去挑选所要参与的项目类型以及相应的难度层次，如此一来便极大地提升了学生的学习动机以及他们参与其中的热情。在诸如北京、上海等城市的中小学校里面，课后体育活动通常会设置极为丰富多样的选择项目，这些项目包含竞技类、健身类、娱乐类等不同的类型，能够充分满足不同学生所具有的多元化需求，进而让体育活动实实在在地变成学生真心喜爱并且会自觉去参与的活动。

课后体育课程有着颇为显著的实践性以及趣味性特点，其着重凭借情境的创设以及游戏化的设计来唤起学生对于运动的兴趣。与常规体育课所采用的标准化教学模式有所不同，课后体育活动能够更为灵活自如地运用各式各样的教学方法与组织形式，像是通过比赛、闯关、体验之类的方式，促使学生在轻松愉悦的氛围当中实现运动技能以及体能的提升。就拿某些学校所设立的课后篮球俱乐部来说，其便采用了情景模拟、技能挑战等多种形式，从而让学生得以从单调乏味的基本功训练当中挣脱出来，进而深切体会到篮球运动所蕴含的魅力与乐趣。

课后的体育课程带有明显的社会融合特性，它给不同年级以及不同班级的学生给予了能够相互交流与互动的平台。借助混龄组织以及团队合作这类形式，学生在体育活动进程当中可以结交到新的朋友，还能够学到社会交往方面的技能，进而构建起更为宽泛的人际关系网络。经过调查能够看到，参与了课后体育活动的学生常常要比其他学生具备更为充裕的社交经验，并且其适应能力也更强，这在培育学生的社会性发展以及心理健康层面有着积极的作用，并且也给学校打造出了更为活跃且和谐的校园文化氛围。

（三）课后体育课程的功能价值

课后体育课程于提升学生体质健康水平而言，有着不可被替代的重要作用。毕竟正常的体育课时数量是有限的，仅仅依靠课内体育的话，很难充分满足学生身体发展所产生的诸多需要。然而课后体育活动一旦开展起来，便能够切实有效地增加学生日常的活动时间，同时也可提升学生的运动强度。城市某区的教育局针对辖区内那些开展了不同课后体育活动模式的学校，展开了为期两年的跟踪调查。调查结果显示，那些能够坚持每天组织一小时及以上课后体育活动的学校，其学生在体质测试当中的合格率相较于对照组学校而言明显要高很多，并且学生的肥胖率也出现了显著的下降情况。这也就表明了，系统性的课后体育干预举措对于改善学生的体质状况的确是有着明确且显著的效果的。

课后的体育课程有着重要作用，它能够切实培养起学生对于运动的兴趣，同时也有助于提升学生的专项能力，进而为学生在特长发展方面搭建起相应的平台。借助那种专项化且呈现出系列化特点的课后体育训练方式，学生便能够在自身感兴趣的运动项目当中，获取到更为专业的指导，还能拥有系统开展训练的机会，如此一来，学生便有可能在某一个特定的领域当中达到比较高的水平。从实际情况来看，诸多优秀的青少年运动员恰恰就是在学校所开展的课后训练活动里被发现，并且得到了相应的培养。这一途径的存在，一方面拓宽了体育人才选拔的渠道，另一方面也为学生赋予了多元化的成长路径，让学生能够从中收获到成功的体验。

课后体育课程实际上肩负着让学生课余生活更加丰富、推动其全面发展这样极为重要的任务。在应试压力一直都存在的当下情形之中，课后所开展的体育活动给学生带来了能够释放压力、对情绪加以调节的有效方式，这对于维护学生的心理健康以及保障学习效率是很有帮助的。相关研究已经清晰地表明，那些能够定期参与课后体育活动的学生，普遍都会展现出更为积极的情绪状态，而且其抗挫折的能力也会更强，他们的学习成绩往往也会呈现出稳定的态势，甚至还会出现上升的情况。这无疑就充分说明，课后体育课程可不单单是学校教育体系里面不可或缺的一个部分，它更是在促进学生身心达成和谐发展、促使教育质量得以提高等方面的一项极为重要的保障举措。

二、课后体育课程的分类体系

（一）按教育目标的分类框架

课后体育课程依照各异的教育目标能够划分成诸多类别，由此构建起层次清晰的课程架构。体能发展型课程着重于提升学生的基本体能素养，其中涵盖了耐力、力量、速度以及柔韧性等身体素质方面的训练内容。这类课程一般会运用较为科学的体能训练方式，像是趣味体能训练，专项体能提升训练之类的，以此助力学生奠定良好的身体素质根基。据相关调查表明，长期始终坚持参与体能发展型课后活动的学生，他们的体质健康测试成绩大体上是要高于平均水准的，尤其在耐力和力量这两个项目上的表现格外突出，这也充分彰显了这类课程在推动学生身体素质得以全面发展层面所呈现出的显著成效。

技能培养型课程着重于特定运动项目技术方面的教学以及训练工作，像球类、田径、游泳、武术等诸多运动项目，其基本技术还有战术的学习都是课程所涵盖的内容。这类课程通常会依照学生的年龄所具有的特点以及他们的技能水平状况来开展分层式的设计，如此一来，便能从入门级别一直到提高级别构建起一套完整的学习顺序链条。通过对城市区域所做的调研而获取到的数据能够表明，那些开设了较为系统的技能培养课程的学校，在其校内，学生能够掌握两项及以上体育技能的比例相较于其他学校而言是明显要高一些的，并且这些学生对于体育活动的参与程度以及参与的持续性也都表现得更强，这也就充分显示出技能型课程在培育学生的运动能力以及激发学生的体育兴趣等方面是具备着独特优势的。

素质教育型课程着重借助体育活动来培育学生的心理品质以及社会适应能

力，像团队协作方面的能力、意志品质方面的素养、创新思维这类特质等皆是其培养范畴。这类课程往往会运用丰富且多样的教学形式，像是团队挑战活动、户外拓展项目、创意体育游戏等，以此来营造出情境化的学习感受。某市教育科学研究院针对参与不同种类课后体育活动的学生展开了对比研究，研究结果显示，长期参与素质教育型课程的学生在团队合作能力、情绪管理能力以及问题解决能力等多个方面均呈现出较为明显的优势，这也就证实了这类课程在推动学生实现全面发展这件事上所具备的重要价值以及现实层面的意义。

（二）按运动项目的分类方式

课后体育课程依照运动项目的类型予以分类，这样的做法能够给学生赋予多样化的运动体验，同时也能为他们带来专项发展的契机。传统体育项目课程涵盖了田径、球类、体操之类的经典运动项目，这些项目自身具备较为系统的训练体系，而且还拥有丰富多样的教学资源。在实际操作过程当中，学校可以依据所在区域的特点以及学校一直以来的传统去开设颇具特色的传统项目，就好比南方地区的学校普遍开展的龙舟、武术等项目，它们一方面传承了民族体育文化，另一方面也很好地满足了学生对于运动的需求。经过相关调查可以发现，那些开办了特色传统体育项目的学校，学生参与体育活动的积极性明显要高不少，并且学生对于民族文化的认同感也更为强烈，这无疑展现出了传统体育项目在文化传承以及体育教育这两个方面所具备的双重价值。

新兴体育项目课程包含了滑板、攀岩以及极限飞盘等一系列现代时尚运动项目。这些项目凭借其自身所具有的新颖特性以及具备的挑战性，在青少年群体当中颇受欢迎。城市中的学校将这类项目引入进来，一方面能够使课后体育内容得以丰富起来，另一方面还能够切实有效地吸引到那些对传统体育项目兴趣并不是很高的学生参与其中。就拿北京的某所示范校来说，在其引入极限飞盘项目之后，课后体育活动的参与率差不多提高了三成之多，尤其是女生的参与程度有着极为显著的提升。这一情况充分表明，新兴体育项目在进一步扩大体育参与的范围、提升学生对于体育活动的兴趣等方面，是有着其独一无二的优势的。

休闲娱乐型的项目课程涵盖了像趣味游戏、民间体育活动这类强度偏低但趣味性颇高的运动形式，其适宜不同体质状况以及运动能力各异的学生广泛地参与其中。此类课程着重凸显活动所具备的娱乐属性以及社交属性，借助游戏化的设计方式来降低参与的门槛，同时还能让活动的乐趣得以增强。就城市里某所完全中学所开设的感统游戏课程来讲，其通过精心设计一系列趣味性很强的感觉统合训练活动，吸引了众多平日里不爱运动的学生前来参与，并且在对他们的协调能力以及注意力集中度予以改善这方面收获了积极的成效，充分展现出休闲娱乐型项目在推动体育参与的普及化、促进全体人员展开锻炼等方面所具有的现实意义与应用价值。

（三）按组织形式的分类视角

课后体育课程因组织形式存在差异，会展现出各式各样的实施模式以及管理方面的特点。常规教学型课程所运用的组织方式和课堂教学颇为相似，由教师来做系统的讲解与示范，学生依照既定计划展开练习，其具备较为明显的计划性以及系统性。这种形式有益于基本技能的传授，也利于开展体系化的训练，能够确保学习过程连贯且有一定深度。据相关调查表明，那些采用常规教学型组织形式的课后篮球训练班，学生在技术方面取得的进步是比较显著的，基本动作的规范性也很不错，不过学生参与其中的自主性以及创造性相对来讲要弱一些，这也就意味着这种组织形式在技能教学领域确实存在优势，但在趣味性这块则有必要做出适当的优化调整。

俱乐部活动型课程是以兴趣小组或者俱乐部这类形式来加以组织的，着重突出学生的自主参与以及共同管理这两方面。处在这样的组织形式之中，教师更多时候充当的是指导者还有协助者这样的角色，与之相对的，学生便拥有了更多的契机去参与到活动的策划以及组织工作里面去。就拿上海某区域内推行俱乐部制课后体育活动的中学来说吧，这些学校通过让学生自主去申请成立各式各样的体育兴趣俱乐部，并且去制定相关的活动计划，还有组织开展比赛活动等一系列的方式，在很大程度上提高了学生的参与程度以及责任感，同时，也很好地培养了学生的组织能力以及领导方面的才能，由此也充分展示出了这种模式在推动学生实现全面发展这件事情上所具备的独特优势。

竞赛展示型课程主要以各类比赛、表演以及展示活动作为其主要形式，给学生搭建起用来展示学习成果并且挑战自我的平台。该种组织形式着重突出目标导向以及成果展示这两方面，由此能够唤起学生的竞争意识，激发他们的成就动机。广州有一所中学构建起了完备的课后体育竞赛体系，这一体系包含班级联赛、年级赛以及校际交流赛等诸多不同层次，每一名学生都拥有在不同水平比赛当中参与进去并且进行展示的机会，这样层次清晰的竞赛体系一方面提高了课后体育活动的参与程度，另一方面也为学生给予了丰富多样的竞争体验以及获取成功的机会，充分彰显出竞赛展示型课程在唤起学生运动热情以及提升运动水平层面所具备的重要作用以及实际产生的效果。

第二节 课后体育课程的设计原则与实施方法

一、课后体育课程的设计原则

（一）学生主体性原则

课后体育课程在设计的时候，务必要把学生放在主体的位置之上，要给予学生的兴趣爱好以及发展需求充分的尊重。这一原则着重表明，课程设计得从学生的角度去考虑、去着手开展，而不是从成人的视角去强行施加一些内容。那种实实在在以学生作为中心的课后体育课程，是能够让学生在选择权、参与权以及评价权这些方面，获得实实在在的体验的。就拿某市的实验学校来说吧，这所学校通过开展问卷调查以及组织学生座谈会的方式，来收集学生对于体育活动的偏好相关的数据，然后依据所收集到的反馈信息，对课程设置做出相应的调整，还额外增设了像滑板、街舞这类的现代运动项目。如此一来，该校课后体育的参与率在仅仅一个学期的时间内，就提升了差不多四成，这无疑充分证实了尊重学生主体地位这件事，对于提高课程吸引力而言，有着极为重要的意义。

课后体育课程理应给予学生多元化的选择契机，以此来契合不同学生的个性化需求状况。毕竟每个学生在体育方面所呈现出的兴趣爱好以及能力水平均存在差异，那种标准化的课程设计方式是很难去满足这般多样的需求情形的。就拿上海某区域学校所施行的课后体育活动超市模式来讲，其为学生给出了包含竞技、健身、休闲以及娱乐等多种类别在内的二十余项活动可选项目，学生能够依据自身的意愿去自主选定所要参与的具体内容。这样的一种设计安排一方面满足了不同学生的个性化需求，另一方面也规避了传统体育教学当中普遍存在的那种一刀切式的状况，切实有效地提升了学生的参与积极性以及他们对于体育课程的满意度程度。

　　学生的主体性还反映在给予学生一定的课程设计方面的权力以及组织管理方面的权限上。事实上，让学生参与到课程设计以及活动组织当中去，这既能强化其作为主人翁的那种意识，同时也有助于培养他们的责任感以及领导方面的能力。就拿成都的某所中学来说吧，该校的课后体育俱乐部采取的是学生自我管理的模式，由学生来出任俱乐部的负责人，参与到活动的策划、组织实施以及效果评估等一系列的工作当中。经过调查可以发现，这样一种由学生来主导的活动模式，不但使得参与度有所提升，而且还培养了学生的组织能力以及团队协作方面的精神，进而形成了一种良好的自主管理机制。这也就充分说明，在课后体育课程当中，要是能够充分地发挥出学生的主体作用的话，那么是可以激发学生内在的动力的，并且还能够推动学生实现全面的发展，这无疑是实现课程育人价值的一条极为重要的途径。

　　（二）系统科学性原则

　　课后体育课程在设计之时，务必要遵循系统科学性这一原则，而这一原则着重体现在对课程内容予以科学地组织以及在结构方面做出合理安排上。科学合理的课程设计应当充分考量运动技能学习所具有的规律性特点以及其系统性特征，以此来确保课程内容具备连贯性，同时还能展现出进阶性。就拿北京某区域所开展的课后篮球训练课程来说，其依据技能学习本身内在的逻辑关系，把课程内容划分成了四个不同的阶段，分别是基本功训练阶段、单项技术学习阶段、战术配合训练阶段以及实战应用阶段，并且在每个阶段都设定了清晰明确的学习目标以及与之相对应的考核标准，如此便形成了一个完整的学习序列。这样的一种设计方式，一方面是与运动技能形成的规律相契合的，另一方面也能够很好地满足学生循序渐进开展学习的实际需求，进而达成了让训练内容实现系统化与科学化的效果。

课后体育课程所具备的系统性，理应在不同学段以及各个年级课程的纵向衔接方面有所体现。合理规划课程设计的时候，得充分考虑到学生身心发展所呈现出的连续性特点，切不可出现课程内容上的重复情况，抑或是产生断层现象。杭州有某一教育集团精心打造出了一套完整的课后体育课程体系，其涵盖范围是从小学直至初中阶段。针对篮球、足球这类主要的体育项目，该集团展开了细致的学段分解以及年级层面的细化工作，将各个阶段所应着重关注的内容以及所需掌握的技能要求都予以明确，以此来保证学生在整个义务教育阶段当中，能够拥有系统且连贯的体育学习感受。这样一种跨学段的一体化设计方式，有效化解了传统课程里面存在的衔接断层方面的问题，进而为学生搭建起了可供其持续发展的平台，开辟出了相应的路径。

系统科学性原则也要求课后体育课程的设计得契合青少年生长发育规律以及身心特点。不同年龄段的学生在体能、认知还有心理这些方面都存在着颇为显著的差异，所以课程设计务必要尊重这些特点才行。广州有一所完全中学便是依据不同年龄段学生所具有的特点，特意有针对性地去设计了契合发展规律的课后体育项目：在小学阶段主要是以基础协调性以及灵敏性训练作为重点，到了初中阶段则着重强化身体素质以及专项技能，而高中阶段就侧重于注重战术思维以及团队配合方面了。这样依照身心发展规律来开展的课程设计，一方面能够避免过早开展专项化训练而给身体发育带来的不良影响，另一方面也能够满足不同学段学生的发展需求，很好地体现出了科学性与适宜性相统一的特点。

（三）开放融合性原则

课后体育课程在设计的时候，应当遵循开放融合性这一原则，要积极去吸收并且整合多个方面的教育资源以及理念。所谓的开放性，就表现在对课程边界加以拓展，要打破传统体育课程所存在的那些局限，把多元文化以及新兴项目引入进来。就拿深圳的某中学来说吧，该校引入了源自不同文化背景的诸多体育项目，像是美式橄榄球，英式板球，还有日本剑道等，如此一来，便为学生打造出了一个能够去了解世界体育文化的窗口。这种多元文化的体验，一方面丰富了课程的内容，另一方面也拓宽了学生的国际视野，还培养了学生的跨文化理解能力，很好地体现出了课程设计所具备的开放性以及前瞻性特点。

融合性着重于体育同其他学科领域达成有机的结合，进而达成跨学科的整合以及综合育人的效果。上海的某所实验学校所精心设计的课后机器人足球课程，把体育活动和科技创新、编程学习融合到了一起，学生一方面得掌握足球的基本技能，另一方面还得去学习机器人设计以及编程控制方面的知识。这样一种跨学科融合式的课程设计，一方面满足了学生多元的兴趣爱好，另一方面也推动了综合能力的不断发展。据相关调查表明，参与这类融合性课程的学生，其体育素养获得了提升不说，科技创新能力以及团队协作精神同样也有显著的进步，这便充分彰显出了融合育人所具有的独特价值以及综合效益。

开放融合在课后体育课程方面的体现还在于其与社会资源展开的对接以及互动。课程在设计之时应当突破学校围墙的限制，主动将社会当中的优质资源引入进来，以此拓展育人的空间范围。就拿南京的某所中学来说，该校和当地的体育场馆构建起了合作的关系，进而开设了像攀岩、击剑这类因场地受限而在学校内难以开展的课后课程，学生们会按照一定的周期前往专业的场馆去接受训练，并且能够享受到专业的指导。与此同时，这所学校还会邀请奥运冠军以及知名教练定期来到学校开展讲座活动以及指导活动，如此一来便提升了课程的专业程度以及影响力。这种学校和社会之间较为深度的融合，一方面解决了学校自身资源存在局限的问题，另一方面也给学生创造了接触社会、拓宽视野的契机，充分展现出课后体育课程在开放融合发展方面所具有的广阔前景以及实践路径。

二、课后体育课程的设计流程

（一）需求调研与目标确立

课后体育课程设计的首要环节在于开展全面且细致的需求调研，以便为课程目标的确立给予科学方面的依据。需求调研需要将学生、家长、教师等诸多主体涵盖在内，运用问卷、访谈、观察等各种各样的方法来收集相关信息。杭州某区教育局在区域课后体育课程改革之前，针对辖区内全部中小学展开了规模颇为可观的调研活动，收集到了两万份以上的有效问卷以及五百余份访谈记录，较为全面地知晓了各方的需求与期望。这种凭借大样本所开展的科学调研给后续的课程设计提供了值得信赖的依据，使得课程方向和实际需求能够保持一致，防止出现脱离实际的主观性设计情况。

需求分析需要着重对多维度数据加以综合解读，不但要关注具有普遍性的需求，而且得重视特殊群体所呈现出的个性化需求。就拿天津的某中学来说，其在开展需求调研期间便发现了这样的情况，除了像篮球、足球这类普遍受到关注的热门项目之外，有一部分体质较为薄弱或者存在肥胖问题的学生，对那些强度比较低且不存在竞争性质的健身活动有着颇为明显的偏好。与此同时，还有一部分女生，她们对于舞蹈、瑜伽等带有审美性质的项目展现出了极为浓厚的兴趣。依据这些存在差异的需求状况，学校特意有针对性地去设计了一套课程体系，这套体系将普适性和特色性有机结合起来，不但能够满足绝大多数学生的基本需求，而且还能顾及到特殊群体的个性化需求，由此充分体现出了课程设计所具备的包容性以及针对性特点。

目标的确立需依据需求分析所得的结果，同时结合学校实际具备的条件以及其发展所定的定位，从而制定出清晰明确、具备可操作性且能够进行评价的课程目标。课程目标要从知识技能、过程方法、情感态度等诸多维度来展开设计，进而形成有着分明层次的目标体系。武汉的某所重点中学在针对课后体育课程展开改革期间，依照调研所获结果以及学校自身特色，确立了将德智体美劳五方面共同推进的总体目标，还把这个总体目标进一步细化成涵盖健康体魄、运动技能、品德培养、审美体验以及劳动实践这五个具体维度的子目标，如此便给后续的课程内容设计以及实施评价给予了清晰明确的指向。这种呈现出多维立体特点的目标设计，一方面与现代教育理念相契合，另一方面也满足了学生实现全面发展的需求，很好地体现出课程目标设置所具有的科学性以及前瞻性。

（二）内容选择与结构设计

课后体育课程在确定内容时，得依照前期所确立的课程目标来安排，要对各类活动内容做系统的规划。内容的选择得考虑诸多方面的因素，像学生的兴趣、学校的传统、师资方面的条件等，不过其核心的衡量标准还在于各项内容对于达成课程目标所具备的价值。在广州的某一个区，他们在针对中小学开展课后体育活动做规划的时候，就设立了内容选择的评估机制，从健康价值、教育价值以及可持续性等多个不同的维度，对那些备选的项目展开综合的评估，以此来保证入选的内容不但能契合学生的需求，而且还拥有比较高的教育价值。这样一种凭借多维评估来进行内容筛选的机制，给课程内容的选择给出了科学的依据，防止了出现盲目去追随时尚潮流，或者仅凭人为主观臆断就做决定的那种随意性情况。

课程内容结构设计得处理好必修以及选修、基础还有拓展、普及与提高等方面的关系，从而构建出层次清晰、逻辑分明的内容体系。常见的结构模式有模块化结构、螺旋式结构以及网状结构等几种。上海的某所实验学校运用模块化设计的方式，把课后体育课程划分成基础体能、专项技能、综合应用以及体育文化这四大模块，在每个模块之下又设置了若干个子项目，学生能够依据个人的情况以及兴趣去挑选不同的模块组合，进而形成具有个性化的学习路径。这样的模块化设计不但确保了必要内容都能涉及，而且还给予了充足的选择空间，以此来满足不同学生各种各样的需求。

内容设计还有个关键之处在于要妥善安排课程难度以及进阶路径，务必要保证学生可以从中获取到持续不断的挑战之感以及进步的体验。从科学角度来讲，难度设计得依据学生现有的水平来开展，要设定出合适的挑战区域，而且得依照从易到难、从简到繁这样逐步递进的原则去操作。就拿南京的某所外国语学校来说，其课后网球课程运用的是六级进阶体系，在每一个级别都设定了清晰明确的技能标准以及考核方面的要求，学生要是通过了相关测试，那就能够晋升到更高的级别当中。这样一目了然的进阶路径给学生赋予了清晰的学习目标以及为之努力的方向，与此同时，还能满足不同水平层次学生的发展需求，充分展现出课程设计所具备的层次性以及适应性特点。经过实践可以证实，合理恰当的难度设计与清晰明确的进阶路径，是维持学生学习动力并且促使其持续参与其中的重要保障条件，对于课程能够长期且有效地实施有着极为关键的影响作用。

（三）教学策略与资源配置

课后体育课程在教学策略的选择方面，应当依照课程自身性质以及学生所具有的特点来展开科学合理的设计工作。常规体育课往往采用统一化的教学模式，与之不同的是，课后体育课程能够运用更加灵活且丰富多样的教学策略。就深圳的某所中学而言，其依据不同类型课后体育课程各自的特点，分别落实了与之对应的教学策略。比如对于竞技类项目，采用的是小组合作学习的方式以及竞赛教学法；健身类项目则运用分层教学并给予个性化指导；休闲娱乐类项目更多地侧重于情境创设以及游戏化教学。这样依据课程特点来实施的差异化教学策略，一方面提高了教学方面的效率，另一方面也强化了学生参与其中的体验感受，很好地体现出教学设计所具备的针对性以及适切性。

教学组织形式的设计在课后体育课程实施当中属于极为重要的一个环节，其对教学效果以及学生的体验有着直接的影响作用。合理的教学组织形式得把活动内容所具有的特点、场地具备的条件、学生的具体人数等诸多方面的因素都考虑进去。常见的教学组织形式有班级授课这种形式，还有兴趣小组形式，另外分站轮换形式以及自主练习形式也都包含在内。就北京某区的中小学而言，其课后体育活动通常会采用将多种组织形式相互结合起来的方式，会依据不同环节的实际需要来灵活地做出调整，比如在热身这个阶段往往会采用集体活动的形式，而到了技能学习阶段就会安排分组教学，等到了实践应用阶段则会运用自主练习或者是比赛这样的形式。这种具备灵活多变特点的组织方式一方面能够确保教学秩序以及教学效率，另一方面还能满足不同环节所存在的特殊需求，进而使得整体的教学效果得以提升。

资源配置在课后体育课程设计方面堪称重要保障，其涵盖的内容包含人力资源、物质资源以及时间资源等诸多方面。科学合理的资源配置应当依循优化配置以及合理利用这样的原则，进而达成让资源效益实现最大化的效果。就武汉的某所学校而言，其围绕课后体育课程所产生的各类需求，构建起了相对完善的资源保障机制。具体来说，该校采用编制内外相结合的方式来扩充师资队伍，并且还引入了社会层面的专业力量；通过对场地进行功能区划以及使用时段划分的操作，促使场地使用效率得以提高；借助建立器材库以及维护更新机制的举措，保障了器材供应能够得以持续。与此同时，该学校在每学期伊始之时，会依据课程计划来开展资源预算以及配置相关工作，以此确保各项活动都能拥有足够的资源给予支持。经过实践充分证明，这种科学且合理的资源配置属于课后体育课程得以顺利实施的基础条件，对于保障课程质量以及实现预期目标有着极为关键的作用。

第三节 课后体育课程的质量评价与优化机制

一、课后体育课程评价的理论基础

（一）课后体育课程评价的内涵与价值

课后体育课程的评价，实则是针对课程实施的整个过程以及最终所呈现出来的结果，展开系统层面的考察，并做出与之相应的价值判断的这么一个过程，其在本质上属于一种教育方面的质量保障机制。依照现代课程评价相关理论来讲，课后体育课程评价可绝不仅仅局限于对教学所达成的效果进行那种简单的检测而已，它更是能够推动课程不断持续优化，并且助力学生实现全面发展的极为重要的一种手段。一套完整的课程评价体系，理当要把对课程目标、具体内容、实施过程以及最终所产生的效果等诸多维度的考察都涵盖在内，以此来形成全面且客观的价值判断。就拿深圳某区来说，在其开展的课后体育课程改革进程当中，便构建起了一个多维的评价框架，这个框架涵盖了目标的适切性、内容的科学性、过程的有效性以及结果的满意度等多个方面，从而为课程质量给出了全面且客观的评估依据。

课后体育课程评价有着多方面的价值功能，其算得上是课程管理环节里颇为重要的一环。就诊断功能来讲，它能让管理者在课程实施期间及时察觉到存在着的各类问题以及不足之处，进而为后续的改进工作给出相应依据。再看反馈功能，它是通过把评价结果提供给各个相关主体，以此来助力他们知晓自身工作的成效状况以及后续的改进方向。而激励功能，是凭借着对成绩加以肯定同时指出存在的不足，从而调动起各方去积极改进、努力提高的主动性。杭州有一所实验学校，在每学期结束之后，都会针对课后体育活动展开较为全面的评估工作，并且会把评估所得到的结果反馈给与之相关的教师以及各个部门，将其作为下学期开展工作时进行调整以及分配奖励的重要参照依据。从实际情况来看，这样的一种评价反馈机制在很大程度上促进了课程质量不断地得以提升，同时也激发了教师在专业成长方面的内在驱动力。

科学合理的课程评价能够切实有效地对课程发展方向起到指导作用，从而为相关决策给予有力依据。借助评价所收集到的各类数据以及丰富信息，能够助力管理者精准识别发展方面的需求，清晰明确改进的具体方向，进而达成科学合理的决策。广州某区的教育局依据长达三年所积累的课后体育课程评价相关数据展开分析，从中发现学生针对新兴体育项目的需求呈现出明显的增长态势，然而传统体育教师所具备的专业能力却难以充分满足这样的需求。鉴于这一实际发现情况，该区专门制定了针对于体育教师专业发展的详细计划，积极组织教师参与到新兴项目的培训活动当中，并且引入来自社会的专业力量以弥补现存的不足，如此一来便有效地提升了课程供给的整体质量。这一实际案例充分表明，科学的评价机制不但能够敏锐地发现各类问题，而且还能为政策的合理调整以及资源的优化配置给予客观公正的依据，无疑是课程实现科学发展的极为重要的保障所在。

（二）课后体育课程评价的原则与标准

课后体育课程评价务必要遵循多元整合的相关原则，需综合各式各样的评价方法以及多方主体所给出的意见，进而形成全面且客观的判断。仅仅采用单一的评价方法或者仅由单一主体来开展评价工作，往往会存在诸多的局限性，很难全面且准确地反映出课程的实际质量情况。就拿成都某区的课后体育课程评价来讲，其采用的是多元整合模式，在具体操作过程中，综合运用了问卷调查、细致的观察记录、成果展示以及访谈交流等多种多样的方法，并且将学生、教师、家长、管理者等诸多不同方面的主体都纳入其中参与进来，如此便形成了多维度的评价数据。这种多元整合式的评价方式很好地弥补了单一评价所存在的局限性，使得评价结果在全面性以及可信度方面都得以提升，也为课程后续的改进工作提供了更为靠谱、更具参考价值的依据。

将过程和结果结合起来，这是课后体育课程评价所遵循的一项重要原则。在评价的时候，既要对最终呈现出来的效果予以关注，同时也不能轻视实施过程本身的重要性。传统的评价方式往往会过度地去强调对结果的检测，如此一来，就把过程质量的重要性给忽视掉了。就拿南京的某所中学来说吧，在其开展的课后体育课程评价工作当中，采用了全程记录以及动态评估这样的方式。具体而言，就是通过建立关于活动的档案、去收集过程当中所产生的数据、定期对相关情况进行回顾总结等一系列的举措，进而实现了针对课程实施全过程的监测以及评价。这种侧重于过程的评价方式，不但能够在课程实施的过程中及时地发现所存在的问题，而且还可以对这些问题做出纠正，与此同时，它还为我们去理解最终结果产生的原因提供了极为重要的线索，从而使得整个评价工作更具有解释的效力，也更具备指导的作用。

评价标准在设置之时，需兼顾其科学性以及可操作性这两方面。一方面要以教育理论还有课程目标作为基础，另一方面也要把实际条件以及可测量性纳入考量范围之中。评价标准大体上涵盖了定性标准与定量指标这两个不同层面。

其中，定性标准着重于价值方面的判断，像是教育理念是否具备先进性，课程内容是否具有适切性等情况；而定量指标主要侧重于客观的测量，比如参与率的高低、满意度的情况、技能提升幅度的大小等方面。在上海的某一个区，其课后体育课程所设置的评价体系包含了四个一级指标，即目标达成状况、过程质量水平、学生发展情形、社会影响程度，并且还设有二十个二级指标，同时针对每一个指标都制定出了清晰明确的评价标准以及相应的测量方法。这样一种层次清晰、标准明晰的评价体系，不但与教育评价的基本理念相契合，而且还具备颇为不错的操作性，给课程质量评价提供了较为科学的工具，在实践当中是值得去借鉴并且加以推广的。

（三）课后体育课程评价的方法与工具

课后体育课程的评价工作，理应综合采用各式各样的评价方法，从而全方位地去收集各类不同类型的数据以及相关信息。调查法便是其中较为常用的一种评价方式，它主要是借助问卷、访谈等具体形式，来获取相关主体针对课程所给出的意见还有建议。就拿北京某区教育局来说，其专门开发了课后体育活动满意度调查系统，并且每学期都会针对学生、家长以及教师开展在线问卷调查，以此来收集各方对于课程目标、内容、实施环节以及最终效果等方面的评价意见。从所掌握的数据情况来看，该系统已经累计收集到了超过十万份的有效问卷，这无疑为区域课后体育课程的改进工作提供了相当丰富的一手资料。像这样一种涉及范围较为广泛，且呈现常态化特点的调查机制，能够切实有效地保障评价工作具备应有的广泛性以及连续性，进而为课程的后续发展给予稳定可靠的数据方面的有力支持。

观察法算得上是评价课程实施过程质量的一种重要方式，其借助现场观察来对活动实施状况以及学生的表现加以记录。上海的某个教育集团专门组建了课后体育活动专家评估团队，该团队会定期前往各校，针对课后体育活动展开现场的观察以及评估工作。评估团队依据统一的观察量表，对活动组织情况、教师的表现状况、学生参与情形等诸多方面的情况予以记录，进而形成内容详尽的观察记录以及评估报告。这种颇具专业化的观察评估不但给出了客观的过程性数据，而且推动了学校之间的经验交流以及相互借鉴，对于提升区域整体的课程质量发挥了积极的促进作用。

测量法则运用各式各样的测试手段来获取学生在体能以及技能层面的客观数据，以此对课程实施的效果加以评估。杭州的某所实验中学构建起了学生体质健康监测的体系，会定期针对参与到不同课后体育课程当中的学生开展体质测试以及技能评估的工作，并且还会为学生建立起个人成长档案，用来记录其发展变化的情况。通过对相关数据进行分析能够发现，那些长期参与课后篮球课程的学生，他们在上肢力量还有心肺耐力这两方面所获得的提升幅度，明显要比其他群体高一些；而参与武术课程的学生，其平衡能力与柔韧性的发展则显得更为突出。这样依据客观测量所得到的结果展开分析，一方面验证了不同课程实际所产生的效果，另一方面也给课程的改进以及个性化设计提供了具备科学性的依据，充分展现出测量法在课程评价当中所具有的重要作用以及实际价值。

二、课后体育课程的质量评价体系

（一）课程目标评价维度

课后体育课程的目标评价着重考察目标设定是否合理以及目标达成是否有效。就目标合理性评价而言，其会关注课程目标和教育方针政策是否一致，是否契合学生发展需求，以及是否与学校条件相匹配。某区教育局专门组织了专家团队，针对各校课后体育课程目标展开系统评估，依据国家政策、学生需求以及学校特色这三个方面来设定评价指标，进而对目标的科学性与合理性做出综合判断。评估得出的结果表明，有部分学校出现了目标定位过高或者和资源条件不相匹配的情况，还有的学校过于看重竞技性，却忽略了育人价值。这样的目标合理性评价能够为学校调整并优化课程目标给予专业方面的指导，推动目标设定朝着科学化、规范化的方向发展。

目标达成情况的评价着重于课程实施完毕之后，在预先设定的目标方面所获取的实际成效究竟如何。这一评价工作要求把较为抽象的目标转变成为能够进行测量的具体指标,并且要运用多种多样的方法来收集与之相关的数据信息。广州有一所示范学校把课后体育课程的总体目标细致地分解成为五个不同维度,分别涉及身体素质、运动技能、心理品质、社会适应以及文化素养等方面,而且还针对每个维度精心设计了具体的评价指标以及相应的测量工具。凭借在学期初与学期末分别开展的对比测评活动,该校得以对各项目标的实际达成状况予以量化处理,进而为课程的后续调整提供有力依据。实际情况表明,科学合理地对目标进行分解操作,再加上系统全面的达成度评价工作,这对于确保课程在实施过程中的方向正确无误以及最终呈现出显著的效果而言,无疑是极为重要的保障举措,其在提升课程质量方面也发挥着相当关键的作用。

目标评价过程当中,务必要去关注不同群体在达成目标这件事情上所存在的差异性,切不可让平均数把个体差异方面的问题给掩盖掉。就拿上海的某所中学来说,其在开展课后体育课程评价工作之时,就着重对学生群体差异予以了关注,依据性别、年级以及体质状况等诸多因素来对学生进行分类,进而深入分析不同群体在目标达成方面的实际情况。从所获取的数据能够看出,传统的竞技类课程对于男生以及体质相对较好的学生而言,其吸引力是比较大的,所产生的效果也更为显著;而女生以及体质相对较弱的学生,他们往往更乐意去参与健身类以及娱乐类的课程。鉴于这样的一个发现成果,该学校便依据不同群体的特点来精心设计出更具针对性的课程内容,并且对评价标准也做出了相应的调整,目的就是要让每一个学生都能够拥有契合自身的发展机会,进而收获属于自己的成功体验。像这样去关注差异性的目标评价做法,实实在在地体现出了以学生为中心的教育理念,有力地推动了课程在包容性以及适应性方面的发展。

(二)课程实施评价维度

课后体育课程具体实施过程中的评价工作,重点在于对教师教学层面、学生参与情况以及环境条件状况等诸多方面所呈现出的质量水平予以密切关注。就教学评价来讲,其核心是要仔细考察教师在实际教学活动当中所展现出的行为特点以及其专业层面的具体表现，这里面涵盖了教学设计是否具备科学合理的特性、所运用的教学方法是否能达到有效的效果、教学组织安排是否符合规范要求等不同方面的情况。在成都的某一个区，其教研室专门制定出了针对课后体育课程教学情况的评价标准，并且借助听课之后开展评课活动、教师同行之间相互进行评价等多种方式，来针对教师的教学行为展开系统且全面的评价。从最终得出的评价结果能够看出，大部分教师在组织开展体育活动以及落实安全管理相关工作方面，所呈现出来的表现是比较不错的，然而在针对学生给予个性化的指导以及充分发挥学生主体性作用这些方面，却依旧存在着一定的不足之处。依据这样一个发现的情况，该区便有目的性地去组织开展了面向教师的相关培训活动，以此来促使教师在上述这些方面的专业能力得以有效提升，进而推动整个课后体育课程教学质量实现整体性的提高。

学生参与评价着重留意学生在课后体育活动期间的参与状况、投入情形以及满意程度等方面的情况。天津的某所中学构建起了一套学生参与度监测体系，借助考勤记录、对学生行为加以观察以及开展满意度调查等多种途径来收集有关学生参与的各项数据。经过对所收集数据进行分析后可以发现，对学生参与度起到关键影响作用的因素涵盖了活动内容是否具备趣味性、其难度是否适宜以及场地器材是否足够充足等多个方面。基于这些分析得出的结果，学校针对部分参与度相对偏低的项目着手展开了一系列的调整与优化工作，比如增添一些游戏元素、对难度的设置加以调整、对场地条件予以改善等举措，从而让活动能够更加契合学生的需求以及兴趣爱好。这样一种依据学生参与评价所施行的改进办法，切实有效地提升了学生参与活动的热情，同时也增强了活动所取得的效果，充分证实了学生参与评价在课程优化环节当中所具有的重要作用。

环境条件评价着重于考量那些能够支撑课程得以实施的各类资源条件，这里面涵盖了场地设施情况、器材装备状况以及安全措施落实等诸多方面。杭州某区的教育局针对辖区内中小学开展课后体育活动时所处的环境条件专门实施了一次评估行动，在此次评估中，其从安全性层面、功能性层面以及适宜性层面等多个角度设定了相应的评价指标，并且针对各个学校的场地设施展开了全方位的细致检查与评估工作。评估所得到的结果表明，有一部分学校存在着诸如场地维护未能做到及时、器材配置缺乏合理性、安全措施落实不到位等一系列的问题。区教育局依据此次评估所呈现出的结果，一方面责令学校要在规定期限内对存在的问题加以整改，另一方面还额外增加了专项经费，以此来助力学校对活动条件予以改善。这样的一种针对环境条件的评价以及具有针对性的改进举措，为课后体育课程能够安全且有效地实施营造出了较为良好的条件，也充分彰显了环境保障在课程质量当中所起到的基础性的重要作用。

（三）课程效果评价维度

课后体育课程的效果究竟如何，其评价重点在于考察该课程在实施过程中，对学生的发展以及学校教育所产生的实实在在的影响。就学生发展评价而言，着重关注的是课程对于学生身心发展起到的促进作用，这里面涵盖了像体质健康方面所出现的变化、技能水平方面的改变以及心理素质方面的种种状况等。南京的某一教育集团运用跟踪研究的方式，针对那些长期参与到不同类型课后体育课程当中的学生展开了连续不断的观察以及测评工作，进而对课程给学生发展带来的影响轨迹加以分析。经过研究可以发现，一直坚持参与课后体育活动的学生，他们可不单单是在体质健康测试里面表现得极为出色，而且在学习成绩方面以及心理健康水平方面，相较于那些不参与的学生，同样也呈现出明显的优势。这种依靠科学的测量手段以及对相关数据进行分析所做出的效果评价，一方面验证了课后体育课程所具备的教育价值，另一方面也为后续进一步对课程加以优化给出了方向上的指引。

学校影响评价着重考量课程实施给学校整体教育质量以及校园文化带来的影响，这里面涵盖了学风校风、学校所具有的特色、社会方面的声誉等多个层面。武汉有那么一所中学，其经过好些年不间断地开展颇具特色的课后体育活动，由此逐渐形成了极为鲜明的学校体育文化以及育人方面的特色。在此过程中，一方面提升了学生的运动水准，另一方面还培育了团队协作以及拼搏进取这样的校园精神。该学校会定期针对课后体育活动的整体影响展开评估工作，去收集师生以及家长给出的反馈意见，进而细致分析这些活动对于学校发展所做出的贡献。评估得出的结果表明，这种特色课后体育活动已然变成了学校的关键品牌以及育人方面的突出亮点，在提升学校的吸引力与竞争力上起到了十分重要的作用。这样一种着眼于整体影响的评价角度，进一步拓展了课程评价所涉及的广度与深度，充分体现出课后体育课程作为学校特色项目所具备的战略层面的价值。

长期效益的评价着重考量课程给学生未来发展以及终身体育意识形成所带来的影响，这便需要借助延时评价以及追踪调查的方式来收集相关数据。就拿上海某区教育局来说，其针对毕业五年以上的学生开展了问卷调查活动，同时还进行了深度访谈，目的在于弄清楚这些学生对于中小学阶段课后体育活动有着怎样的评价，以及该阶段的课后体育活动对他们当下体育锻炼习惯又产生了何种影响。经过调查发现，那些在学校读书期间能够积极主动地参与到课后体育活动当中，并且还掌握了一定运动技能的学生，在毕业之后依然保持体育锻炼习惯的人数所占比例，和其他群体相比明显要高出许多。不仅如此，这类学生在生活方式方面、社交能力方面以及心理调适等诸多方面，所呈现出来的状态也更加积极健康。这样的长期效益评价，为课后体育课程的价值判断开拓出了更为广阔且更具深度的视角，使得该课程的教育意义以及社会价值都得到了进一步强化，也为课程后续的持续改进以及不断深化发展指出了明确的方向。

第四节 课后体育课程体系建设的创新路径

一、课后体育课程的融合发展模式

（一）体教融合的实践探索

体教融合模式乃是推动课后体育课程达成创新发展的关键路径，凭借体育部门同教育部门展开深度的合作，进而达成资源的共享以及优势的相互补足。此模式最为核心之处在于打破传统意义上部门所存在的壁垒，构建起协同运作的机制，以便能够为学校的课后体育课程引入更为专业的指导以及更加丰富多样的资源。北京市海淀区积极探索并建立起区域层面的体教融合协调机制，由区教育委员会与区体育局携手共同成立专门的工作专班，对区域内的体育教学资源予以统筹安排，从而为学校的课后体育活动给予项目方面的支持以及专业层面的指导。经实践充分证实，这样的体制机制创新在很大程度上极大地拓展了学校课后体育课程的内容范畴以及质量层级，为学生赋予了更加专业且更为多元的体育体验。

专业人才的引入在体教融合模式里属于极为关键的一个环节。要通过构建起灵活且多样的合作机制，把专业体育人才方面的资源引入到学校的课后体育活动当中去。就拿上海市徐汇区来说，其实施了专业教练进校园的相关计划，由区体育局来选派专业队退役的运动员以及持有相关证件的教练员，让他们定期前往辖区内的学校开展课后体育指导方面的工作。这些专业人才一方面给学生带来了具有较高水平的技术指导，另一方面也给体育教师给予了专业培训以及示范，使得整体的教学水平得以提升。从相关数据能够看出，那些有专业教练予以指导的项目，学生在技能提升的速度上以及参与的积极性方面，都明显要比其他项目高出不少，这也就证实了专业人才引入对于提升课后体育课程质量所起到的重要作用。

竞赛体系的衔接在体教融合模式当中属于极为重要的一项内容。通过去构建起能够让学校体育和社会体育彼此衔接起来的多层次竞赛体系，以此来给学生打造出展示自身的平台以及成长所需要的路径。天津市已经成功建立起了一套从校级比赛一直到市级青少年锦标赛的完整竞赛体系，在这个体系里，学校的课后体育活动能够和各级别的竞赛非常有机地衔接起来，进而形成了一套用于选拔以及培养体育人才的行之有效的机制。这样的竞赛体系一方面极大地激发了学生去参与课后体育活动的那份热情，另一方面也为那些颇具潜力的学生给予了能够迈向更高水平发展的平台，成功实现了学校体育和竞技体育之间的良性互动。经过实践充分证明，一套完善的竞赛体系不但是推动课后体育活动得以广泛开展的重要推动力量，而且还是发现并培养体育后备人才的重要渠道，充分体现出了体教融合对于推动学生实现全面发展以及体育事业达成可持续发展的双重重要价值。

（二）学科融合的创新尝试

学科融合无疑是课后体育课程发展所呈现出的创新趋向，其借助把体育同其他学科所涉及的知识以及具备的能力予以有机融合的方式，进一步拓展了课程自身所蕴含的内涵以及所具备的育人功能。要知道，这样的融合绝非是简单地对相关内容进行拼接处理，而是要依据共通的教育目标以及学习方面的规律，来达成不同领域知识与能力的有机统合，进而塑造出全新的课程形态。就拿成都某外国语学校所开发的体育英语融合课程来讲，它十分巧妙地将英语学习和体育活动结合到了一起，如此一来，学生们便能够在参与体育游戏以及比赛的过程中去学习英语词汇、句型还有交际用语，实现了语言学习和身体活动之间相互促进的良好局面。经过评估可以发现，这样的融合课程不但提升了学生们对于英语学习的兴趣以及实际的学习效果，而且还强化了体育活动本身所具有的吸引力以及学生们的参与程度，无疑是学科融合方面一个相当成功的案例。

科技同体育相融合，这是顺应信息化发展潮流的一项重要探索之举。借助引入现代科技手段的方式，能够让课后体育活动的内容以及形式变得更为丰富多样。就拿上海某所具有示范性质的高中来说，其开发出来的智能体育课程，充分运用了可穿戴设备、智能器材还有数据分析软件等一系列的技术手段，以此来为学生给予具备个性化特点的运动指导以及健康管理方面的服务。学生们凭借智能手环来对日常的活动数据加以记录，在开展课后体育活动之时，利用智能设备展开科学的训练活动，而且还能通过对数据进行分析，进而了解自身的运动成效以及健康方面的状况。这样一种被科技赋予能量的体育活动，不但使得学生的参与兴趣得以提升，同时还培育了学生科学锻炼以及自我健康管理的意识与能力，充分彰显出了科技与体育相融合所具有的创新价值所在。

文化和体育相融合，是通过深入挖掘体育活动所蕴含的文化内涵，以此来进一步强化课后体育课程在育人方面的深度。就拿武汉某中学所开发的武术文化课程来讲，一方面，这门课程会教授学生武术动作方面的技能；另一方面，它还借助武术历史、武德方面的教育以及传统文化体验等诸多内容，助力学生去理解武术背后所承载的文化精神以及价值观念。在课程具体实施的过程当中，学校还特意组织学生去参观武术馆，安排学生观看专业的武术表演，并且让学生聆听武术大师所做的讲座等一系列活动，目的在于加深学生对传统文化的认识以及理解程度。从评价结果能够看出，像这样把文化进行融合的武术课程，不但培养了学生的运动技能，而且还增强了学生的文化自信以及民族认同感，切实达成了体育教育和文化传承两者之间的有机统一。这类融合方面的实践充分证明，课后体育课程不应该仅仅将目光聚焦在身体活动自身上面，而更应该着重去挖掘以及传承其中所蕴含的文化价值，进而实现更为丰富且深入的育人成效。

（三）校社融合的协同机制

校社融合实乃拓展课后体育课程资源边界的一条重要路径，借助学校同社区展开协同合作的方式，达成资源共享以及优势相互补足的效果。社区资源的引入属于校社融合的基本样式，通过构建合作机制，把社区的体育设施、相关人才以及各类活动统统引入到学校课后体育课程的体系当中。就广州某区所施行的社区体育资源进校园计划来讲，是由区体育局来牵头推进的，其对辖区内的社区体育场馆、社会体育组织以及专业人才资源加以整合，以此对学校课后体育活动的开展给予支持。具体的举措涵盖了向学校开放社区体育设施，选派社区的体育指导员前往学校指导相关活动，组织学生去参与社区举办的体育赛事等。这般校社协同的机制在很大程度上丰富了学校课后体育课程所具备的资源条件，给学生赋予了更为宽广的活动空间以及多种多样的体育体验。

家校联动构成了校社融合当中颇为重要的一项内容，凭借着家长的参与以及给予的支持，能够让课后体育活动的教育合力得以增强。在杭州有某所小学就设立起了家长体育志愿者方面的制度，以此来鼓动那些具备体育特长又或者是有着专业背景的家长，参与到课后体育活动的组织工作以及指导事宜当中。与此同时，该学校还会定期去举办亲子体育活动，并且也会开展家长开放日活动，通过这样的方式来加深家长对于课后体育活动的了解程度，同时也能进一步强化家长给予的支持力度。这样的一种家校联动机制，一方面拓展了课后体育活动可获取资源的途径来源，另一方面也推动了家庭体育氛围的逐步形成，从而为培养学生终身体育意识营造出了较为良好的条件。相关调查所显示的情况来看，在那些家长参与程度比较高的班级当中，学生参与课后体育活动的比率以及活动的持续性，都明显要比其他班级更为出色，这也就充分证实了家校联动在促进课后体育活动开展这件事情上所起到的积极作用。

社会力量所给予的支持构成了校社融合的外部推动力量。具体而言，通过引入企业以及社会组织所具备的各类资源，能够为课后体育课程给予多元化层面的有力支持。就拿南京某区来说，其教育局和多家体育企业还有社会组织构建起了战略合作方面的关系，由此便形成了一个有着多方参与的、专门针对课后体育活动的支持网络。这些社会力量会凭借多种不同的形式去支持学校所开展的课后体育活动，比如提供相应的场地设施，进行器材装备方面的捐赠，对赛事活动予以资助，还有组织开展专业培训等。从实践情况来看，社会力量如此广泛地参与其中，一方面解决了学校在资源方面存在不足的这种困境，另一方面也带来了较为先进的理念以及专业的方法，进而推动了课后体育课程朝着创新方向去发展。这种有着多元参与特点且协同推进的发展模式，很好地体现出课后体育课程作为公共教育产品所应秉持的社会责任共担理念，也为构建起一个能让全社会都共同参与其中的青少年体育发展体系提供了极具参考价值的实践范例。

二、课后体育课程的数字化转型

（一）信息技术支持的管理创新

信息化管理平台属于推动课后体育课程达成数字化转型的基础条件，借助构建起集成化的管理体系，让课程管理能够实现规范化以及高效化的状态。北京某区所开发出来的课后体育活动管理系统，它把活动申报、场地预约、考勤统计、评价反馈等诸多的功能都整合到了一起，进而达成了对课后体育活动全流程实施数字化管理的目标。教师能够在该平台之上发布相关的活动信息，对学生报名情况予以管理，同时记录考勤方面的具体情形；而学生则可以凭借手机APP去浏览活动的各类信息，完成在线报名的操作，还能对活动质量给出评价。这一系统在很大程度上减轻了管理人员所承担的工作负担，使得管理效率得以提升，并且给学生开辟出了更为便利的参与途径，推动了课后体育活动朝着规范化以及常态化的方向开展下去。

数据分析技术应用于课后体育课程管理方面，着实为精准决策以及个性化服务给出了科学方面的依据。上海的某一教育集团搭建起了课后体育活动的大数据分析平台，在这个过程中，通过对学生参与相关数据、活动所产生的效果数据还有资源利用方面的数据加以收集并展开分析，进而形成了具备多维度特性的数据视图以及分析报告。管理者借助数据分析这一手段，能够知晓不同项目具体的受欢迎程度情况、不同时段场地的利用率状况、不同群体参与所呈现出的特点等一系列情况，如此便为资源配置以及项目调整提供了相应依据。从实践情况来看，以数据分析作为基础所做出的科学决策，在很大程度上提高了资源配置的效率，同时也让课程设计更具针对性，其无疑是课后体育课程管理走向现代化的重要标志，并且也是一股极为重要的推动力量。

移动技术在应用方面为课后体育课程管理开拓出了全新的种种可能性，借助开发移动端应用程序这一方式，能够达成管理具备及时性以及互动性的效果。广州某区所开发出来的课后体育活动移动服务平台，它集中融合了活动预约、智能签到、实时反馈等一系列的功能，如此一来便实现了师生之间可以即时展开互动并且实现信息共享的状况。家长同样能够凭借该平台去了解自家孩子的参与具体情况以及活动相关内容，这无疑增强了家校之间的联系，也让家长方面给予的支持力度得以提升。该系统除此之外还具备像活动提醒、天气预警、安全指南等这类服务功能，进而为参与其中的人员给予全方位的有力支持与可靠保障。相关调查所显示的情况来看，移动技术的应用实实在在地提高了课后体育活动在组织方面的效率，同时也让参与的便捷性得到显著提升，所以受到了师生以及家长的一致好评。经过实践充分证明，移动技术无疑是推动课后体育课程管理实现创新的一项重要工具，其能够切实有效地解决传统管理过程当中存在的诸如信息不对称、反馈不够及时等诸多问题，进而促使管理的智能化水平以及服务质量均得以提升。

（二）数字技术驱动的内容创新

数字化教学资源的开发，实则是丰富课后体育课程内容的一条重要路径。借助创建高品质的数字资源库，能够给予教师教学以及学生学习以多样化的支持。就拿天津某区教育局来说，其组织起专业团队着手开发了课后体育活动数字资源库，这里面涵盖了教学视频、技术动画、教案设计、评价工具等诸多不同的资源类型，基本囊括了常见的课后体育项目。教师完全能够依照自身教学的实际需求来选用并且灵活调整这些资源，而学生同样可以借助相关平台展开自主学习以及进行技能巩固方面的工作。并且，该资源库还支持教师上传自己所创作的资源并实现共享，如此一来便形成了一种资源共建共享的良好机制。从实际情况来看，优质数字资源的开发与应用，在很大程度上提升了课后体育活动的教学质量以及学习效果，也为教学内容的创新给予了强有力的支撑。

虚拟现实技术在课后体育教学方面的应用，已然突破了传统教学所存在的时空方面的限制，进而创造出了全然崭新的学习体验。上海的某所实验学校将VR体育教学系统引入其中，以此给予学生在虚拟环境之下开展运动体验以及技能学习的机会。借助虚拟现实技术，学生能够观看到高清的三维动作示范内容，还可以去体验专业赛事的场景，甚至能够同虚拟教练展开互动式的学习。这样一种沉浸式的学习方式，在很大程度上激发了学生的学习兴趣以及参与的热情，使得技能学习具备了更强的直观性与有效性。尤其是针对一些受到场地、设备或者安全因素所限制的项目，像是攀岩、滑雪等，虚拟现实技术为其提供了既安全又可控的学习环境，从而拓展了课后体育活动在内容方面的边界以及更多的可能性。

人工智能技术在个性化体育指导领域彰显出极为可观的潜力，借助智能分析以及自适应学习的方式，能够为学生拟定出定制化的学习方案，同时给予相应的反馈内容。就北京某所重点中学所引入的智能体育训练系统来讲，其凭借计算机视觉技术来剖析学生的动作，进而识别出技术动作所具备的准确性以及存在的问题点，且会给出极具针对性的改进建议。该系统还能够依据学生的运动数据以及其进步的实际情况，自主地对训练计划以及难度级别做出调整，以此达成真正意义上的个性化学习。教师可借由这一系统去了解每一位学生的学习状况与具体需求，从而提供更具针对性的指导。经实践充分证实，人工智能技术的应用不但提升了课后体育活动的教学效率与教学质量，而且还为实现因材施教以及精准教学给予了技术层面的有力支撑，这无疑代表着课后体育课程内容创新在未来的发展趋向。

（三）智能技术赋能的评价革新

智能测评系统于课后体育课程评价方面的应用，促使评价过程朝着更加科学化以及精准化的方向发展。传统的体育评价常常会依赖于主观方面的判断，同时也只是进行简单的测量，在全面且准确地反映学生真实水平以及其发展变化这件事上，是存在困难的。南京某教育集团所引入的智能体育测评系统，借助多种传感器设备以及人工智能算法，针对学生的体能状况、技术动作以及参与表现展开客观的记录与分析工作。该系统不但能够对常规指标，像是速度、力量、耐力等进行测量，而且还可以凭借动作分析来对技术动作的规范性以及熟练度予以评估。这种依托数据而形成的科学评价方式，在很大程度上提高了评价的客观性与精准性，给学生提供了更贴合实际的发展反馈内容，同时也为教师去调整教学提供了较为可靠的依据。

数据可视化技术能够让评价结果变得更为直观，也更易于被理解。它借助图形化的展示手段，助力各方主体去更好地理解评价信息，并且能对这些信息加以利用。就拿杭州某区所开发的课后体育活动评价展示平台来说，该平台把那些复杂的评价数据转变成了直观的图表以及仪表盘，以可视化的形式将学生的参与状况、发展方面的变化以及表现出来的水平——呈现出来。学生与家长能够凭借个人成长档案去知晓其发展的轨迹,而教师和管理者则可以通过数据分析图表来把握整体的状况以及发展的趋向。这样一种可视化的评价呈现方式,一方面增强了评价信息的透明度,使其更易被理解,另一方面还提升了评价结果的应用价值,推动着各方主体对评价信息展开有效的利用,并且能促使他们做出积极的回应。

学习分析技术是通过对学生学习过程予以充分挖掘的方式,来揭示其中的学习规律以及诸多影响因素,进而能够为评价的改进工作以及开展个性化指导给出科学依据。深圳某教育科学研究院在实际工作当中运用了学习分析技术,针对全区中小学课后体育活动所涉及的数据展开了较为系统的分析,从而揭示出关乎学生参与行为以及学习效果的一些关键影响因素。经过研究可以发现,活动内容是否具备趣味性、难度是否适宜、反馈是否及时等这些因素,对于学生能否持续参与以及学习效果的达成有着颇为显著的影响。凭借这些研究发现成果,研究团队相应地提出了一系列的优化建议,像是要增强游戏化方面的设计、实施分层式教学、强化即时反馈等举措,如此便为课后体育活动在评价改进以及质量提升方面提供了科学依据。从实践情况来看,学习分析技术确实能够揭示出那些传统评价方式难以发现的深层次问题以及规律,为课后体育课程在评价革新以及精准改进方面提供了极为有力的工具以及方法层面的支持。

第四章 城市中小学校课后体育师资队伍建设

第一节 课后体育师资的现状与问题分析

一、课后体育师资队伍结构现状

（一）师资来源多元但分布不均

城市中小学课后体育服务的师资，其来源有着多元化的特点。像体育教师、退休教师、社会体育指导员以及高校体育专业学生等，都参与到了其中，由此形成了颇为丰富的人才储备状况。从北京市海淀区近三年课后体育服务的调查数据来看，专职体育教师所占的比例为42%，而兼职人员的占比则接近58%，这样的师资结构明显呈现出"专兼结合"的特征。不过在城市内部，区域分布存在着极为严重的不均衡情况，核心城区和边缘城区在师资数量上的差距相当显著，东部沿海地区与中西部地区在师资质量方面也是参差不齐，优质体育师资向教育资源丰富区域集中的这种现象十分突出。

师资队伍中性别比例失衡这一问题愈发凸显出来，其中男性教师所占的比例显著高于女性教师，如此一来，像舞蹈、健美操这类不少女生颇为喜爱的项目，在开展方面就受到了限制。就上海市的某一项调研情况来看，中小学课后体育师资队伍里，男女比例是7:3，这样明显的性别差异对课程的多样性产生了不小的影响。再看教师的年龄结构，呈现出两极分化极为严重的态势，年轻教师以及退休返聘教师在其中占据着主导地位，然而那些年龄处于30至45岁之间、富有丰富经验的中年教师却相对比较缺乏，这对课后体育服务的连续性以及稳定性都造成了影响。

专业结构呈现出颇为明显的单一化走向，在体育师资方面，球类以及田径类教师占据着主导的地位，相较而言，像游泳、武术、冰雪运动等颇具特色的项目，其师资却处于极为严重的匮乏状态。就某省会城市所做的相关调查来看，篮球、足球、排球这三项的教师所占比例已然超过了65%，然而，诸如游泳、攀岩等项目的专业教师占比却还不足5%。如此这般的结构性失衡状况，对课后体育活动朝着多样化方向开展形成了严重的制约，既无法契合学生实现全面发展的需求，也难以很好地去适应当代体育教育改革所指向的方向，所以当下迫切需要对其展开系统性的调整与优化举措。

（二）师资队伍数量不足且质量参差

课后体育师资在数量方面呈现出严重不足的状况，这已然成为限制服务质量得以提升的一个关键因素。就当下的情况来看，在我国的城市中小学校当中，平均每一千名学生仅仅配备了3.7名专职的体育教师，这样的配备数量和发达国家平均每千名学生配备6.5名体育教师的水平相比，差距极为明显，要远远低于发达国家的水平。从教育部所公布出来的数据能够得知，在全国范围内，有35%的中小学校都存在着体育教师缺编的这种现象，而且还有部分学校甚至出现了让非体育专业的教师来兼任体育课教学工作的情况。在课后服务开始实施之后，体育教师们的工作量一下子就大幅增加了，他们所面临的教学压力也随着时间的推移一天天地在不断增加，以至于这些体育教师都疲于去应对常态化的教学任务以及课后延时服务这两重挑战了。

师资队伍在整体质量方面呈现出参差不齐的状况，其专业素养也存在着颇为显著的差异。据相关调查表明，在参与课后体育服务的教师群体里，拥有体育教育背景的人员所占比例为67%左右，而余下的那些人员当中，大多是属于相关专业背景或者压根就没有专业背景的人员。高校的体育教师以及由专业运动员转型成为教师的这部分群体，他们的教学理念相对比较先进，专业技能也较为扎实，不过，在教育教学能力以及学生管理经验方面，却显得相对有所欠缺。社会体育指导员虽说有着丰富的实践经验，可在教育理论知识这块却较为薄弱，并且缺乏进行系统化教学设计的能力。退休教师固然经验丰富，然而其创新意识却并不充足，很难满足现代学生所呈现出的多元化需求。

地域方面存在的差异，对师资质量所产生的影响是相当大的。经济较为发达的城市，其师资质量和那些经济欠发达城市相比，差距十分明显。就拿江浙沪地区来说，这里课后体育教师的平均学历普遍能够达到本科及以上的水平。然而反观部分中西部城市，它们在硬件方面的投入是比较有限的，师资培训的机会也相当稀少，教师在自身持续发展方面所具备的动力明显不足。再看特大城市的核心区域，这里名校和普通学校之间、城区学校和城郊学校之间，师资配置不均衡的这种现象格外突出。优质的教师资源往往大量集中于重点学校，如此一来便使得教育资源的分配出现了失衡的状况，进一步加剧了教育不公平的现象，这已然成为城市教育实现均衡发展过程当中一个极为重要的阻碍因素。

（三）教师专业素养与胜任力缺口

课后体育教师的专业素养和其岗位胜任力之间有着颇为显著的差距状况存在着。当体育教育理念出现了从传统的技能训练朝着健康素养培育去转变的情况时，体育教师便面临着专业知识需要更新以及教学能力有待提升这两方面的挑战。有一部分体育教师对于学科核心素养的理解程度并不够深入，其教学内容依旧是仅仅停留在传统体育技能训练的层面之上，在健康教育、体育品德以及体育文化等诸多方面的渗透都显得很不够。而且他们在智能化体育教学设备的应用能力方面是有所欠缺的，难以去契合信息化教学所提出的种种需求，教学所采用的方式方法也较为陈旧，热门运动项目的引入更是处于滞后的状态。

教学组织以及班级管理方面能力有所欠缺，这在很大程度上对服务质量的提升形成了制约。课后所开展的体育活动，参与其中的学生人数颇为可观，而且年龄跨度也比较大，再者他们的运动基础也是各不相同，如此一来，便对教师的组织管理能力有了更高层级的要求。不少教师往往习惯于在常规体育课上采取统一要求、统一标准这样的教学模式，而在针对性的教学设计能力方面是较为缺乏的，故而难以去满足不同学生所具有的个性化需求。就武汉市某区针对课后体育服务所展开的调查情况来看，有47%的教师都觉得班级管理属于首要面临的难题，像学生出现注意力分散的情况、参与度不够高以及安全风险难以有效控制等诸多问题都表现得极为突出。

安全意识以及风险防控的能力均存在需要提升的地方。课后体育服务大多集中在下午课后时段，此时学生的体力有所下降，注意力也难以集中起来，如此一来，安全风险方面的隐患便增多了。据相关调查表明，有56％的体育教师未曾接受过专业性质的安全教育方面的培训，并且87％的学校都缺少较为系统的应急处理方面的预案。教师们的应急救护能力高低不一，在面对突发的伤害事故之际，常常会出现反应较为迟缓、处置不够恰当的情况。部分教师为了避开风险，采取了消极去应对的策略，减少了那些高强度、带有对抗性的活动安排，这既限制了学生的运动体验，也使得课后体育活动的吸引力有所降低。

二、课后体育师资管理体制问题

（一）体制机制不健全阻碍发展

课后体育师资管理体制存在着不健全的情况，这已然成为限制队伍发展的一项重要因素。当下，我国中小学课后体育服务管理模式还处在探索期间，并没有一个统一且高效的管理框架以及协调机制。教育部门、体育部门、人社部门等诸多部门都参与到管理当中，然而它们的职责边界却不够清晰，在协同配合方面也有所欠缺，进而使得政策执行的效率比较低下。地方教育行政部门常常把课后服务当作是学校自主管理的事项，缺少系统的规划以及管理举措，而学校，通常会把课后体育看成是常规体育教学的延伸部分，并没有建立起专门的组织架构以及配套的管理制度。

人事管理制度呈现出的僵化状态，对师资队伍扩充渠道形成了限制作用。传统的编制管理方式在面对课后体育服务那灵活且多变的用人需求时，着实难以很好地去适应。就社会专业人才的引入而言，其面临着身份认定、薪酬待遇以及职称评定等诸多方面的重重障碍。据某东部沿海城市所开展的调查情况来看，有多达85％的学校都明确表示，它们希望能够引入社会专业人才，然而却受到编制管理规定的束缚，最终无法达成这一愿望。在部分地区，虽然已经着手去探索建立诸如特聘教师、外聘教练这类相对灵活的用人机制，可是与之相配套的政策却并不完善，如此一来，便很难吸引那些高水平的人才长期且稳定地投身到教育教学工作当中来。

教师评价以及激励机制出现失衡状况，这使得人才流失现象愈发严重起来。传统的教师评价体系往往将重点放在常规教学方面，对于课后体育服务所取得的成效并没有纳入到考核的范围当中，如此一来便使得教师们工作的积极性难以得到有效提升。薪酬分配方案在科学性方面存在明显不足，无法充分展现出劳动所具有的价值，教师们的付出和所获得的回报两者之间并不能形成正比关系。通过对某中部城市展开问卷调查发现，有多达72%的体育教师都表示课后服务的工作量出现了大幅度的增加，然而薪酬方面的增长却极为有限，并且专业发展的空间也受到了诸多限制，职业满意度也在持续不断地下降。优秀的体育人才朝着社会培训机构流动的趋势已经变得十分明显，进而使得学校体育师资匮乏的困境进一步加剧了。

（二）培养渠道单一制约专业提升

课后体育师资培养所存在的渠道单一化这一问题，对队伍专业化水平的提升起到了极为严重的制约作用。传统体育教师培养模式往往将高校体育教育专业当作主要的来源途径，其培养周期相对较长，所以在快速回应市场需求方面存在着很大的困难。体育院校所设置的课程，和中小学课后体育实践出现了脱节的情况，毕业生虽说专业技能比较突出，然而教学实践能力却较为薄弱，很难去适应课后体育活动所呈现出的多样化需求。校企合作以及订单培养等现代职业教育模式，在体育师资培养这个领域当中的应用是不够充分的，创新型人才培养机制迫切需要被建立起来。

在职教师专业发展方面，其支持系统存在诸多不健全之处。就培训层面来看，国家级的培训项目所涉及的范围存在一定局限，而省市级的培训，质量方面也是高低不一，差异明显，至于校本研修，更是在很大程度上流于形式，未能切实发挥应有的作用。据相关调查表明，有60%左右的体育教师，他们每年参与专业培训的时长竟然不足30小时，这一情况和发达国家的平均水平相比，差距甚远。再看培训内容，存在着严重的同质化问题，既缺乏针对教师实际需求的精准指向性，又缺乏在实际教学等场景中能够真正派上用场的实用性，如此一来，便很难去满足教师在个性化发展方面的诸多需求了。另外，线上培训资源的建设进度较为滞后，优质的教研平台数量也颇为缺乏，这就使得教师在专业成长的道路上，缺少了那种能够持续推动其前进的动力以及行之有效的支持，进而对教师整体专业水平的提升形成了制约。

（三）工作环境与职业压力问题

课后体育师资所处的工作环境颇为严峻，面临着不小的职业压力方面的问题。教师工作负担过重这一情况已然成为较为普遍的一种现象，常规教学任务、课后服务以及竞赛训练等诸多责任相互叠加在一起，使得工作时间被大大延长，教师的精力也随之分散开来。据某一线城市所做的相关调查表明，体育教师平均每周的工作时间竟然达到了52小时，这一数据远远超出了正常的工作时限。学校在工作安排方面存在不合理的情况也是时常会发生的，有部分学校把课后体育服务看作是体育教师应承担的额外义务，在工作量计算以及补偿机制方面都缺乏合理性，如此一来便致使教师的职业倦怠感不断上升，而其工作热情则呈现出下降的态势。

体育教学场地设施方面存在的不足对教学效果起到了制约作用。在城市的中小学当中，普遍存在着场地紧张这样的状况，就拿课后时段来说，往往会有多个班级同时要去使用那有限的场地，如此一来，教学活动的开展便受到了限制。经过相关调查可以发现，有45％的城市学校，其体育设施的配备是达不到标准要求的，而且器材不仅陈旧老化，就连维护工作也做得不及时，由此带来的安全隐患十分突出。再者，场馆的管理制度也并不完善，像预约机制是有所缺失的，这就使得场馆的使用效率变得很低。而对于特色项目的开展而言，所面临的困境就更大了，诸如游泳池、攀岩墙、冰雪场地等这类专业设施是极为稀缺的，这无疑制约了课程朝着多样化方向去发展。

社会认可度偏低的状况进一步加剧了体育教师的职业危机感。体育教师所处的社会地位以及其学科地位均处于相对不高的水平，家长方面对体育科目并未给予足够的重视，就连课后体育活动所具备的价值，他们的认同程度也是较为有限的。就教师自身而言，其专业发展的通道显得颇为狭窄，在职称评定这件事情上难度颇大，能够获得晋升的空间也受到了诸多限制。体育教学所取得的成果很难进行量化式的评价，教师们在专业方面所做出的贡献常常会被低估，甚至是直接被忽视掉。再者，教师权益的保障机制还不够健全，当体育活动当中发生意外伤害事故的时候，关于责任的认定往往并不清晰，在这种情况下，教师通常会承担起过重的责任，职业风险也随之处于高位。上述这些因素综合起来，便使得体育教师这一职业的吸引力出现了下降的情况，在人才招募以及人才保留方面的难度也相应地加大了。

第二节 课后体育师资的培养与专业发展

一、课后体育师资培养体系构建

（一）师范教育体系优化升级

课后体育师资培养的根基在于对体育师范教育体系予以优化并实现升级。近些年来，我国体育教育专业的培养方案一直在持续更新，着力建构起以学生作为核心、以能力当作导向的课程体系。就拿广州体育学院来说，其已经把课后体育服务实践归入到必修课程当中，还开设了像课后体育活动设计、青少年心理辅导以及体育游戏创编等专门课程，以此来培育学生服务课后体育的专业本领。培养目标也从过去单一的体育教学类型朝着教学训练融合的类型转变，着重强调对多项目、全能型体育人才的培养，从而满足课后体育呈现出的多样化需求。教学内容紧密跟随社会发展的步伐以及学生兴趣方面的变化，增添了诸如极限运动、智能体育等新兴运动项目，进而拓宽师范生的专业视野。

教学方法的改革不断在强化，像问题导向以及项目驱动这类方法，在师范教育实践当中被大量地运用起来。华东师范大学所推行的PBL（项目教学）教学法改革活动，会让学生以小组为单位，去着手解决那些真实发生在课后体育场景当中的各类问题，以此来对学生的实践能力加以培育，同时也让他们的团队协作意识能够得到培养。微格教学还有情景模拟等相关方法，能够助力学生在那种仿真的环境里面去练习自身的教学技能，进而促使他们在教学方面的适应性得以提升。实习实践这个环节也得到了进一步的强化，实习的时间相比以往有所延长，而且实习的内容也不再局限于常规的体育课，而是从常规体育课拓展到了课后体育服务领域，其目的就是要保证学生可以获取到较为全面的实践经验。导师制度也在不断完善，专业导师和实践导师会从两个不同的方向给予指导，使得理论学习和实践锻炼能够有机地融合在一起，进而推动师范生的专业素养实现全方位的提升。

校地合作方面机制有创新之举，产教也实现了深度融合态势。天津体育学院同多个区的教育局携手合作，进而建立起课后体育师资培养基地。在此情形下，学生能够定期去参与课后体育服务方面的实践活动，教师也会深入到一线去给予相应指导，使得理论和实践得以紧密地衔接起来。与此同时，校企联合培养这样的模式逐渐兴起，高校和体育培训机构共同来建设相关课程，一起开展指导工作，彼此之间实现资源共享，还能做到优势上的互补。另外，订单式培养试点的范围在不断扩大，会依据地方课后体育所具有的特色需求来定向培养师资，就像冰雪运动、水上项目等这些特色方向，以此提高人才培养的精准程度。上述这些创新的举措在很大程度上提升了体育师范生课后服务的能力，也为课后体育师资队伍持续不断地注入了新鲜血液。

（二）多渠道人才引进机制设计

拓宽课后体育师资的来源渠道，构建多元化的人才引进机制，已然成为当下极为关键的一项任务。就目前而言，退役运动员转岗计划正一步步地趋于完善，教育部会同体育总局一起发力，大力推动"退役运动员进校园"这一项目，不但会为退役运动员提供较为系统的培训，而且还设置了过渡性的岗位，以便能助力他们顺利实现转型。就拿深圳市来说，其已经成功建立起了针对退役运动员教师资格认证的绿色通道，在这个过程中，会对相关程序予以简化，同时还降低了门槛，从而吸引那些优秀的运动员积极投身到教育事业当中。要知道，退役运动员自身携带着专业技能以及竞技经验，他们已然成为学校体育竞赛训练环节里的中坚力量，很好地弥补了传统体育教师在专项技能层面所存在的不足。

社会体育指导员的资源在整合利用方面呈现出颇为显著的成效。就杭州市而言，其推行了社区体育指导员校园共享这一计划，并且着手建立起相应的资源库，如此一来，学校便能够依据自身的实际需求，去选聘那些契合要求的人员来参与到课后的体育服务当中。与此同时，资质认证体系也处在一个持续不断完善的过程之中，进一步明确了任职条件以及工作标准，以此来切实保障服务的质量。另外，培训体系也在逐步地走向健全，针对社会体育方面的人才展开了有关教育教学能力、班级管理能力以及安全防护能力等多个方面的专项培训，从而推动这些人才能够较为快速地适应校园环境。再者，薪酬待遇与考核评价制度也在逐步地实现规范化，进而形成一种稳定且可持续的合作机制，以便能够吸引更多具备较高水平的社会体育人才积极参与到课后服务里面。

高校体育资源共享模式迎来创新发展态势。北京市朝阳区着手探索让高校体育教师以及研究生参与到中小学课后体育服务当中的相关机制，为此专门成立了联合教研室，大家一同来开发相关课程，并且对实践活动予以指导。还建立起中小学和高校共同建设体育俱乐部的模式，对师资、场地、设备等各类资源加以整合，进而开展颇具特色的体育活动。高校体育教师能够带来较为先进的理念还有专业知识，促使课后体育的科学化水平得以提升。体育专业研究生则可以获得实践的机会以及社会经验，为其未来职业发展筑牢基础。这样的一种模式达成了高校资源走向社会化以及中小学教育实现高质量发展的双赢成效，也为处理课后体育师资短缺这一问题给出了创新性的思路。

（三）校本培训体系构建策略

校本培训乃是课后体育师资培育的一条重要路径，其体系的构建正变得越来越完善。需求导向称得上是校本培训的关键理念，培训内容以教师所面临的实际问题为出发点，以此来化解工作当中的各类具体难题。苏州市相城区所开展的需求问卷调查，能够精准地识别出教师在发展过程中存在的短板，进而有针对性地去设计相关培训模块，像是特色项目指导、学生评价方法、活动安全管理等方面，从而确保培训具备实用性以及有效性。培训的形式丰富多样，把理论学习和实践操作相互融合起来，同时让集中培训与自主学习彼此补充，以此来满足不同教师的个性化需求。

导师带徒制度在诸多地方得以广泛推行开来，这一制度有力地推动着新老教师携手共同成长。就拿南京市来说，其专门建立了体育名师工作室，所采用的是"名师＋团队"这样的一种模式。在这种模式之下，那些经验丰富的骨干教师会引领着青年教师一同去深入研究课后体育实践方面存在的诸多问题，并且会积极开展诸如集体备课、同课异构以及教学反思等一系列的活动，通过这些活动能够很好地促使经验在教师群体之间实现共享，而且还能让不同教师的智慧相互碰撞交融。此外，还组建起了校际教研共同体，如此一来便打破了学校之间存在的那一道道围墙，能够定期开展像教学观摩、经验交流以及案例分析等各类活动，这些活动的开展有助于进一步拓宽教师的视野范围，进而推动教师之间展开更为专业的对话交流。这种围绕着学习共同体所构建起来的培训模式，实实在在地激发了教师自身内在的发展动力，同时还很好地培养起了团队协作方面的精神，极为显著地提升了教师的专业素养水平。

成果导向这一机制能够切实确保培训取得实在的成效。培训所设立的目标不但具体清晰，而且具备可测量以及可评价的特性，如此一来便能有效规避形式主义方面的倾向。在培训的整个过程当中着重强调实践层面的应用，积极鼓励教师把所学到的知识与技能充分转化为实际的教学行为。搭建起培训成果展示的相关平台，像是教学设计大赛、优质课评比以及成果汇报会等这类活动，以此来激励教师能够真正做到学以致用。就天津市河西区所推行的"培训—实践—反思—再培训"的循环模式而言，其促成了培训和教学实践之间形成一种良性的互动关系，进而确保培训的效果能够实实在在地落地实现。把培训所取得的结果和对教师的评价相互挂钩起来，构建起激励约束的相应机制，借此调动教师参与其中的积极主动性，提升培训实际所具有的成效，从而形成一种能够持续学习、不断取得进步的专业发展生态环境。

二、专业素养提升的关键领域

（一）专业知识与技能更新

课后体育师资专业能力要想获得提升，其首要的任务在于对知识结构加以优化并进行更新。伴随着体育教育理念出现转变的情况，教师原本所具备的知识结构就需要从仅仅局限于单一的体育专业知识，朝着多元复合型知识体系的方向去拓展。像运动营养学、运动心理学以及体育医学等这些与之相关的学科知识，若能得以补充进来，便能助力教师更为全面地去了解青少年身心发展所遵循的规律，进而可以更为科学地去设计课后活动的具体内容。就拿南京市来说，其建立起的体育教师知识更新计划，会定期举办有关学科前沿方面的讲座，并且邀请诸多专家学者来分享他们的研究成果，以此达到拓宽教师知识视野的目的。同时还会组织开展专题研修活动，让教师们能够深入地去学习诸如《"健康中国2030"规划纲要》《关于全面加强和改进新时代学校体育工作的意见》等一系列政策文件，从而实现更新教育理念以及明确发展方向的效果。

专项运动技能的训练以及相应水平的提高，这是教师能力建设当中极为重要的基础部分。像游泳、攀岩以及冰雪运动等之类的特色项目所开展的强化培训，能够对传统师资培养过程里存在的项目短板起到很好的弥补作用。广州市所推行的"一校一品"体育项目建设活动，给教师们创造了专项技能得以提升的良好契机，教师们可以去参与国家级的专业培训，还能够考取专项教练员证书，如此一来，其专业执教水平也就能够得到提高。如今，新兴运动项目引入的速度变得越来越快了，像飞盘、滑板还有攀岩等这些深受青少年所喜爱的项目，也都在逐步地被纳入到课后服务的内容当中去了，在这种情况下，教师就得主动地去学习并且掌握与之相关的各项技能才行。另外，关于青少年体质健康干预技能方面的培训也在不断地加强，针对当下学生所存在的体质健康方面的诸多问题，会开展诸如科学健身指导、体质评价分析以及运动处方制定等一系列的专项培训活动，通过这些举措，从而使得教师们的健康促进能力得以有效提高。

教学能力得以提升，这可是专业发展极为关键的核心所在。而课程开发能力的培养已然成为重中之重，身为教师，务必要熟练掌握课程设计的各类方法，要能够依照学生的具体需求以及学校所具备的特色，去精心开发那种极具吸引力的课后体育活动课程。与此同时，教学方法创新能力方面的培训也在不断强化，要积极去摸索体验式、游戏化、项目化等多种教学方法在课后活动当中究竟该如何应用，以此来切实提高学生的参与程度以及他们所能获得的体验感。再者，信息技术应用能力的培养也在进一步加强，就拿上海市所开展的体育教师信息素养提升工程来说，其主要就是培训教师怎样去运用智能穿戴设备、人工智能分析系统、虚拟现实技术等一系列现代技术手段来辅助开展教学工作，进而达到提高教学效率与教学质量的目的。另外，教学评价能力的培训也在持续深化，要实现从单纯的结果评价逐步向过程评价转变，要着重关注学生的个体差异以及他们的进步幅度，从而为学生提供精准的反馈信息，以此来充分激发学生的学习动力。

（二）教育理念与方法革新

教育理念的更新构成了教师专业发展在思想层面的基础。健康第一这一理念已然深入人心，在此情形下，教师得转变那种偏向竞技导向的思维模式，进而树立起以培育学生健康素养作为核心要点的教育观念。全员参与的理念不断得到强化，其表现为从过去仅仅关注少数特长生的情况，逐步转变为面向全体学生，以此来确保每一位学生都能够享有平等参与的机会。对于终身体育意识的培养也颇为重要，要引导学生在参与体育活动的过程中收获成功的体验以及情感方面的满足，促使他们形成积极向上的体育态度，从而为其终身从事锻炼活动奠定扎实的基础。就天津市河东区所开展的教师理念更新工程来讲，其借助专题讲座、案例研讨以及实地考察等多种形式，助力教师更新自身的教育观念，进一步明确育人的导向，并且取得了较为明显的成效。

教学方法的创新对于提升课后体育服务质量而言至关重要。在推广个性化教学方法方面，需依据学生在能力以及兴趣上存在的差异来开展分层教学，以此来契合不同学生的发展需求。就协作式教学模式的探索来讲，要打破传统师生关系所存在的界限，让师生一同参与到活动的设计以及组织当中，进而培养学生的自主性与创造性。至于项目式学习方法的应用，则是围绕体育主题去开展跨学科的学习活动，以此提高学习的综合性与实践性。武汉市洪山区所推行的体育教学方法创新实验，引入了像美国的体育教育模式、欧洲的游戏理解模式等国际上较为先进的体育教学模式，并融合本土的实践经验，最终形成了带有中国特色的课后体育教学方法体系。

教学评价方面的变革，在引导教育实践的进程中，起着极为重要的杠杆作用。发展性评价理念逐渐得到推广，其关注点从单纯着眼于结果慢慢转变为着重关注进步情况，以此来激励学生同自我展开比较，进而让学生能够真切地体验到成长所带来的那份喜悦之感。多元化评价方式开始被应用起来，它把教师评价、学生自评以及同伴互评等多种多样的形式加以整合，以便能够较为全面且客观地反映出学生的实际表现状况。过程性评价工具也陆续被开发出来，像体育活动日记、技能进步记录表以及体育素养档案袋等，这些工具能够详细记录学生的发展轨迹，同时还能给予学生具有针对性的个性化反馈。苏州市姑苏区所实施的体育素养评价改革举措，构建起了一个涵盖运动技能、健康行为、体育品德等诸多维度的综合评价体系，该体系为课后体育活动给出了科学的评价标准，在一定程度上为教育实践指明了方向。

（三）管理能力与职业素养提升

组织管理方面的能力属于课后体育教师所必须具备的专业素养范畴。就活动组织能力而言，要着重加强相关培训，鉴于课后参与体育活动的人数众多，且年龄跨度比较大这样的特点，需开展诸如大班额教学组织技巧、异质分组策略以及安全预警与管控等方面的专题培训。对于时间管理能力，要着力去培养，通过优化活动流程的方式，以此来提高时间的利用效率，进而确保活动目标能够得以达成。在资源整合能力提升上，教师应当学会对校内外的各类资源加以整合，积极争取家长以及社区给予支持，从而拓展活动的空间与活动的内容。南京市鼓楼区所探索的课后体育活动管理能力提升项目，借助案例分析、情景模拟以及实践练习等多种方式，较为系统地提高了教师的组织管理水平，该项目也因此受到了广泛的认可。

安全防护能力构成了保障课后体育能够得以顺利开展的根基所在。要将安全教育培训落实为常态化举措，展开有关体育安全方面的法律法规、风险的评估以及防控、安全管理相关制度等诸多知识的培训活动。对于应急处理能力的培养，需定期去组织针对意外伤害处理、心肺复苏术这类急救技能的培训工作，并且还要开展相应的考核，以此来提升在紧急情况发生时的应对能力。在心理危机干预能力的提升方面，要助力教师去识别学生所呈现出的异常心理状态，进而给予其及时的疏导以及必要的帮助。就北京市所开展的体育教师安全教育认证项目而言，设立了初级、中级、高级这三个不同的层次，通过把理论考试和实操考核相互结合起来的这种方式，来切实确保每一位参与到课后体育服务当中的教师都具备必不可少的安全防护能力。

教师专业发展内在地要求具备职业道德与伦理素养。对教师开展职业认同感的培养工作，这能引导教师去认识课后体育工作所具有的价值以及意义，进而增强教师自身的职业自豪感还有使命感。要加强师德师风的建设，展开职业道德方面的教育活动，让教师树立起正确的育人观念，做到以身作则，从而给学生树立起良好的榜样。强化教师的责任意识与服务意识，借此培养教师关爱学生、尊重学生差异并且耐心加以引导的职业品质。温州市推行的体育教师心理健康工程，借助团体辅导、压力管理以及情绪调节等一系列培训活动，来助力教师保持积极的心态，避免出现职业倦怠的情况，维护教师的身心健康，以便能为学生给予优质的服务。

第三节 课后体育师资的激励机制与考核评价

一、课后体育师资激励机制构建

（一）物质激励体系设计与优化

确立起科学且合理的薪酬激励机制，这无疑是调动课后体育师资积极性的一种基础性保障举措。要将工作量核算标准予以明确，结合课后体育服务所具有的特点，专门去制定计酬标准，以此来充分体现劳动价值。就拿南京市所建立的课后体育服务工作量折算制度来讲，其把课后服务纳入到教师工作量的统计范畴当中，按照"1:1.5"的比例来进行折算，很好地体现出了工作难度以及其价值所在。把基本工资和绩效工资相互结合起来，在保障教师基本收入的同时，借助绩效奖励来彰显多劳多得、优绩优酬的原则。并且绩效工资的分配是向着一线教师去倾斜的，那些直接参与到课后服务当中的教师能够获得更高的比例。再看成都市锦江区所探索的课后体育服务项目制管理模式，由教师团队来申报项目，学校则负责购买服务，依据服务质量以及学生的满意度来确定报酬，还引入了市场化的运作机制，进而提高资源配置的效率。

补贴津贴制度的不断完善，实则是一种颇为有效的短期激励手段。就专项津贴的发放情况来看，像是课后服务津贴以及特殊工作环境补贴等，这些津贴的发放能够很好地体现出相关工作所具有的特殊性。在绩效奖金分配方面，其会朝着课后体育服务的方向有所倾斜，那些业绩表现突出的课后体育教师，往往能够优先获得奖金分配的权利。长沙市开福区所实施的年终绩效考核制度，是把课后体育服务质量当作一项极为重要的评价指标的，而且该指标还与年终奖金直接关联起来，如此便形成了一种即时激励的效应。另外，特殊贡献奖励机制也得以建立起来，对于那些开发出特色项目并且取得了显著成效的教师团队，会给予其专项奖励，以此来鼓励教师们展开创新实践活动。上述这些多元化的薪酬激励举措，很好地满足了教师们不同层次的物质方面的需求，进而形成了一个相对立体化的物质激励体系。

福利保障体系的完善构成了长效激励当中极为关键的一个部分。社会保险实现了全面覆盖，与此同时，职业保险也做到了全覆盖的状态，这二者能够为课后体育教师稳稳地提供基本的生活保障。职业风险保障机制得以成功建立起来，针对体育活动所具有的特殊风险情况，去购买专业责任保险，如此一来，便能够大大减轻教师内心的后顾之忧。健康体检得以提供，而且医疗补助也有安排，这都是在对教师的身心健康予以密切关注，进而有效预防职业病的发生。福州市所推行的体育教师职业伤害互助基金，是由政府、学校以及教师这三方共同出资设立的，其能够为那些因为工作而受伤的教师给予额外的补助，充分体现出了人文关怀的一面。生活便利方面的相关措施也有妥当安排，像是提供教师宿舍、发放交通补贴以及为子女入学提供便利等，通过这些举措来解决教师们所面临的实际困难，从而促使其工作积极性得以有效提高。这些涉及方方面面的福利保障措施，为教师能够安心地开展工作营造出了十分良好的条件，并且还进一步增强了教师职业的吸引力以及稳定性。

（二）精神激励机制创新与实施

专业发展方面给予支持，不失为激励教师能够持续取得进步的一种行之有效的途径。就专业学习机会而言，要给予提供，对于课后体育骨干教师，可优先做出安排，让他们去参加诸如高级研修、出国考察以及名校跟岗之类的高层次培训活动，以此来拓宽其专业视野。学历提升的通道也应保持畅通无阻，要给予支持，便于教师在在职期间去攻读硕士、博士学位，进而提高自身的学术研究能力。拿天津市所实施的体育教师专业提升计划来说，其每年会选派一批课后体育教师前往国内外的知名院校去学习那些先进的经验，等这些教师回到学校之后，再组织开展推广交流活动，如此便可形成一种知识扩散的效应。在科研项目上，要加大支持的力度，设立专门的专项研究基金，用以支持教师针对课后体育展开实践方面的研究，从而解决实际存在的真实问题。上述这些专业发展支持方面的各项措施，很好地满足了教师自我实现所涉及的高层次需求，形成了一种能够持续起到激励作用的效应，有力地推动着教师不断去超越自我，朝着卓越的方向去不懈追求。

工作环境得以改善，这可是提高工作满意度的基础性条件。就拿教学条件来说吧，要对其进行优化，配备上现代化的体育设施设备，从而让教学环境得到改善，使得工作舒适度也能有所提高。再者，营造专业空间也很重要，比如设立教研室、休息室等这类专门的场所，好为教师营造出不错的工作以及交流环境。还有就是要扩大专业自主权，在课程设计、教学方法、考核评价等诸多方面，赋予教师更多的决策权，要尊重他们的专业判断。深圳市龙岗区推行的课后体育教师"空间赋能"工程就做得很不错，为每所学校的体育组配备了专用的办公空间与设备，由此创造出了良好的工作与研讨环境，这一举措可是受到了教师们的普遍欢迎。另外，营造良好的工作氛围也不可或缺，要建立起平等、尊重且协作的工作关系，进而形成积极向上的组织文化。上述这些关于工作环境改善的种种措施，实实在在地提高了教师的工作幸福感以及归属感，同时也增强了组织的凝聚力，还激发了集体的创造活力。

（三）职业发展激励路径构建

职业阶梯的设计在引导教师实现长期发展方面构成了极为重要的框架。就课后体育教师而言，其专业发展阶梯的构建把发展路径细致划分成了诸如入门期、成长期、成熟期、引领期等不同阶段，清晰明确了每个阶段具体的能力要求以及发展目标，从而给教师勾勒出了一条明晰的发展路径。杭州市所推行实施的体育教师专业发展档案制度，能够详实记录教师的成长轨迹，并且会定期对教师的发展状态展开评估，进而制定出契合教师个体情况的个性化提升计划，有力地推动教师实现系统发展。在专业角色方面呈现出多元化的态势，设置了像教学型、教练型、研究型等多种多样的发展方向，以此来契合不同教师各自的兴趣以及所具备的特长，进一步拓展教师的发展空间。这样多元化的职业发展路径设计方式，切实打破了传统那种单一的晋升通道所带来的限制，为具备不同特质的教师提供了与之相适配的发展方向，有效地激发了教师的职业发展动力。

职称晋升通道的优化对于保障职业成长而言属于极为关键的一项措施。在评价指标体系方面展开改革，要把课后体育服务所取得的成效纳入到评价的范围当中去，其重要程度和常规教学是不相上下的。针对专业技术等级评定标准也需做出相应调整，要增添诸如课程开发、活动组织以及学生发展等诸多方面的指标，以便能够更为完整且充分地反映出教师所做出的贡献。上海市所探索的体育教师职称评审"双通道"制度，设立了教学研究型以及教学实践型这两条不同的评价路径，其中教学实践型的路径更加侧重于实践经验以及服务成效，如此一来便为处在课后体育一线的教师赋予了更为公平的晋升契机。职称评审工作要朝着基层方向有所倾斜，要提高农村学校以及薄弱学校教师的晋升比例，进而推动优秀人才能够扎根于基层，为一线教育贡献力量。上述这些有关职称制度的改革举措，切实为课后体育教师的职业发展清除了制度层面的诸多障碍，同时也给予了他们公平发展的良好机会。

管理岗位的提升渠道得以拓宽，这可是扩大职业发展空间的一条重要路径。就拿课后体育专职管理岗位设置来讲吧，像体育活动中心主任、体育社团负责人之类的岗位，都能够给优秀教师提供管理方面进行锻炼的机会哟。学校在选拔中层干部的时候，会朝着体育教师这边有所倾斜，会优先去考虑那些课后体育服务业绩相当突出的教师，以此来拓宽他们的上升通道。成都市锦江区所施行的教育管理干部轮岗制度有明确要求，那就是学校管理干部得具备学科教学背景，这样一来就为体育教师进入管理层营造出了有利的条件。区域体育教研员的选拔是向着一线教师开放的，这无疑给优秀教师提供了更为广阔的专业发展平台。上述这些关于管理岗位提升的种种举措，很好地满足了教师对于职业成就感的需求，还极大地激发了他们在事业方面的追求动力，为课后体育事业的发展培育出了复合型的人才，进而达成了个人发展与组织发展双赢的良好局面。

二、课后体育师资考核评价体系

（一）考核评价指标体系构建

多维度评价指标体系构成了全面且客观评价教师工作的基础性框架。就专业能力维度而言,其评价指标得以确立,这里面涵盖了像专业知识掌握程度、专业技能熟练度、教学组织能力以及安全管理能力等一系列核心指标,这些指标能够很好地反映出教师的专业素养情况。在教育教学维度方面,相应的评价指标也已明确,其中有课程开发的水平状况、活动设计所具有的创新性、教学方法是否具备适切性以及学生参与度等诸多关乎教学过程的指标,它们可用来对教育教学行为的质量予以评价。德潍市所推行实施的课后体育教师能力素质评价表,精心设计了5大维度,同时还有20个二级指标以及60个观测点,如此便形成了一套较为系统且相对完整的评价框架,这也能给其他城市起到一定的参考作用。另外,教育效果维度的评价指标也完成了构建,这里包含了学生体质健康的水平情况、运动技能的发展状况、体育兴趣的培养情形以及运动习惯的养成情况等一系列成效指标,其重点在于关注教育所产生的产出以及带来的影响。

将专业发展维度相关的评价指标予以纳入,这里面涵盖了诸如学习方面的进步状况、研究层面的创新能力以及团队协作方面的具体表现等一系列发展性指标,以此来推动持续不断的成长。贵阳市所开展的课后体育师资专业发展评价改革举措,把教师学习培训方面的实际情况、参与教研活动的程度以及专业著作发表等诸多内容都归入到考核的范围当中,进而引导教师对自我提升以及专业知识的分享加以重视。在服务贡献维度方面,相应的评价指标有所增加,其中包含了服务态度、家校之间的沟通、对特殊学生的关爱等多个方面的指标,如此能够充分体现育人服务的理念。这些从多个维度所构建起来的评价指标体系,有效避免了仅仅依靠单一技能进行考核所存在的局限性,为全面且客观地评价教师工作给出了科学的依据,促使教师朝着全面发展的方向去努力。

权重配置若要科学合理,那可是确保评价导向正确的极为关键的环节。核心指标的权重需突出起来,像把能直接反映育人质量的诸如学生发展、教学成效这类指标设定为较高的权重,如此这般便能很好地体现出以学生为中心的评价理念。过程性指标以及结果性指标在权重方面要达到一种平衡的状态,要着重关注教学过程的质量,同时也不能忽视育人成效,要极力避免出现那种唯结果论的倾向。南京市鼓楼区所探索出来的动态权重调整机制是这样的，它会依据不同学校各自的特点以及所处的发展阶段，去适当地对评价指标的权重做出调整，以此来增强评价的针对性与适应性，而且确实是取得了很不错的效果。要将量化指标和质性指标相互结合起来，既要留意那些可测量的客观数据，又得重视依靠专业判断所做出的质性评价，这样才能较为全面地反映出教师的工作情况哟。对于区域差异也得考虑得细致周全些，针对不同区域学校的条件以及学生基础方面存在的差异，去设置基础指标还有特色指标，以此来确保评价能够做到公平合理。

指标内涵若能做到清晰描述，那这便成为保障评价可操作性的基础所在。指标方面的解释得做到详细且具体，需将每项指标所涉及的内涵外延、评价标准以及证据要求都予以明确，以此来减少可能出现的理解歧义情况。评价等级的划分要合理恰当，设置4至5个等级梯度就行，如此既能对优劣加以区分，又不会让其显得过于繁杂。广州市所开展的课后体育教师能力标准研制相关工作当中，针对每一项指标都编制了详细的评价手册，这里面包含了指标释义、观测要点以及典型案例等诸多内容，这也就为评价的实际实施给出了操作指南。评价证据呈现出多样化的特点，多种形式的成效证明都是可以接受的，像是教学记录、学生作品、视频资料以及访谈记录等，通过这样能增强评价所具有的客观性与科学性。这些针对指标内涵描述使其清晰化的一系列措施，在很大程度上提高了评价的可操作性以及一致性，同时也减少了主观随意性的情况出现，进而增强了评价结果所具备的可信度与说服力。

（二）考核评价方法多元创新

多主体参与到评价当中，这可是获取较为全面信息的关键途径。行政方面的评价和教学方面的评价相互结合起来，学校的管理层站在行政管理的角度来开展评价工作，而教研组则从专业的角度切入去进行评价，如此一来，管理评价和专业评价便能够形成一种互补的态势。同行评价的机制愈发完善了，借助集体备课、教学观摩以及案例研讨等一系列活动，展开那种具有专业性的深度对话，大家相互之间进行评价并且给予反馈。就拿武汉市江汉区所推行的"同伴互评制"来说吧，它要求每位教师在每学期当中至少要去听10节课并且完成评课的任务，同时还要形成书面的反馈内容，这无疑促进了专业方面的交流以及大家的共同成长。学生评价的渠道也进一步拓宽了，通过采用问卷调查、访谈座谈以及设置意见箱等多种多样的形式去收集学生们的反馈信息，以此来了解他们在相关活动当中的体验情况以及满意度状况。家长评价的机制也已经建立起来了，会定期去征求家长们的意见，进而对课后体育服务所产生的效果以及带来的影响进行评估。

开展多时段的评价，这对于把握动态发展而言，是必不可少的一种手段。把形成性评价和终结性评价相互结合起来，既要对过程进行监测，也要给予及时的反馈，同时还得注重阶段性的总结以及全面性的评估。让日常观察记录变成一种常态化的操作，借助工作日志、教学反思、活动记录等多种形式，去积攒平时表现方面的相关资料。使定期检查评价实现制度化，每个月、每学期都开展阶段性的评价，以便能够及时察觉到存在的问题，进而做出相应的调整。就像青岛市市北区所推行的"周记录、月小结、季评估"机制，其构建起了常态化的评价体系，从而保证评价信息既全面又准确，反馈也是既及时又有效。将年度综合考核加以规范化，把日常评价的结果和专项评价的结果综合起来考虑，由此形成全面且客观的年度评价结论，使其能够作为激励决策的一项重要依据。这样的多时段评价安排，成功避开了一次性评价所存在的局限性，给教师带来了能够持续改进的机会，也赋予了教师持续改进的动力。

多手段评价技术对于提升评价效率以及准确性而言，无疑是极为关键的举措。随着时代发展，数字化评价工具逐渐得到广泛应用与推广，与此同时，评价管理系统也得以开发，如此一来，便能够让信息采集、分析以及存储等环节都实现电子化的管理模式。就拿上海市徐汇区所开发的课后体育教师评价APP来说，它将多种评价功能汇聚于一体，像课堂观察记录、学生问卷调查、教师自评反思等各类模块都涵盖其中，这就使得相关人员可以方便地随时开展记录工作并进行分析，进而有效提升了评价所具有的便捷性与即时性。另外，大数据分析技术也被引入其中，通过对多源数据加以整合，深度挖掘其中的评价信息，最终形成有数据作为有力支撑的客观评价结论。还有人工智能辅助评价方面的尝试，其借助智能算法来分析教学视频、学生活动轨迹等诸多数据，从而为人工判断提供客观的参考指标以起到辅助作用。

质性评价方法进一步获得应用，借助观察法、访谈法以及案例分析、叙事研究等方式，更为细致地去了解教师的专业行为以及思考过程。重庆市所采用的课后体育教学叙事档案袋评价，需要教师对教学过程予以记录，对教学中的得与失展开反思，对学生表现加以分析，而评价者在解读这些叙事材料之际，能够更为深入地领会教师的专业思考，进而突破表层行为评价所存在的局限。多种评价手段综合起来加以运用，不但确保了评价具备科学性以及相对的全面性，而且还提升了评价的效率以及其可接受程度，有力地推动了评价从单纯的管理工具朝着发展支持的方向转变，最终达成了评价所具有的双重价值。

（三）评价结果应用与反馈机制

评价结果的分析解读在实现评价价值方面属于关键的环节。借助多维度的数据统计分析手段，把来自各方的评价数据加以分类并汇总起来，进而形成量化的结果，以此来反映出总体的评价水平。将横向比较和纵向比较相互结合起来，一方面和同伴作比较以便找出差距，另一方面和自身作比较从而看清进步情况，进而获取到关于全面发展的相关信息。就杭州市上城区所实施的体育教师成长曲线分析而言，其记录了连续三年评价数据的变化情况，由此形成了能够直观展示教师成长轨迹的发展趋势图表。优势和劣势能够被清晰地识别出来，依据多维度的评价结果，可以明确教师的专业特长以及发展短板，从而为精准提升提供相应的依据。生成个性化的分析报告，针对每一位教师的具体情况，给出详细的评价解读内容以及改进方面的建议，避免出现笼统且模糊的结论描述，以此增强评价所具有的针对性以及指导性。

结果反馈机制得以完善，这对于促进改进而言是极为重要的保障。反馈形式呈现出多样化的特点，像面对面展开交流、出具书面报告以及同伴之间相互讨论等诸多方式皆涵盖在内，以此来适配不同情形之下的各类需求。反馈内容具备建设性，不但会对取得的成绩给予肯定，而且能精准指出存在的不足之处，更为关键的在于能够给出具体且切实可行的改进建议，而并非只是进行简单的批评。天津市河西区所推行的"三明确"反馈制度有着明确要求，那就是在反馈过程当中要明确所具备的优势、明确存在的短板、明确前行的方向，从而确保反馈能够具备实质性的指导意义。要保障反馈的及时性，在完成评价之后需尽快给出反馈内容，防止因为时间上的延误而致使信息的价值出现降低的情况。还需建立起追踪反馈机制，在后续开展的评价当中着重去关注前期反馈问题的改进状况，进而形成闭环式的管理模式，以此来确保反馈能够切实发挥出其应有的作用，推动实质性的改进得以实现。

评价结果应用方式走向多元化，这已然成为发挥评价导向作用的关键之举。把评价结果同激励措施关联起来，让其充当绩效奖金分配、评优评先以及职称晋升等方面的关键参照，如此便可彰显奖优罚劣的准则。在制定专业发展规划之时，凭借评价结果去辨明发展所需，进而拟定具有针对性的个性化培训方案，以便能够精准地给予发展方面的有力支持。就南京市江宁区所施行的评价导向培训制度来讲，依据评价结果来分类构建培训档案，从而为教师们供应契合其需求的针对性培训项目，以此推动精准发展。至于教师队伍的优化管理工作，依照评价结果来开展岗位调整、职责分配以及团队组建等相关决策活动，进而提升人力资源的配置效能。在促进学校管理改进方面，借助对评价数据的分析，从中探寻出管理环节里的薄弱之处，进而为学校的决策过程提供可资参考的依据。上述这些多元化的评价结果应用手段，切实将评价的激励引导作用充分施展出来，构建起了"评价—反馈—改进—再评价"的良性循环体系，有力推动了教师队伍整体水平的提升。

第四节 课后体育师资队伍建设的可持续发展策略

一、政策制度与管理体系完善

（一）顶层设计与政策保障

课后体育师资队伍的建设，离不开一套健全完善的政策法规支撑体系。要加快推进课后体育服务方面的专项立法工作进度，从而让课后体育师资队伍建设能够步入法制化的轨道当中。就当下而言，南京市已经出台了《中小学课后服务管理办法》，在这份管理办法里，清晰明确地规定了课后体育教师的配备标准、资质方面的要求，还有他们所拥有的权利以及需要履行的义务等诸多内容，这无疑给师资管理工作提供了有力的法律依据。要着手制定关于课后体育师资队伍建设的专项规划，在规划里清楚地明确发展的目标、重点要完成的任务、具体的实施路径以及相应的保障措施等，以此来引领这支队伍朝着正确的发展方向前进。进一步完善课后体育教师的专业标准，制定出详细的岗位职责、对能力的要求以及评价指标等一系列专业规范，从而为教师的发展给予明确清晰的指引。深圳市所发布的《课后体育活动指导教师专业标准》，从职业理念、专业知识、专业能力以及专业成长这四个不同的维度，十分细致地规定了教师应当具备的素质要求，这就为人才的培养以及评价工作提供了基础性的依据。

师资管理政策体系的建设，对于保障队伍能够健康发展而言，属于极为关键的举措。在这方面，可对教师编制管理机制加以创新，去探索如编制备案制、周转池制这类较为灵活的管理方式，以此突破传统编制所带来的种种限制，进而满足课后体育服务在用人方面的需求。就拿天津市所探索实施的"编制周转池"制度来说，其能够盘活原有的存量编制，并且向体育等那些较为紧缺的学科予以倾斜，如此一来，便有效缓解了师资短缺方面的问题。再者，还需完善社会力量参与的相关政策，要制定出社会体育人才准入的标准，还有资质认证以及考核评价等一系列配套政策，从而规范社会力量可以有序地参与其中。比如上海市所制定的《社会体育指导员参与学校课后体育服务管理办法》，就明确规定了资质方面的要求、聘任的具体程序、薪酬的标准以及权责划分等诸多内容，这就为社会力量参与其中提供了有力的政策保障。另外，健全教师交流的制度也很重要，推动区域内以及校际间教师实现合理的流动，以此促进资源可以均衡地配置，并且提高其使用的效率。

财政投入保障机制构成了队伍建设所需的物质根基。要去构建起稳定的课后体育专项经费投入机制，把师资培训方面、薪酬待遇方面以及专业发展等诸多方面都归入到财政预算当中，以此来切实保障资金有着稳定的来源。就拿广州市所实行的"财政兜底、收费补充"这种机制来讲，其针对参与课后体育服务的教师给予了财政专项津贴，如此便顺利解决了教师的基本待遇方面的问题。还应当去创新经费筹措的渠道，积极鼓励社会资本、慈善组织以及企业等多种多样的力量参与进来并且给予支持，从而达到拓宽资金来源的目的。杭州市所推行的政府购买服务模式，是通过招投标的方式来引入社会专业机构参与到课后体育服务当中，进而使得资源配置的效率得以提高。要建立起经费使用的绩效评估机制，确保资金在使用的时候是科学且合理的，以此来提升投入产出的效益。这些呈现出多元化特点的财政投入以及保障措施，为课后体育师资队伍的建设供应了稳定且可靠的物质根基，有力地保障了各项政策能够得以有效实施。

（二）质量保障与监督评估

完善质量监控体系属于保障师资队伍建设质量的一项基础性举措。着手去建立课后体育服务质量的相关标准，清晰明确师资配备方面的具体要求、服务内容的规范细则以及安全管理的规定等诸多关键指标，以此来为质量评估给予客观的参照依据。就拿天津市所制定的《中小学课后体育服务质量指南》来讲，其从师资所具备的水平、课程涵盖的内容、组织管理的方式以及安全保障的措施等各个方面均设定了详尽细致的标准，进而给学校提供了可用于实施的指南。去构建起多层次的监控网络，促成学校自行检查、区级进行督导、市级展开抽查这样一种立体式的监控体系，达成全面覆盖、不存在任何死角的质量管理成效。建立起常态化的督导机制，周期性地开展专项督导检查工作，能够及时察觉到存在的问题并且推动其整改落实，切实确保政策得以有效落实以及质量能够获得提升。南京市所建立的"双月督导"制度，是由教育、体育、财政等多个部门联合起来组成督导组，每隔两个月便针对学校课后体育服务的实际情况开展一次专项督导，由此形成了频次较高、密度较大的监督网络。

引入第三方评估机制不失为提高评价客观性的一种有效办法。将评估工作委托给专业评估机构来开展独立评估，如此可有效避免自我评价所存在的主观性以及局限性方面的问题。就上海市所实施的"阳光评估"工程而言，其引入了第三方专业机构，让这些机构针对课后体育服务质量展开全方位的评估工作，进而形成客观且公正的评估报告，为政府进行决策以及学校做出改进提供可参考的依据。使学生满意度调查实现常态化，定期去收集学生对于课后体育服务给出的评价以及所提的建议，以此来了解学生真实的需求以及他们的体验感受。对家长评价的渠道加以拓宽，借助问卷调查、召开座谈会、设置开放日等多种多样的形式，广泛地征求家长的意见，从而增强评价的多元性。深入且全面地开展专家诊断评估工作，组织专业团队进驻学校，通过实地进行观察、展开深度访谈、进行文档分析等一系列方式，开展具有专业性的评估与诊断工作，并提出颇具针对性的改进建议。

评估结果应用机制的完善，乃是发挥评估引导作用极为关键的一个环节。要让评估结果做到公开透明，具体而言，就是要向社会公布相关评估的具体情况，同时接受公众的监督，如此一来，能够增强工作方面的透明度以及公信力。再者，要把评估结果和问责紧密挂钩起来，针对在评估过程中所发现的那些问题，明确相应责任，进而督促有关方面将整改落实到位，从而形成一种有效的约束机制。就拿成都市金牛区所实施的"评估问责制"来说，其把课后体育服务质量的评估结果归入到学校的综合考核当中，对于那些存在问题较为严重的学校负责人，会对其进行约谈问责，这样便形成了一种强有力的责任传导机制。另外，评估结果还可运用于政策的调整方面，依据在评估过程中所发现的普遍性问题，及时对政策措施加以调整与完善，以此来提高政策的适切性以及有效性。还需构建评估结果的反馈改进机制，针对评估环节中所发现的各类问题，制定出具有针对性的改进方案，并且在后续的评估当中重点对其进行跟踪检查，进而形成评估、反馈、改进、再评估这样一个完整的闭环管理模式，以确保评估能够切实发挥出促进改进的实际作用。

二、队伍结构优化与平衡发展

（一）师资结构多元化与均衡化

师资队伍的专业结构得以优化，这可是提升服务多样性的一项基础性工作。就项目结构而言，要使其呈现出多元化的态势，一方面得保持那些传统的优势项目，另一方面还得着重加强对新兴特色项目师资的培养，像冰雪运动、水上项目以及极限运动等，以此来让课程内容变得更加丰富多样。在上海市开展的"一校一品"体育特色项目建设过程中，会依据学校自身所具有的特点以及师资的专长情况，去着力培育学校的特色体育项目，如此便逐渐形成了项目多种多样、特色极为鲜明的发展局面。而学历结构要达到均衡化的状态，那就可以通过在职培训、定向培养等多种方式，来提升那些低学历教师的专业水准，与此同时，还得积极引进高学历的人才，从而对整体的学历结构加以优化。至于年龄结构，得让其实现合理化，要实施把青年教师培养和中年教师稳定放在同等重要位置的策略，建立起呈梯队式的人才队伍，以此来确保整个师资队伍能够实现可持续发展。就拿武汉市所实施的"青蓝工程"来说，其是通过让老教师带领新教师的这种方式，促使青年教师能够更快地成长起来，进而推动了队伍年龄结构的优化。

兼职以及引入社会力量，均可成为扩大师资来源的有效办法。要着手建立社会体育人才资源库，广泛吸收像退役运动员、社会体育指导员还有行业专业人士等各类人员，让他们加入到课后体育服务的队伍当中来。北京市朝阳区所建立的课后体育人才信息平台，已经收录了多达800余名社会体育专业人才的相关信息，如此一来，学校便能够依据自身需求去选聘合适的人员了。还需进一步完善资质认证方面的制度，确立起准入的标准以及相应的评价体系，以此来保证社会力量具备应有的质量水平。在合作模式上要不断创新，去摸索诸如项目合作、课程购买以及整体外包等多种多样的方式，从而推动社会力量能够有条不紊地参与进来。广州市天河区所施行的"体育名师工作室+俱乐部"模式，是由体育名师来领衔的，通过整合社会专业力量，进而组建起课后体育服务团队，最终达成了学校体育与社会体育较为深度的融合效果。

区域实现均衡发展，这可是促进教育公平极为重要的策略。要去建立区域内师资能够均衡配置的机制，对优质资源加以统筹安排，使其朝着薄弱学校去倾斜，以此来缩小不同学校之间存在的差距。就拿天津市河西区所实施的"结对帮扶"制度来讲吧，是由那些优质学校的体育教师按照一定的周期，到薄弱学校去开展相应的教学指导工作，进而助力其教学水平得以提升。还要实行教师交流轮岗的制度，推动那些优秀教师实现合理的流动，从而打破资源固化这样的局面。进一步深化区域教研共同体的建设工作，借助集体备课、联合开展教研活动、实现资源共享等多种形式，促使区域在整体上获得提升。重庆市九龙坡区所建立起来的体育教师联盟，打破了校际之间的界限，将区域性的教师团队组建起来，大家一同去开发相关课程，相互交流经验，并且分享资源，如此便形成了区域协同发展的良好态势。城乡一体化不断推进的过程中，要加大针对农村学校的支持力度，通过远程开展教研活动、安排送教下乡、依靠名师来发挥引领作用等诸多方式，提升农村地区课后体育师资的水平，进而促进城乡教育达成均衡发展的状态。

（二）高水平领军人才培养

搭建多元发展的平台，这可是培养领军人才极为重要的途径。去建立名师工作室，让优秀教师能够组建起专业团队，在课程研发、教学实践以及人才培养等诸多方面开展相关的工作，以此来进一步扩大其专业方面的影响力。就拿杭州市所建立的体育名师工作室联盟来说吧，它把全市40多个工作室的资源都整合到了一起，从而形成了一个颇具专业引领作用的网络，给课后体育教师给予了很高水平的专业支持。再设立课后体育研究中心，以此来鼓励教师去开展理论方面的研究以及实践层面的探索，推动科研和教学能够融合起来并实现发展。还要开辟国际交流的渠道，选派那些优秀的教师去参加国际会议，出国去研修，参与跨国合作研究等一系列的活动，进而拓宽国际视野，吸收那些先进的经验。南京市所实施的"双百计划"，每年会选派100名优秀的体育教师前往国内知名的高校，另外还会选派100名教师去往国外先进的国家进行专业研修，这样就非常明显地提升了教师的国际化水平。

第五章 城市中小学校课后体育场地与设施保障

第一节 课后体育场地与设施的现状分析

一、城市中小学校课后体育场地设施基本状况

（一）场地设施数量与分布不均衡

城市中的中小学校，其课后体育场地设施在历经了多年的持续建设之后，确实有了一定程度的改善。不过，区域发展不均衡这一问题依旧十分显著地摆在那里。就东部那些较为发达的城市而言，学校往往配备有标准化的运动场，还有室内体育馆以及专项训练场地等。然而，中西部的部分地区，其学校却面临着场地不够用，甚至连基本的设施都欠缺的状况。比如说北京市海淀区的某所重点中学，就拥有长达400米的标准塑胶跑道，同时还有两个标准足球场，并且具备一个室内体育馆。但与之形成鲜明对比的是，在同属北京市的丰台区边缘地带的学校，仅仅只有一个水泥操场罢了。像这样城市内部存在差异，并且区域之间也有差异的这种现象，使得学生们在参与体育活动的机会方面，出现了极为明显的差距。

多数学校在体育设施规划方面，普遍欠缺一定的前瞻性考量。其场地所具备的功能往往较为单一，并且空间设计也存在不合理之处，如此一来，便很难满足课后开展多元化体育活动的实际需求。就不少学校的操场而言，仅仅能够用来开展篮球以及田径这两项项目，至于乒乓球、羽毛球、击剑等深受学生们喜爱的项目，却并没有专门的场地给予支持。有一项针对京津冀地区126所中小学所展开的调查显示，在这些学校当中，有89%的学校所拥有的专项运动场地数量不足三个，还有62%的学校，其体育设施已然陈旧，亟待进行更新改造。由于场地设施布局不够合理，这便使得课后组织体育活动面临诸多困难，进而导致学生参与体育活动的积极性遭受挫折，体育训练所能够达成的效果也随之大打折扣。

设施维护更新出现滞后的情况，这在当下是较为普遍存在的一个问题。不少学校的体育设施存在年久失修的状况，其器材老化的程度颇为严重，并且还存在着不小的安全隐患。就武汉市某区域所做的相关调查来看，有超过半数的中小学，它们所使用的体育器材，其使用年限已然超过了8年，这些器材存在着极为严重的磨损以及损坏情况。有一部分学校虽说配备了现代化的体育设施，然而因为缺少专业的维护人员，再加上资金投入方面也有所不足，所以导致这些设备的使用率处于比较低下的状态。比如江苏省南京市的一所初中，该校新建的综合体育馆由于管理不善的缘故，其地板已经出现了多处损坏的情况，而且设备闲置的现象也很严重，如此一来便造成了资源方面的浪费。这样的一种状况，对课后体育活动开展的质量以及安全保障都起到了一定的制约作用。

（二）场地利用效率与管理水平评估

城市中的中小学校，其课后体育场地的利用率往往处于不高的状况，并且还存在着时段分配不够合理的情况。相关调查所获取的数据表明，在全国范围内的城市中小学里，体育场地的平均开放率仅仅只有65%，而其中在课后时段的开放率就更低了，仅仅达到42%。就广州市某区的12所中学来看，这些学校的体育场地在16:00至18:00这个时段的使用率是比较高的，差不多接近饱和的状态，然而一旦过了18:00，其使用率就会急剧下降，甚至降到20%以下。不少学校是出于对安全管理方面以及责任划分方面的考量，所以并不愿意去延长体育场地的开放时间，如此一来便致使体育场地资源出现闲置的情况。与此同时，遇到雨雪天气的时候，室外的体育场地就没办法正常使用了，并且室内场地的数量又特别有限，这样的季节性因素对于课后体育活动的开展而言，无疑是构成了一种挑战。

场地管理制度方面存在着不健全的状况，这使得场地的使用效能处于比较低下的水平。多数学校到目前为止还没有构建起科学合理的场地预约系统，也未设立起完善的场地使用评估机制，场地分配往往依靠人情关系来进行，或者是随意做出安排，这种现象是较为常见的。上海市针对31所中小学展开的一项调查显示，仅仅只有23%的学校真正实施了电子化的场地预约管理模式，而大部分学校依旧在采用手工登记的方式，或者是通过口头申请的途径来处理场地预约事宜。由于缺乏透明且高效的管理制度，优质的场地资源常常被少数特长生或者校队所占用，如此一来，普通学生能够参与其中的机会便相应地减少了。甚至在一些学校当中，还出现了体育老师私下里占用场地来开展有偿培训的情况，这对公共资源的公平分配产生了极为严重的影响。

评估反馈机制的缺失，无疑成为提升场地利用效率道路上的一大阻碍。在诸多学校当中，鲜少有学校能够构建起完备的场地设施使用评估体系，如此一来，便难以做到及时察觉其中存在的问题，进而对管理策略做出优化调整。就拿成都市的某所学校来说，虽说该校投入了数额不菲的资金用于建设现代化的体育场馆，然而，由于在使用情况的数据收集以及评估反馈方面存在欠缺，这就使得管理者没办法真切知晓场地实际的使用成效，也难以把握学生需求的变动情况。再者，体育教师以及场地管理人员在业务培训这块做得并不够到位，其专业水平存在一定的局限性，所以无法依据不同年龄段学生的特点来对场地使用进行科学合理的规划。比如杭州市的一所学校，每周总是固定地把乒乓球场地安排给高年级学生使用，却全然不顾低年级学生对于该场地的使用需求，这就致使资源配置不合理的状况长时间地持续存在着。

（三）设施安全与质量保障现状

城市中小学里的体育设施存在的安全隐患，已然成为当下迫切需要去解决的一个问题。从全国学校体育活动意外事故相关统计情况来看，差不多有28%的事故是和体育设施的质量方面存在的问题有着关联的。在部分学校当中，像是篮球架固定得不够牢固、器械出现严重锈蚀的状况、场地地面不够平整等这些情况是普遍都能见到的。南京市针对市区的54所中小学开展了一项安全评估，评估结果发现，超过三分之一的学校都存在着至少两项及以上的安全隐患，而在这些安全隐患当中，最为常见的一些问题就是健身器材固定得不太稳当、场地的排水不够顺畅以及照明系统出现故障等情况。这些问题在课后开展体育活动的时段表现得格外突出，因为在这个时段监管人员的数量有所减少，所以相应的安全风险也就随之增加了。

　　设施质量方面存在参差不齐的情况，这对课后体育活动效果产生了影响。市场上体育器材的种类颇为丰富，然而其品质却是良莠不齐的。有些学校在采购体育器材的时候，往往更看重价格而轻视质量，如此一来便使得设备的使用寿命不长，而且维护成本还比较高。就拿青岛市某中学来说，该校所采购的一批室外健身器材，使用还不到两年的时间，就已经出现了多处损坏的状况，这对学生的使用体验造成了严重的影响。优质设施的缺乏，还对课后体育课程的多样性起到了限制作用，像攀岩、键球、定向运动等诸多特色项目，就是因为缺乏专业器材而没办法开展起来。另外，体育场地建设的质量问题也比较显著，部分学校为了节约成本，会采用低标准的材料来铺设运动场地，进而在使用过程中出现诸如龟裂、起泡之类的质量问题。

　　维护保养方面的机制存在不完善之处，这使得设施老化的速度有所加快。不少学校都欠缺专业从事体育设施维护工作的团队，而且也没有建立起定期进行检修的相关制度，往往只是在设备彻底没办法使用了的时候，才会着手去进行修缮方面的工作。就山东省针对其省会城市中小学所做的一项调查来看，仅仅有27％的学校能够做到每学期针对体育设施展开全面性的检查以及维护工作，大部分学校所采取的都是在问题出现之后才去被动处理的方式。另外，器材使用规范方面的缺失同样也是致使设施快速出现损坏情况的一个原因，由于学生缺乏正确使用器材的相关指导，所以经常会出现不当使用器材的情况。比如说深圳市的某所小学，其新建的拓展训练设施，就因为学生使用不规范以及缺乏日常的维护，在短短一年的时间内就出现了极为严重的损耗情况。上述这些问题不但加重了学校在财政方面的负担，而且还对课后体育活动得以持续开展产生了影响。

二、课后体育服务中的场地设施供需矛盾

（一）学生多样化需求与有限场地的矛盾

城市学生在体育兴趣方面呈现出多元化不断发展的态势，传统体育项目和新兴运动同时存在的这种局面，使得场地设施方面被提出了更高的要求。通过问卷调查能够了解到，在当代的中小学生群体当中，除了像篮球、足球、乒乓球这些传统的运动项目之外，他们对于攀岩、滑板、飞盘等新兴运动项目的兴趣正一天比一天变得更加浓厚。就拿北京市某重点小学六年级的学生来说，其中超过40%的学生都表示自己希望能够去尝试极限运动以及户外探险这类的活动，然而该学校现有的场地差不多根本没办法满足学生们的这类需求。学生们兴趣所呈现出的多样化情况和学校场地存在的单一化状况之间的矛盾正变得越来越突出，这在很大程度上限制了课后体育活动所具有的吸引力以及学生们对其的参与度。

体育场地资源匮乏的状况正面临着课后活动需求日益增长所带来的压力。在两孩政策落地实施以及城市化进程不断加速这样的大背景下，城市学校里的学生人数一直在持续增多，然而体育场地要进行扩建却困难重重。就拿上海市中心城区的学校来说，其人均体育场地面积仅仅只有1.2平方米，这一数据和国家建设标准相比，差距甚远。在放学后的那段黄金时段当中，学生们争抢场地的这种现象是极为普遍的。比如杭州市的一所初中，其篮球场地在下午放学后的使用率居然高达200%，也就是说一个场地会同时有两队学生在轮流开展比赛，这无疑严重影响到了体育活动的质量。并且，还有一些像游泳池、射箭场这类的专项场地，几乎处于空缺的状态，根本没办法满足开展特色体育项目所需要的条件。

城乡之间存在的差距以及校际方面的差异，使得供需矛盾进一步加剧了起来。在经济较为发达的地区，学校的场地设施条件往往是普遍很不错的，基本能够较好地满足相应的需求。然而，在那些经济欠发达地区的学校，却不得不面临着极为严峻的种种挑战。就拿调查数据来看吧，在我国的东部地区，中小学体育场地设施的达标率能够达到83%，中部地区则是67%，西部地区就仅仅只有

52%了。就算是在同一座城市的内部，重点学校和普通学校之间所存在的差距那也是相当明显的。比如说南京市主城区的重点中学，其拥有室内体育馆的比例竟然达到了85%，可那些非重点学校，仅仅只有32%罢了。这样一种不均衡的发展状况，最终致使部分学校在课后开展体育活动的时候根本没办法正常进行下去，严重地对体育教育所应具备的公平性以及普惠性形成了制约。

（二）场地设施使用时间与空间限制

季节性因素以及天气状况对课后体育活动场地的使用形成了颇为严重的制约。就我国北方地区来讲，冬季极为严寒，户外场地往往会长时间被积雪所覆盖，进而无法投入使用；而南方地区，夏季呈现出高温且多雨的特点，这使得下午时段开展户外活动受到诸多限制。以北京市为例，相关调查表明，其全年能够有效开展户外体育活动的天数为210天，这也就意味着差不多有近40%的时间里，户外场地是没办法正常使用的。并且，室内场地的情况也不容乐观，普遍存在数量不足的问题，难以满足从户外场地转移过来的使用需求。像哈尔滨市的中小学，其室内体育活动场地仅仅能够满足35%的冬季课后体育方面的需求，如此一来，便致使大量的体育课程不得不被迫取消掉，或者是转变成理论教学的形式。这种因时间因素而产生的限制情况，对课后体育活动的连续性以及稳定性都造成了极为严重的影响。

空间布局方面存在的不合理状况对使用效率形成了限制作用。诸多学校在体育场地规划之时，并未从整体性层面加以考量，其功能分区的界限较为模糊，活动空间也出现了重叠的情况。有一项针对广州市60所中小学所开展的空间布局分析工作显示，在这些学校当中，有44%的学校都存在着不同体育活动区域相互交叉且重叠的现象，由此还引发了安全方面的隐患以及使用过程中的冲突问题。一部分学校的体育场与教学楼之间的距离过近，体育活动所产生的噪声对正常教学活动造成了影响；还有些学校由于场地呈现出分散的状态，进而致使管理的难度有所增加。上海市的某所完全中学把篮球场地和小型足球场地设计成了复合型场地，虽说这样做在一定程度上提高了场地的利用率，可与此同时也引发了不同项目在使用过程中的冲突，特别是在课后活动处于高峰期的时候，这种冲突表现得尤为明显。

场地开放的时间跟学生的作息难以契合，这同样属于制约方面的因素。多数学校从安全管理层面加以考量，其体育场地往往只在下午放学后开放差不多2个小时罢了。并且由于学生背负着作业方面的负担，这使得他们能够用来进行体育活动的时间进一步被压缩了。就天津市的一项调查情况来看，初中生平均下来每天能够用于课后开展体育活动的时间在45分钟左右，然而光是预约场地以及更换运动服装等这类准备工作差不多就需要花费15分钟上下，如此一来，实际能够有效开展活动的时间就显得极为有限了。有一部分场地，像是游泳池、攀岩墙等，因为在管理方面难度颇大，所以多数学校在课后要么不开放，要么就需要专门去申请才行，而且其使用的程序还挺复杂的。重庆市的某所中学，其室内体育馆在理论上是面向所有学生开放的，可实际上，因为申请的手续太过繁琐，在全校将近2000名学生当中，曾经在课后使用过该场馆的学生仅仅不到300人。

（三）资源整合与共享不足问题

城市社区的体育资源和学校课后体育活动未能实现良好整合。不少城市社区配备有公共体育设施，可这些设施与学校课后开展的体育活动却缺少有效的衔接举措。就深圳市福田区而言，区内学校和社区体育场馆之间的直线距离平均下来不超过800米，然而仅有21%的学校和周边的体育设施构建起了长期的合作关系。区域内的体育资源处于分散管理的状态，教育部门和体育部门之间又缺乏相应的协调机制，这就使得大量优质的体育设施要么处于闲置状态，要么利用效率极为低下。比如南京市某区的体育中心，在工作日下午其场馆的使用率还不足30%，与之形成鲜明对比的是，周边学校却深陷场地严重匮乏的困境当中，资源错配的这种现象格外突出。

当下，学校之间的共享机制还未得到充分建立并完善起来。在同一区域当中，不同学校的体育设施存在着颇为明显的差异，然而各个学校之间却缺少行之有效的资源共享途径。据相关调查表明，在全国的城市中小学里，校际体育资源的共享率仅仅只有12%。哪怕是同属于一个教育集团的学校，在体育设施共享方面同样也遭遇着诸多的阻碍。就拿成都市某教育集团来说，其卜属有五所学校，可其中仅仅只有一所学校拥有标准的游泳池，因为责任划分不够清晰、管理方面存在较大难度等多种因素，其他学校的学生想要共享使用这个游泳池是极为困难的。这样的一种状况所产生的"孤岛效应"，使得优质的体育资源无法得到充分利用，进而致使区域内教育资源的配置效率处于较为低下的水平。

校企合作以及社会资源的引入不够充分，这也对课后体育设施的供给形成了制约。体育培训机构、企业所具备的专业场地设施还有专业教练资源，都未能很好地被引入到学校课后体育服务体系当中。就广州市的相关调查情况来看，仅仅只有17%的中小学和校外专业体育机构构建起了较为稳定的合作关系。学校和社会机构在责任如何划分、收费标准怎样确定、安全管理该怎么做等诸多方面，都存在着不少分歧，双方的合作意愿也并不是很强。像杭州市西湖区的某中学和专业网球俱乐部合作开展课后网球培训这样的一些成功案例，在其中俱乐部会提供场地以及专业教练，学校则负责组织学生以及做好基础管理工作，然而这种模式到目前为止还并没有得到广泛的推广。由于缺乏长效的合作机制以及政策方面的有力支持，使得社会资源难以持续且稳定地融入到学校课后体育服务体系里面。

第二节 课后体育场地与设施的优化配置与管理

一、场地设施规划与布局优化策略

（一）多功能复合型场地设计理念

体育场地的多功能化设计已然成为化解空间资源有限这一难题的有效办法。城市里的中小学校得突破那种传统的只具备单一功能场地的思维模式，去探寻能让空间呈现立体化、场地实现多元化的设计方案。就拿清华附中所采用的颇具创新性的场地设计来说，其把田径跑道、篮球场以及足球场借助不同的色彩和标线巧妙地融合于同一区域当中，如此一来，在确保各个项目基本功能不受影响的基础上，还大大提高了空间的利用率。经相关研究证实，经过合理设计的多功能复合型场地，其利用效率能够提升百分之四十以上。而在具体的实施环节当中，务必要格外留意不同项目所要求的安全间隔，以防因活动区域出现交叉而引发安全方面的隐患。

季节转换型场地设计让全天候使用有了实现的可能。在不同气候条件下，场地使用往往会受到诸多限制，面对这一情况，部分学校已经着手尝试季节转换型的设计方案了。就拿温州市实验中学来说，其创新设计把室外篮球场和冬季室内活动区巧妙地结合到了一起，借助可移动顶棚以及保温设施，能够在雨季和冬季把室外场地成功转变为室内空间。这样一种"冬夏两用"的设计理念，着实让场地的年使用率得到了大幅提高。与之类似，北方地区的学校也可以考虑把夏季田径场在冬季的时候转化成冰雪活动场地，以此达成一场多用的效果。有相关数据表明，那些采用了季节转换型设计的学校，其场地年均有效使用的天数足足增加了62天，体育活动的连续性也有了十分显著的提升。

立体化空间利用模式逐渐变成城市学校极为重要的一种选择。在面临用地紧张这一现实困境之际，城市当中的中小学校能够积极去探索空间立体化利用方面的策略。就拿屋顶体育场地建设来讲，它便是一种行之有效的解决方案，像广州市越秀区的某所小学就在教学楼的顶部建造了标准篮球场以及小型足球场，如此一来便有效地拓展了学生们的活动空间。而地下空间开发同样有着不容小觑的潜力，上海市黄浦区的某所中学利用地下空间打造了室内体育馆和游泳池，这不但为师生们提供了可以全天候使用的活动场所，而且还避免了噪声给教学环境带来的不良影响。在对立体空间进行规划的时候，务必要着重关注通风采光以及安全疏散等一系列问题，从而确保其能够符合建筑方面的安全标准。与此同时，那些微型化的专项设施，比如小型攀岩墙、体能训练站等，可以较为灵活地分布在校园的空闲角落之处，进而形成所谓的"活动岛"，以此来满足学生们在碎片化时间内的运动方面的需求。

（二）场地功能分区与空间组织优化

以学生身心发展特点为依据所做的分区设计，乃是优化场地使用的根基所在。不同年龄段的学生，他们在运动技能方面、兴趣倾向层面以及安全需求状况上，都有着颇为明显的差异，所以场地设计务必要周全地考量这些特点。合理的分区设计涵盖了低年级活动区，还有中高年级团体项目区以及综合训练区等。南京市金陵中学所运用的"同心圆"设计理念，是把不同强度以及风险等级的活动，依照从中心朝着向外的方向来布局，低年级学生活动区被设置在内圆位置，这样便于集中管理；而高年级大型球类活动区则安排在外圆，如此既确保了安全性，又能够满足不同群体的需求。相关研究显示，那些依照年龄段以及活动类型来做科学分区的学校，其体育活动参与率平均能够提升23%，安全事故发生率则能够降低38%。

时空流线的优化设计能够促使场地使用效率得以提升。在场地规划过程中，不应仅仅着眼于追求面积方面的最大化，而是要着重关注师生活动流线的设计情况以及对时间梯度的利用状况。就优化设计而言，得考虑学生从教室前往活动场地时路径的便捷程度，以此来减少在转场过程中所耗费的时间。西安交大附中借助科学的规划手段，让课后体育活动区域和教学区处于相对分离的状态，不过同时又维持着适当的距离，如此一来，既防止了二者之间相互产生干扰，又保证了能够便捷地抵达。该校还依据大数据展开分析，进而建立起了一种"潮汐式"的场地使用机制，按照规定，低年级学生能够优先使用黄金时段，而高年级学生则可以选择延后使用，通过这样的方式，十分有效地缓解了高峰期所出现的拥挤难题。经过合理设计的场地使用流线，能够让有效活动时间平均增加15分钟，从而在很大程度上提升课后体育活动的质量。

边角空间的活化以及微场地建设具体策略值得探讨。以往传统的场地规划常常会忽略校园里那些角落还有边缘区域所具备的利用价值。实际上，这些比较零散的空间要是经过一番精心细致的设计安排，是能够转变成为颇具特色的体育微场地的。就拿杭州市江干区的某所小学来说吧，它对校园内面积达108平方米的边角空间实施了改造工程，在那里设置了三个迷你的乒乓球区，还打造了一处供学生攀爬玩耍的墙以及休闲健身角，如此一来，这里就变成了学生们课间休息以及课后活动特别热衷前往的场所了。在微场地建设过程当中，得着重关注其趣味性以及互动性这两方面特点，要去挑选那些对空间需求比较小，同时安全系数又比较高的项目，像是乒乓球、羽毛球、体能训练站等之类的项目就挺合适。有一项相关研究表明，微场地建设能够让校园空间的使用率提升达到18%，并且因为它有着分散布局这样的特点，所以还在一定程度上缓解了传统体育场地所面临的使用压力问题。设计师们应当充分利用专业的软件来开展空间测算以及预评估方面的工作，以此来保证微场地的布局是合理恰当的，其功能也是清晰明确的，而且在安全方面也是能够做到有效可控的。

（三）气候适应性与环保节能设计

气候适应性设计在提升场地全年使用率方面起着极为关键的作用。不同气候区域的学校需要依照当地的具体特点来施行具有针对性的设计举措，以此保证课后体育活动不会由于天气方面的因素而被迫中断。就南方多雨的地区来讲，可选用渗水型的场地材料并且设置科学合理的排水系统，这样能够有效减轻雨后场地出现积水的状况。比如说福州市的某所中学，其运用新型的透水混凝土来铺设篮球场，在雨后仅仅30分钟就可以恢复正常使用了，如此一来，全年能够有效使用的天数差不多增加了40天。而对于北方地区而言，则可以把防寒保温设计纳入考虑范围，就像黑龙江省哈尔滨市的某所学校，它采用了地热系统给室外的部分场地进行保温，从而让冬季开展户外活动变成了切实可行的事情。与此同时，合理地去布置遮阳设施对于改良夏季高温的环境有着相当重要的意义。据相关调查表明，那些配备了恰当遮阳设施的户外场地，其在夏季的使用率提升了56%，这也充分地彰显出了气候适应性设计所具备的价值。

将环保节能的理念全面贯穿到场地设施建设的整个过程之中。如今，绿色体育场地的建设已然成为一种国际层面的发展趋向，在预算许可的情况之下，应当优先去选用那些具备环保属性的材料以及节能功效的设备。就拿太阳能照明系统来讲，它能够切实有效地削减场地照明方面的电费开销，与此同时还可以延长其使用的时长。比如浙江省温州市的某所中学，在安装了太阳能LED照明系统之后，每年能够节约将近2万元的电费，并且还营造出了一种更为宜人舒适的照明环境。雨水收集系统同样是环保设计当中不可或缺的重要构成部分，所收集起来的雨水能够被用于场地的清洁工作以及绿化的灌溉事宜。再者，选用契合环保标准的场地材料，这一方面对学生的健康是颇为有利的，另一方面也能够降低后期的维护成本。相关研究显示，环保型的塑胶跑道尽管在初始投入上相对较高，然而其使用寿命却能够延长30%以上，从长远的角度来考量的话，其实是更为经济划算的。在节能环保设计方面，还应当着重关注智能控制系统的应用，借助感应启停的功能来减少资源的浪费情况。

场地设施的健康与安全因素务必优先予以考量。场地设施在规划之时，应当始终把健康和安全问题摆在最为突出的位置上。对于材料的选择，得严格依照国家标准来执行，坚决要避免选用那些含有有害物质的劣质产品。场地照明的设计需要契合人体工程学原理，以此来规避出现光污染以及眩光的情况。空气质量管理的重要性不言而喻，室内体育场馆务必要配备高效能的通风系统，而且还得定期对空气质量展开检测。就拿上海市徐汇区某中学的室内体育馆来说，其采用了智能通风系统，该系统能够依据人员密度以及二氧化碳浓度的实际情况，自动对通风频率做出相应的调节，进而有效地保障了活动环境的质量。安全缓冲区的设计同样是不容被忽视的一个环节，尤其是在球类运动区域和其他功能区之间，应当设置恰当的安全隔离带。场地周边防护设施若是能够得以合理配置的话，那么便可以切实有效地降低意外伤害所带来的风险。经研究证实，科学且合理的场地安全设计，是能够将意外事故发生率降低45%以上的。高质量的运动体验，再加上安全健康的活动环境，这二者构成了吸引学生积极踊跃参与课后体育活动的基础保障条件。

二、体育设施配置与更新策略

（一）体育器材科学配置原则

体育器材在配置的时候得遵循多样化以及适宜性方面的原则。传统意义上的学校常常会把过多的注意力都放在大型的器材还有竞技项目所用到的那些设备上，却对日常开展体育活动所必需的基础器材有所忽视。科学合理的配置策略是要充分地去考虑不同年龄段的学生他们自身所具有的身心方面的特点以及兴趣爱好等情况，进而构建出一个结构较为合理的器材体系。就拿重庆市的某所实验学校来说吧，它是按照所谓的"塔式结构"来对体育器材进行配置的。在这个结构的底层放置的是大量基础性的小型器材，像呼啦圈、跳绳、健身球等，这些器材能够很好地满足全体学生在日常开展体育活动时的需求；位于中层的，是一些团体项目所用到的器材，比如球类以及田径方面的器材，这些是供班级开展活动以及进行普及训练的时候使用的；而处在顶层的则是少量的专业器材，其用途主要是在特色项目以及高水平训练方面。通过这样的一种结构安排，使得器材的使用率提升了47%，同时也有效地避免了资源方面的浪费情况出现。另外，合理的配置还应当把性别差异以及个体差异等因素考虑进去，要提供多种多样的选择，以此来满足不同学生的各种需求。

器材的更新有必要建立于对其使用情况的评估之上。不少学校在进行器材更新时，缺乏科学合理的依据，往往出现两种极端情况，其一是长时间都不予以更新，进而使得器材老化问题十分严重；其二则是盲目地去购置器材，如此便造成了资源的浪费。而要想解决这一问题，建立起定期的评估机制显得尤为关键。就拿南京师范大学附属中学来说，该校所实施的"器材生命周期管理"模式，针对所有的体育器材都建立起了电子档案，详细记录下诸如使用频率、维修状况以及损耗程度等方面的情况，并且依据所评估得来的数据去制定相应的更新计划。从该校所统计的数据来看，在实施了这一管理模式之后，器材的报废率降低了31%，其使用寿命也平均延长了1.2年。在对器材进行评估的时候，应当综合多方面因素来加以考虑，像使用频率、安全性以及教学价值等都要顾及到，对于那些高频使用的器材以及存在安全风险的器材，要优先进行更新。与此同时，在评估的整个过程当中，还应当充分吸收教师和学生所提出的意见，以此来确保更新决策能够契合实际的需求。

新兴运动器材在引入之时，需依照试点推广这样的机制来施行。当下，青少年的运动兴趣呈现出多元化的态势，正因如此，对于新型体育项目所用到的器材，其需求也在不断增加。学校方面应当以积极的态度，同时又秉持着谨慎的做法来引入新型器材，具体可采用先开展试点，之后再进行推广的策略。就拿成都七中来说，在引入飞盘、毽球这类新兴项目的器材之际，首先是在高年级的学生群体当中展开小范围的试用活动，在此过程中收集相关反馈信息，并且对器材的安全性以及受欢迎的程度加以评估，等到确认其确实适合之后，再一步步地将其推广至全校范围。在新器材引入之前，务必要展开充分的调研工作，要对学生的兴趣所在以及相关发展的趋势有所了解，切不可盲目地去跟风引入。对于那些大型的专业器材而言，可以采取分阶段投入的策略，先配置基础版本，而后再依据实际的使用情况来对其进行升级与完善。有相关数据显示，试点推广机制能够让新器材的使用率提升35％，并且还可以在很大程度上降低投资所面临的风险。与此同时，在引入新器材的时候，还应当配套开展关于器材使用的培训活动，以此来确保师生都能够正确且安全地使用新设备。

（二）智能化设施与数字化转型

智能化体育设施给课后体育活动开辟出了新的可能途径。传统体育器材正朝着智能化以及数字化的方向逐步发展，这也为课后体育活动赋予了全新的体验感受。就拿智能篮球架来说，它能够自动对投篮次数以及命中率予以记录；智能跳绳，则可以实时统计跳转速度还有卡路里的消耗情况；智能体质监测系统更是能够快速对学生的体能状态做出评估判断。上海市杨浦区的某所中学引入的智能化体育装备系统，借助学生专属的运动手环来记录相关活动数据，并且将其和校园云平台相互连接起来，以此达成个性化的运动指导目标。有研究显示表明，智能化体育设施能够让学生的参与度提升21％，尤其对于那些对传统体育活动兴趣并不是很高的学生而言更是如此。在引入智能设备的时候，学校需要着重关注其实用性以及可持续性方面的问题，切不可盲目地去追求高端配置，应当优先挑选那些维护成本比较低、耐用性较为强劲的产品。与此同时，智能设备要着重强调其易操作性，务必要确保不同年龄段的学生都能够方便快捷地使用它们。

数字化管理平台能够促使设施使用效率得以提升。传统的依靠人工来开展的管理模式，如今已经没办法很好地去满足现代课后体育活动所提出的各类需求了，在这样的情形之下，去建立数字化管理平台便成了提升效率极为重要的一种途径。就拿杭州市西湖区教育局牵头进行开发的"智慧体育场地管理系统"来说，它成功实现了像场地预约、使用记录以及维护提醒等诸多功能的一体化管理操作。该系统借助手机APP这个渠道，能够为师生们提供实时的场地相关信息，而且还支持在线进行预约以及使用之后的反馈等操作，如此一来，便在很大程度上提高了管理方面的效率以及使用过程中的满意度。有相关数据表明，在该系统正式上线之后，场地的使用率提升了32%，与此同时，管理成本也降低了28%。另外，数字化平台还应当进一步去整合器材管理方面的功能，着手建立起电子化的台账，从而实现对设备全生命周期的有效追踪。比如北京市海淀区某中学所应用的二维码设备管理系统，通过这个系统，每件器材的状态都能够让人看得清清楚楚，进而极大地提高了维护保养工作开展的及时性以及精准性。

虚拟现实技术在体育活动领域的应用，其前景颇为广阔。虚拟现实技术以及增强现实技术，给那些受到场地条件有所限制的学校，带来了全新的解决办法。VR体育设备具备这样的能力，它能够在空间有限的情况下，模拟出多种多样的运动场景，像攀岩、滑雪、赛艇等，如此一来便极大地丰富了课后体育活动的具体内容。在广州市天河区的某所实验学校，其专门设立的VR体育活动室内，配备了足足8台体感设备。学生们在课后的时候，就可以去体验十多种在传统场地很难开展起来的运动项目。有相关数据表明，VR体育活动对于那些原本对传统体育不怎么感兴趣的学生而言，有着更强的吸引力，其参与率更是提高了43%之多。而AR技术，它可以通过把虚拟信息进行叠加的方式，来让现有的场地功能变得更加丰富多样，比如说在普通的操场上，借助AR设备就能够显示出不同运动项目的场地标线以及相应的训练指导内容。虽说虚拟技术并不能完完全全地替代实体活动，可是它作为一种很有益处的补充形式，在特定的一些条件之下，是能够发挥出其独特优势的。学校在引入这类技术的时候，务必要注意去平衡好虚拟活动和实体活动之间的关系，可别让学生们过度地沉浸在虚拟环境当中。

（三）设施维护与安全保障体系

预防性维护策略能够让设施的使用寿命得以延长。从以往的被动修缮模式转变为主动预防模式，这可是提高设施使用寿命极为关键的一点。一个科学合理的预防性维护体系，大体上应涵盖定期检查环节、预防性更换环节以及科学保养环节这三个方面。就拿苏州市某所具有示范作用的中学来说，其推行实施的"三级维护体系"，把日常保养、定期检修以及专业维护巧妙地结合到了一起，由此形成了一条完整的维护链条。在这所学校里，还专门制定建立了详细完备的维护手册，其中清晰明确地规定了不同类型设施各自的检查周期以及维护标准，打个比方，室外场地是每周进行一次检查，室内器材则是每月开展一次检修，而大型设备是每季度安排一次专业维护。相关统计数据显示，在该维护体系实施之后，设施的完好率大幅提升，已经提高到了95%以上，与此同时，维修方面的支出也降低了38%。另外，预防性维护还需要依据不同季节所具有的特点来制定专门的保养计划，比如说在雨季来临之前，要着重加强对排水系统的检查工作，而到了冬季的时候，则要强化防冻方面的相关措施等。

专业的维护团队以及技术支持体系，这两者对于相关管理工作而言颇为重要。设施维护走向专业化，已然成为提升管理水平的一种必然走向。学校不妨去组建专职的维护团队，或者引入专业的服务公司，以此来给予技术方面的有力支撑。就拿南京市鼓楼区教育局来说，其创新性地采用了"区域联合维护"这一模式，由区教育局出面统一聘请专业的技术团队，从而为辖区内的所有学校提供定期的巡检服务以及维修服务。该模式一方面保证了专业层面的水准，另一方面又使得单校的维护成本得以降低，故而受到了学校的普遍欢迎。维护团队应当要具备体育设施方面的基本专业知识，而且还得定期去接受相关的技术培训，进而掌握新型设备的维护办法。对于大型或者特殊的设备，可以去考虑和厂商签订长期的维护协议，以确保技术支持能够及时且到位。与此同时，维护知识的普及同样是极为重要的，组织教师以及学生代表去参与基础的培训，让他们掌握日常保养以及简单故障处理的方法，如此便能够形成多层次的维护网络。经实践充分证明，专业维护与日常保养相互结合的这种模式，能够将设施的故障率降低60％以上，还能在很大程度上提升使用的体验。

第三节 课后体育场地开放共享模式与案例分析

一、校内体育场地资源共享模式创新

（一）校园空间的体育化改造与利用

关于非传统空间体育功能的开发事宜，鉴于当下场地资源匮乏这一现实状况，创新性地去挖掘校园内非传统空间所具备的体育功能，已然变成城市学校需要着重考虑的重要选项之一。像走廊、楼梯间、天台之类原本常常被人所忽视的那些区域，经过专业化的设计规划之后，是能够转变成为颇具特色的体育活动区域的。就拿南京市鼓楼区的某所小学来说吧，他们把那较为宽敞的走廊墙面精心改造成为迷你攀岩墙，并且在楼梯间还安装上了互动踏步游戏装置，如此一来便创设出了全新的活动空间。这些小型的微型活动区域可不简单，它们一方面能够对传统场地的使用压力起到一定的缓解作用，另一方面还为学生们在碎片时间开展运动提供了相应的机会。有研究表明，这种针对微空间所进行的改造，是可以促使学校体育活动场所的数量增加15％至25％的幅度的，这对于空间相对紧张的城市校园来讲，是特别契合其实际情况的。而在改造的整个过程当中，务必要着重关注安全方面的设计以及人流疏散的相关安排，要极力避免对日常的教学活动产生任何的干扰。

室内外空间依据季节不同而进行转换利用，这是很值得关注的一点。要知

道，季节的更迭变化实实在在是对体育场地使用产生重要影响的一个因素，所以，去开发那种能适应季节变化的场地设计方案，就成了实现场地优化利用的关键所在。就拿哈尔滨市的某所示范学校来说吧，这所学校创新性地搞了个"季节空间转换系统"，它能把夏季时供大家使用的室外篮球场，到了冬季就转变成可以开展冰上活动的场地，而实现这种功能上的转变，靠的就是可控的注水操作以及专业的场地养护措施。与此同时，学校里有一部分教室在下课之后，也会被转变成体能训练的区域，还有室内进行小球类活动的区域，这么做就很好地弥补了冬季室外场地不够用的情况。通过这样的季节性转换，让全年体育活动能够均衡开展就有了实现的可能，而且冬季的时候，学生参与体育活动的比例一下子就提高了百分之三十六。再看南方那些多雨的地区，不妨考虑去建设那种半开放式的场地，这种场地既能保持通风的良好状态，又能提供最基本的防雨功能，如此一来，就能延长场地在雨季的使用时间。虽说这种适应性的设计在初期阶段会增加投入的成本，不过要是从长远的角度来看的话，它可是能显著提升设施使用效益的，对于城市里的学校来讲，是很有借鉴意义的。

可移动设施系统可有效增强空间方面的灵活性。要知道，固定式体育设施往往难以很好地适应那些多变的课后活动需求，如此一来，发展可移动且呈模块化的设施系统便成了提升空间灵活性的一种行之有效的途径。就拿上海市黄浦区某所实验学校来说吧，其采用的"模块化体育装备系统"里面涵盖了轻量化篮球架、能够进行拆装的乒乓球台以及折叠式攀爬墙等诸多设备，凭借这些设备，该学校可以依据活动的具体需求快速对场地布局做出相应调整。这套系统尤其契合那些空间受到限制的都市学校，能让有限的场地有能力去支持多种不同的活动形式。相关数据表明，模块化设施可促使场地功能转换时间大幅缩短，达到了70%的程度，同时还能让活动项目的种类增加45%之多。在设计可移动设施的时候，务必要对安全性以及耐用性予以关注，要确保其在频繁移动的整个过程当中始终都能保持较为稳定的性能。并且，设施的存放以及管理这两方面同样是极为重要的，得配备专门的区域，还要明确具体的责任人，不然的话，很可能会因为管理方面做得不到位而致使设备出现损坏或者丢失的情况。经过实践充分证明，那种灵活的空间设计以及可做出调整的设施系统是能够在很大程度上显著提高课后体育活动所具有的适应性以及多样性的。

（二）智能化管理促进高效共享

智能预约系统能够起到优化资源分配的作用。传统依靠人工来进行管理以及依照固定时间表安排的方式，是很难实现对体育场地展开精细化管理工作的，在这样的情况下，智能预约系统就已然变成了达成高效共享所必不可少的一种工具。就拿深圳市福田区统一开发出来的"校园体育云平台"来说吧，它把全区中小学的体育场地都归入到了一个统一的管理系统当中，如此一来，学生借助移动端便可以去查看所有场地当下的实时状态，还能够预约场地以便使用，而且在使用之后还可以提交相关的反馈信息。该系统运用了人工智能算法，凭借着历史数据，它有能力预测出使用需求的高峰时段，进而自动对预约策略做出相应的调整，以此来实现资源分配的平衡。从相关数据能够看出，在这个系统上线之后，区内学校体育场地的平均利用率得到了41％的提升，同时学生的满意度也提高了37％。另外，智能系统还能够设置关于场地使用频次的限制条件以及信用评价机制，这样做的目的在于防止个别学生出现过度占用资源的情况，从而推动资源的公平共享。在进行系统设计的时候，务必要充分考虑到不同年龄段学生的操作习惯，要保证系统界面足够友好，操作流程也要尽量简单，从而把使用门槛给降下来。

场地运用方面借助大数据来推动决策的优化进程。大数据所做的分析能够为场地管理给予科学层面的依据，助力管理者极为精准地辨别出场地的使用模式，同时对配置策略予以优化。在杭州市西湖区有一所示范学校所应用的"体育场地使用分析系统"，其凭借传感器网络以及预约记录来搜集关于场地使用的数据，进而生成涵盖多个维度的分析报告。该系统有能力识别出场地使用的高峰期与低谷期，还能发觉哪些项目属于冷门项目，哪些属于热门项目，并且可以针对不同的学生群体去剖析他们对于场地的偏好情况。依据这些所获取到的数据，学校针对场地开放的时间以及空间分配做出了科学合理的调整，比如把高年级学生开展篮球活动的场地从常规的场地转移到下午相对较晚的时段，如此一来便能够为低年级学生空出黄金时段。通过数据来驱动决策这一方式使得场地使用的效率提升了百分之二十八，而等待时间也减少了百分之三十四。另外，数据系统还应当留意学生所给出的反馈以及满意度方面的评价，借助情感分析的手段去捕捉学生需求的变化情况，借此不断地对管理策略加以优化，进而形成数据收集、分析以及优化这样一个良性的循环态势。

物联网技术可促使场地的智能化水平得以提升。物联网技术在应用过程中，给体育场地管理方面带来了极具变革性的影响，成功化解了传统管理模式下存在的诸多难题。就广州市天河区某中学所开展的"智慧体育场"项目来讲，其通过对传感器网络以及智能终端加以布设，达成了对场地进行全方位数字化管理的目标。该系统具备多种功能，比如智能照明控制功能，其能够依据人流的密度以及自然光的强度来自动对照明情况予以调节；还有环境监测功能，可实时监测温湿度以及空气质量，以此保障活动开展的环境条件；再者就是安全监控功能，其能够动态识别潜在的危险行为，并及时发出预警信息。这套系统一方面提高了服务的质量，另一方面还使得能源消耗得以降低，场地管理成本更是减少了23%。需明确的是，在引入智能系统之时，应当遵循实用性的原则，切不可因过度依赖技术而忽略了人文关怀这一方面。与此同时，对于网络安全以及数据隐私的保护也必须给予充分的重视，要建立起完善的安全保障机制，从而确保系统能够稳定且可靠地运行。经实践证实，适度的智能化确实能够较为显著地提升管理方面的效能，这无疑是未来体育场地共享的一个极为重要的发展趋向。

二、学校与社区体育资源共享机制

（一）学校体育场地向社区开放的模式与管理

分时段且附带一定条件地开放，这能够成为兼顾安全以及效益的一个平衡点所在。学校将体育场地向社区开放，此乃缓解城市公共体育资源短缺状况的有效办法，只不过安全管理方面以及责任划分事宜属于核心的挑战内容。北京市朝阳区所探索出来的"三段式管理"模式，给解决这一矛盾给出了可供参考的范例。该模式把开放时间划分成三个不同时段，分别是教学时段，此时间段完全封闭；课后活动时段，此时间段是限定开放状态；还有社区共享时段，此时间段是全面开放状态。在这之中，课后活动时段大体上是面向本校学生以及他们的家长来开放的，而社区共享时段，则是针对社区居民实行实名预约开放的做法。为了能够对风险加以控制，对于开放的内容也做出了分级处理，像游泳池、攀岩墙这类高风险项目，仅仅是在有专门人员监管的情况下才会开放。从实践所获取的数据能够看出，这样的分段管理模式让场地的使用率提升了43%，与此同时还确保了安全，在过去的三年时间里，都未曾发生过重大的安全事故。在具体实施的过程当中，学校可以依据自身具备的条件，灵活地去设定开放的范围以及相关条件，逐步去扩大开放的程度，进而形成一种能够持续运行下去的机制。

社区协同管理能够强化开放的可持续性。仅仅依靠学校一方的力量，是很难支撑起场地长期且稳定的开放状态的，而与社区构建起协同管理的机制，恰恰是化解这一难题的关键所在。上海市黄浦区所试点推行的"校社共管"模式，已然取得了颇为显著的成效。在该模式之下，由学校来供给场地设施方面的资源，社区则负责安排安保人员以及管理人员，双方一同去制定相关的规章制度，并且分担相应的管理责任。社区居委会所组建起来的"体育场地管理志愿队"，其成员是由退休体育教师、体育爱好者等人员所构成的，这支志愿队承担着日常巡查以及活动指导等方面的工作。这样的一种协同机制，一方面减轻了学校所承担的负担，另一方面也增强了社区的参与感，使得开放的持续性得到了显著的提升。相关数据显示，那些采用了协同管理模式的学校场地，其平均开放天数相较于单一管理模式而言，增加了79天。在具体的运作过程当中，清晰明确的责任划分以及畅通无阻的沟通机制显得尤为重要，所以建议去建立起定期协商的机制，以便能够及时地解决在开放过程当中所出现的各类问题，进而不断地对管理策略加以优化。

安全风险防控体系的构建工作极为重要。要知道，安全乃是学校体育场地开放时绝不能突破的底线要求，而构建起一套完善的风险防控体系，实际上就为场地的开放共享筑牢了基础保障。就拿天津市河西区教育局所推行的"四位一体"安全管理体系来说吧，它涵盖了制度保障、技术支持、人员监管以及应急处置这四个关键方面，为场地能够安全开放给出了一套系统性的解决办法。在制度保障这块儿，得把开放范围、使用规则以及免责条款都明确清楚；至于技术支持方面，要安装上视频监控以及智能门禁系统，以此来达成对场地的全方位监管；人员监管方面，则需配备专职的安全员以及志愿者，从而保证在场地开放的时段始终有人在现场负责；而应急处置方面，就得建立起针对突发事件的处理流程，同时还要开通医疗救助的绿色通道。经过这三年的实践，该区开放的学校数量增加了28所之多，使用人次也增长了47%，并且安全事故的发生率一直维持在比较低的水平。另外，学校也可以斟酌考虑去购买公众责任险，如此一来，就能在一定程度上减轻安全事故所带来的法律风险。从实际情况来看，这种科学合理的风险防控举措，是能够有效地去平衡场地开放与安全之间的关系的，它实实在在是场地共享过程中不可或缺的重要保障。

（二）社区体育资源引入学校的途径与方法

社区体育设施优先面向学生开放，这是需要有相应政策来保障的。城市社区里的体育设施，对于支持学校开展课后体育活动而言，无疑是极为重要的一种资源补充形式，所以建立起优先向学生开放的相关制度安排，其意义颇为重大。就拿深圳市所实施的"社区体育场地学生优惠时段"这一政策来说，它明确规定了在其辖区内的所有公共体育场馆，每周都得至少安排出10小时的时段专门供学生使用，而且针对学生用户还实行半价或者干脆免费开放的举措。这一政策实实在在地缓解了学校场地不够用的那种压力状况，同时也让优质体育资源能够被学生更容易接触到，也就是提高了其可及性。有相关数据表明，在该政策实施了仅仅一年的时间里，学生使用社区体育设施的人次就增加了多达68%。从操作这个层面来讲，学校是可以和社区体育场馆去构建起一种长期的合作关系的，然后借助统一的预约平台来给学生提供既方便又快捷的服务。另外还有一点很关键，那就是交通便利性也得着重考量，最好是选择那些学生步行15分钟之内就能够到达的社区体育设施来开展合作，如此一来，就可以减少学生往返所耗费的时间，进而提升学生实际使用这些体育设施的效率。

专业体育场馆所具备的资源引入校园这一合作模式值得探讨。城市中的专业体育场馆存有学校很难配备齐全的高质量设施以及专业指导方面的资源，通过创设新颖的合作机制把这些资源引入到课后体育服务体系当中，其具备着独一无二的价值。杭州市拱墅区所探索出来的"共建课程"模式收获了颇为显著的成效。该区的教育局和市体育中心订立了合作协议，专业场馆每周会安排出固定的时间段，免费接纳由学校所组织开展的课后体育活动，并且还会派遣专业教练给予相应指导。而作为一种回报形式，学校会协助场馆去招收假期培训班的学员。这样一种互惠互利的机制促使双方构建起了长期且稳定的合作关系，如此一来，学生便能够使用专业场馆，其体育体验也得到了极为显著的提升。经调查发现，参与到该项目当中的学生，他们的体育兴趣提升了43%，在专项技能方面更是取得了明显的进步。在具体实施这一模式的过程之中，最好能够制定详尽的合作协议，清晰明确各方所应承担的责任以及收益的分配情况，以此来保证合作能够得以持续发展。与此同时，安全管理以及交通组织这两方面也应当给予格外的关注，要制定出完备的学生往返以及活动期间的安全预案。

（三）校区联盟与区域资源整合创新

教育集团内部存在着资源整合以及共享方面的机制。教育集团不断发展的过程为体育资源的整合奠定了一定的制度方面的基础，集团内部所开展的资源共享活动，是能够在一定程度上缓解单所学校资源短缺这一状况的有效办法。上海市黄浦区的某个教育集团颇具创新性地实施了一个名为"集团资源共享平台"的项目，把旗下的5所学校的体育场地以及相关设施都纳入到了统一的管理体系之中，进而实现了错峰使用这些场地设施以及让各学校之间优势能够相互补充的效果。集团还制定了统一的场地使用标准以及管理方面的规范，集团内的成员学校可以依据自身的实际需要，跨校去预约使用那些具有特色的场地。有相关数据表明，这样的模式使得集团整体的体育场地使用率提升了34%之多，而且特色项目开展的数量也增加了46%。在整个运行的过程当中，交通组织属于其中极为关键的一个环节，集团为此配备了专门的校车来提供服务，以此确保学生能够安全且高效地往返于各个场地之间。在成本分担方面同样也采取了具有创新性的机制，按照"谁使用谁分担"的这一原则，凡是使用外校场地的学校，都需要承担起相应的场地维护费用，如此便有力地促进了资源共享能够得以持续发展下去。

区域性校际体育联盟的构建事宜值得探讨。跨越学校管理边界而形成的区域联盟，实则是拓展资源共享范围的一种重要方式。就拿北京市东城区所试点的"学校体育发展共同体"项目来讲，其依照地理位置的分布情况，把区内的中小学划分成了5个联盟，每个联盟里包含着4至6所学校，这些学校会一同来规划以及使用区域内的体育资源。联盟内的各所学校还会签订关于资源共享的协议，把各自所拥有的优势场地向联盟里的其他学校开放的具体条件和相关程序都明确下来。为了推动实质性的共享能够得以实现，联盟还会去组织开展跨校的体育活动以及各类竞赛，以此来强化成员学校之间的联系。经过调查可以发现，在联盟形成了两年之后，成员学校之间场地共享的次数足足增加了147%，学生的活动范围以及项目选择方面也都有了明显的扩大。联盟能够成功运行起来，其中的关键就在于要构建起有效的协调机制，专门设立一个工作小组，让其负责进行统筹方面的规划以及协调具体的实施工作，从而保证各个学校的权益能够达到一种平衡的状态。另外，区域的交通便利性同样也是一个重要的考量方面，建议把处在15分钟交通圈范围之内的学校组建成联盟，这样也方便学生往返于不同学校之间参与相关活动。

政府主导开展区域资源的统筹规划事宜。政府在公共资源配置方面充当着主导者角色，其在推动区域体育资源实现整合共享的进程中，起到了极为关键的作用。杭州市拱墅区颇具创新性地实施了"区域体育资源统筹平台"这一举措，把全区范围内的中小学体育场地、社区所配备的体育设施以及公共体育场馆，全部纳入到统一的规划以及管理体系当中。区教育局和体育局携手共同成立了协调小组，负责制定出全区的体育资源共享规划，并且清晰明确地界定各类设施所具备的功能定位以及共享的具体方式。该平台构建起了统一的信息系统，如此一来，居民和学生能够借助同一个渠道去预约使用各类不同的设施。为了切实保障学校和社区之间的利益能够达到平衡状态，还专门建立起了配套的资金补偿机制，针对那些开放程度比较高的设施给予额外的经费支持。从实施所获取的数据来看，在该平台上线运作一年之后，区域内体育设施的整体利用率大幅提升了38%，其服务半径的覆盖程度达到了95%，公众对此的满意度也有了显著的提升。这一模式最为核心的价值就在于它成功打破了部门之间存在的壁垒以及管理方面的边界限制，进而实现了区域资源的优化配置，为城市中小学在课后体育场地不足的这一问题提供了一套较为系统的解决方案。

第四节 课后体育设施建设的可持续发展路径

一、可持续发展理念下的设施规划与建设

（一）全生命周期视角的设施规划

长期发展需求的评估以及预测工作极为重要。城市里中小学校的体育设施规划不能局限于短期思维模式，而要从全生命周期这样的角度出发，去做系统性的评估与预测方面的工作。北京市海淀区教育委员会所创新开展的"前瞻性设施规划"这一举措，借助大数据展开分析，以此来预测未来15年当中学生人口的变化趋向以及体育项目的发展走向，进而给区域内学校体育设施的配置给予科学层面的依据。该规划把人口密度方面的变化、城市功能区的调整以及交通网络的发展等诸多维度的因素相互结合起来，针对区域内体育设施的需求展开动态的模拟操作，从中识别出潜在存在的资源缺口以及能够进行优化的空间。实际的实践情况显示出，依据科学预测所开展的前瞻性规划是能够切实有效地防止资源出现错配情况的。就好比在该区，通过相关模型进行预测后发现西北部区域将

会碰到设施不够用的问题，于是便提前在新建学校里面增加体育场地的配置，如此便成功地应对了因为学生数量增长而带来的压力。长期的规划还应当把人口结构以及体育偏好的代际变化情况考虑进去，从而为设施功能的调整预先留出一定的空间。相关专家给出建议，设施规划的周期应当不少于10年，并且要建立起每5年开展一次的系统性评估修订机制，以此来保证规划能够和实际的需求达成动态适配的良好状态。

弹性化设计理念以及空间预留策略，在当下城市发展存在诸多不确定性，且体育项目也不断演变的情形下，设施规划方面就得融入弹性化设计理念，以此增强适应各类变化的能力。就拿上海市徐汇区来说，在其学校体育设施规划过程当中，创新性地运用了"核心固定区加弹性发展区"这样的模式。在核心区会配置那些基础的并且能长期保持稳定状态的项目设施，而弹性区，则会依据发展的具体需求来做动态的调整。这样的一种设计理念能够让学校较为灵活地去应对新兴体育项目所产生的需求以及教育理念出现的变革情况，从而避免因为固化的思维而致使资源出现闲置状况。在具体去实施的时候，有一个挺有效的办法，那就是预留那种功能还没有确定下来的多用途空间。比如说杭州市江干区的某一所新建学校，在其体育馆的设计环节就预留出了面积达300平方米的所谓"未来空间"，仅仅只是确定了基础设施的配置情况，至于功能方面的细节则要依据未来的实际需求再来确定。这种预留策略虽说在刚开始的时候可能会面临关于效率方面的质疑，不过要是从长远角度来看的话，却能够极大地提升设施的适应性以及其使用寿命。相关数据也显示出来，那些采用了弹性设计的学校体育设施，其平均使用周期延长了42%，改造成本也降低了差不多31%，这也充分展现出了全生命周期规划所具有的价值。

关于可拓展性规划以及分步建设策略方面，在资源存在一定限度的情形下，可拓展性规划已然成为能够对当前需求和长期发展予以平衡的一项重要策略。就南京市建邺区来说，其创新推行的"体育设施分步建设"模式颇具特色，是把学校体育场地规划划分成了基础版、拓展版还有远期版这三个不同阶段，并且会依据资源所具备的条件以及实际的需求来逐步推进实施。此策略最为关键的要点就在于前期规划要具备系统性以及一定的预见性，要切实确保每个阶段的建设都能够成为整体规划当中不可或缺的有机组成部分，从而避免因零散建设而出现资源浪费的情况。比如说该区的某一所新建学校，在规划阶段便已经完成了室内体育馆的基础部分以及结构方面的预留工作，一期建设仅仅是完成了简易的功能，等到三年之后，随着经费得以落实，便接着完成二期的升级建设，如此一来，总成本相较于一次性建设的情况节省了18%之多。可拓展性规划对于设施之间的协调性以及系统性是格外关注的，通过采取模块化设计的方式让各个阶段的建设能够实现有机衔接。另外，空间预留以及功能分区的合理安排同样也是达成可拓展性的极为重要的手段。相关专家给出建议，即便处于资源有限的状况下，也应当优先对基础结构的前瞻性设计予以保障，以此来为未来的发展创造出有利的条件。经过实践充分证明，科学合理的分步建设策略是能够对当前需求和长期发展进行有效平衡的，并且还可以提升资源的使用效益。

（二）绿色环保与节能设计的创新应用

生态友好型材料以及相关技术的应用情况值得关注。可持续发展这一理念，促使体育设施建设在从挑选材料一直到施工工艺的整个过程当中，都要对环境所产生的影响加以考量。近些年来，生态友好型材料在学校体育设施建设领域的应用范围变得越来越广泛了。就拿广州市天河区的某一所试点学校来说吧，该校所采用的再生塑胶跑道，是以废旧轮胎颗粒作为主要原料来制作的，如此一来，不但使得废弃物的排放量有所减少，而且还让跑道具备了很不错的弹性以及耐用性。经过相关检测可以发现，这种材料所含有的甲醛等有害物质的量仅仅只有传统材料的23%，这就极大地降低了可能会出现的健康方面的风险。在技术应用这个层面上，渗水型场地铺装已然成为用来解决城市当中的"热岛效应"以及雨水径流问题的一种颇具创新性的方案。比如南京市鼓楼区所推广的多孔透水混凝土技术，就让学校操场在拥有坚固这一特性的同时，还能够始终保持良好的透水性，进而有效地对校园的微气候加以改善。有相关数据表明，采用了这种技术的校园，在夏季的时候地表温度平均能够降低4.2℃，并且雨后积水的时间也缩短了85%。相关专家特别指出，在对生态材料进行选择的时候，应当全面综合地去考虑其环保性、健康性、耐久性以及经济性等多个方面，切不可过度地去追求某一个单一的指标，从而忽视了整体的平衡状态。在具体的实施环节当中，最好是能够建立起一套严格的材料评估体系，优先去选用那些已经通过了环保认证的产品，以此来保证既能够达到环保的要求，又可以确保其安全性。

能源的自给情况以及智能管理系统，这两方面在体育设施相关领域颇为重要。要知道，能源消耗可是体育设施运行过程中一项重要成本支出，所以提升能源利用效率这件事就成了实现体育设施可持续发展的关键所在。就拿深圳市南山区来说吧，在其学校体育场馆建设工作当中，创新性地推广了"光储直柔"系统。这一系统是借助屋顶光伏发电、智能储能还有直流配电这些技术手段，进而实现了体育场馆在部分能源方面能够自给自足。有相关数据表明，该系统使得体育场馆的能源消耗一下子降低了41%之多，而且每年平均下来还能节约16万元的运行成本。在室内体育场馆这一块，智能照明控制系统的应用所取得的成效也是相当显著的。比如说上海市黄浦区的某所中学，它所采用的传感器网络能够依据自然光的强度以及人员的密度情况，自动地去调节照明的亮度，再和LED节能灯具相结合起来，就使得照明方面的能耗降低了52%。空调系统的智能管理同样是不可忽视的重要部分，通过温度和湿度传感器网络与智能控制算法相互配合，能够依据人员的密度以及活动的强度情况，自动地对温湿度相关参数进行调节，以此来避免出现能源浪费的情况。除此之外，智能水资源管理在节能降耗这个大环节当中同样占据着重要的位置。雨水收集系统以及循环水技术的应用，让部分学校实现了场地清洁以及绿化灌溉用水可以自给自足的情况。从实际情况来看，能源智能管理系统虽说在前期投入的时候可能花费会比较多一些，不过要是从长远的角度去看的话，它所具有的经济和环境方面的效益是极为显著的，也正是体育设施能够可持续运营的一个重要支撑。

全寿命周期碳排放的评估以及优化工作，如今受到颇多关注。伴随碳达峰、碳中和战略不断地推进，对体育设施建设过程中所产生的碳足迹加以评估，已然成为可持续发展领域的一个新的关注点。北京市西城区在开展新建学校体育场馆项目的时候，率先引入了全寿命周期碳排放评估这样的一种机制，针对从原材料进行获取，再到施工建设环节，接着是日常运营阶段，直至最终拆除的这一整个完整过程，都细致地展开了碳排放的核算工作。经过核算得出的评估结果表明，在整个全寿命周期里，建设阶段所产生的碳排放占据总量的43%，而运营阶段所产生的碳排放则占到了57%，这一结果为后续进行减碳优化方面的工作提供了具有科学性的依据。依据此次的评估结果，西城区制定出了专门的优化策略，比如会优先去选用那些低碳材料，采用装配式建造技术来使得现场施工所产生的排放得以减少，还有通过优化设计的方式来降低运营过程中的能耗等。在其中一所作为试点的学校，其体育馆项目在采取了这些相关措施之后，全寿命周期的碳排放和常规方案相比，降低了足足28%。另外，对于碳足迹的评估，还应当对区域协同效应予以关注，就好比多功能场馆如果能够实现共建共享的话，那么单位服务所产生的碳排放是能够显著降低的。有相关专家给出建议，学校体育设施在进行规划的时候，应当和区域低碳发展战略协同着向前推进，要在满足其自身功能需求的同时，最大程度地将对环境所造成的影响降低到最低程度。而且，随着碳交易市场不断地发展起来，那些低碳的体育设施在未来或许能够收获额外的经济收益，这样也能够进一步推动绿色技术的应用以及推广工作。

（三）弹性功能与空间利用创新

模块化设计连同功能重组策略，在空间资源受限的情形之下，已然成为能够提高场地适应性的一种颇具创新性的策略。模块化思维是把体育空间当作可以进行重组的功能单元来看待的，凭借着灵活的组合方式，进而得以满足多样化的需求。上海市静安区的某所实验学校创造性地实施了"空间魔方"这一概念，将体育馆内部精心设计成了若干个功能模块，借助移动隔断以及可变装置来实现快速的重组。如此一来，场馆能够在短短30分钟之内就完成从篮球场到排球场、从体操区到多功能活动区的转换，空间利用率也因此得到了极大的提高。据该校的统计数据表明，模块化设计使得场馆每日平均的使用时长增加了2.3小时之多，活动类型更是增加了7种。而在室外场地方面，可移动设施以及标线系统同样也彰显出了模块化的理念。广州市越秀区所推广的"一场多用"技术，通过运用不同颜色的标线以及快装设施，使得同一场地能够支持3至5种不同的运动项目。相关专家特别指出，模块化设计最为关键的要点就在于对功能单元进行科学合理的划分以及实现接口的标准化，在此过程中务必要充分周全地考虑到不同活动对于空间的具体需求以及安全间隔方面的要求。在实际的具体实施环节当中，建议要结合用户参与式的设计方式，通过开展调研来确定最为优化的模块组合形式，并且要建立起简便易行的转换流程，以此来确保功能重组能够达到高效且便捷的效果。

垂直空间的开发以及立体利用模式值得探讨。在城市用地变得紧张起来的这样一种背景之下，垂直空间开发已然成为扩展体育活动区域的一条重要路径。传统的规划往往侧重于平面布局方面，然而立体思维却能够挖掘出建筑高度差以及垂直表面所具备的利用价值。就深圳市福田区的某中学来说，其创新实施了一个名为"垂直体育园"的项目，该项目是通过对教学楼的立面以及连廊空间展开创造性的改造行动，进而增设了像攀岩墙、垂直跑台以及空中健身步道等一系列的设施，如此一来，在并不占用额外用地的情形下，成功增加了体育活动空间。经过项目评估能够发现，垂直开发使得学校的体育活动面积增加了12%之多，而且日均参与的学生数量也增加了267人。屋顶空间的活化利用同样也是立体开发的一个重要方向。比如说北京市东城区所推广的"屋顶体育场"计划，就是将那些符合条件的学校楼顶改造成为专项运动场地，像是小型足球场、篮球场以及体能训练区等。通过进一步加强防水、隔音以及安全防护等相关设施的建设，屋顶空间就转变成为优质的体育场地，从而显著地缓解了场地不足所带来的压力。地下空间开发其实也有着不小的潜力，尤其适合那些对光照要求相对比较低的项目，比如游泳、乒乓球等。相关专家着重指出，在进行立体空间开发的时候，务必要特别关注结构安全以及噪声控制方面的问题，要通过专业的评估来确保技术上的可行性，与此同时，还得配套完善的安全管理措施，以此来确保活动能够安全且有序地开展。

时间维度上的拓展以及资源的最大化利用是值得关注的方面。除了对空间进行优化之外，时间维度方面的科学规划也有着不容忽视的重要性。时间资源最大化的策略大体涵盖两个主要方面，其一是季节性资源的转换，其二是全天候使用条件的创造。哈尔滨市道里区所探索出来的"四季体育场"模式，是依据季节所具有的不同特点来对场地功能加以转换的，在夏季的时候，它能够作为田径以及球类活动的场地来使用，而到了冬季，就会被转换成为冰雪活动的区域。这一模式借助工程技术方面的手段，成功地解决了季节转换过程中所存在的难题，比如说采用下沉式的设计，这样就便于在冬季的时候进行蓄水结冰，而且所使用的保温材料还使得冰场的使用期限延长了足足24天。至于全天候使用条件的创造，主要是通过对照明系统进行升级以及建设遮阳防雨方面的设施来实现的。广州市海珠区所实施的"全天候活动场"计划，是为学校的户外场地安装上了智能照明系统以及半开放式的顶棚，如此一来，活动时间就从原来每天的6小时延长到了12小时，并且全年能够使用的天数也从210天增加到了320天。相关数据表明，这些举措使得场地每年的使用总时长增加了128%，从而在很大程度上提高了资源利用的效率。在进行时间规划的时候，精确的需求分析以及高效的管理系统是极为关键的要素。经过调查发现，引入了大数据分析的智能管理平台，能够识别出使用的高峰时段与低谷时段，通过采取差异化的策略来对资源分配加以优化，进而使得整体的使用率提高了24%。相关专家给出的建议是，学校应当建立起季节性场地使用方面的计划以及应急预案，以此来最大限度地减少天气因素所带来的影响，从而确保体育活动能够稳定地开展下去。

二、多元投入机制与资金保障体系

（一）政府投入优化与引导策略

专项资金的设置情况以及与之相关的绩效评估机制，是值得关注的重要方面。政府在财政方面的投入，乃是学校体育设施建设所需资金的主要来源所在，所以对专项资金管理机制加以优化，这对于提升投入所产生的效益而言，有着极为关键的意义。北京市教委以创新的方式设立了"中小学体育设施提升专项资金"，其运用的是项目制管理模式，借助科学的评审流程来确定具体的支持对象以及相应的支持金额。该机制的创新点在于引入了绩效评估体系，使得资金的分配和使用效果紧密地联系起来。评估指标涵盖了使用频率、所覆盖的人群、开放程度以及创新性等多个不同维度，通过对相关数据进行监测，从而实现客观的评价。经过三年的实践，所获取的数据表明，这种以绩效为导向的机制让场地的平均使用率提升了37％，资金使用效益得到了显著的提高。在专项资金的设计环节，采用阶段性投入并且搭配滚动支持的策略，同样也收获了很不错的成效。就拿上海市所实施的"三年滚动支持计划"来说，其能够为入选的项目给予持续且稳定的资金保障，有效避免了单次投入之后却缺乏后续支持这样的问题出现。相关专家给出的建议是，在专项资金设计的时候，应当妥善处理好公平和效率二者之间的关系，一方面要确保基本的均衡状态，保障每一所学校的基础需求都能得以满足；另一方面则要鼓励通过创新来起到引领的作用，对那些具备条件的学校探索示范性项目给予支持。与此同时，还应当建立起透明的申报评审流程以及科学合理的资金分配标准，以此来提升财政资金在使用过程中的透明度以及公信力。

政策方面的激励举措以及引导基金的设立事宜值得关注。除了直接投入财政资金之外，构建多元化的政策激励机制，其在撬动社会资源这件事上有着不容忽视的重要意义。就拿深圳市教育局联合财政部门所设立的"学校体育发展引导基金"来说，它采用的是一种颇为创新的模式，也就是利用政府的种子资金来撬动社会投入。该基金主要是通过如下几种方式来发挥其引导作用的：其一，会提供贴息贷款，以此来对学校体育设施改造给予支持，进而使得融资成本得以降低；其二，会设立风险补偿方面的机制，从而为社会资本参与到体育设施建设当中提供相应的风险保障；其三，会实施奖励与补贴相结合的办法，对于那些积极引入社会资源的学校给予奖励。自该基金运行以来，历经三年时间，带动了3.2亿元的社会资本投入，成功实现了1:4的杠杆效应。在政策激励方面，还应当着重关注制度环境的优化问题，比如对审批流程进行简化、给予税收方面的优惠等。杭州市所推行的"校企合作体育设施建设绿色通道"，就为校企共建项目在规划、土地以及税收等方面提供了政策层面的有力支持，使得合作效率得到了大幅度的提升。相关专家着重指出，在进行政策设计的时候，要注重其系统性以及协同性，要避免因为部门政策呈现出碎片化状态而导致出现执行方面的障碍。与此同时，还应当构建起科学合理的风险管控机制，以此来确保引导基金能够安全且高效地运行，进而实现社会效益与经济可持续发展之间的平衡状态。

（二）社会资本参与的多元合作模式

政府与社会资本合作的PPP模式实现了创新发展。PPP模式可是能撬动社会资本投入到公共设施建设当中的重要手段，其在学校体育设施这块领域有着颇为广阔的应用前景。就拿南京市江北新区所创新施行的"教育PPP"项目来讲，该项目把社会资本引入进来，使其参与到区域性学校体育中心的建设以及运营工作当中，已然成为一个可供参考的成功范例。此项目秉持着"政府来主导、社会去参与、市场做运作"这样的理念，由政府方面拿出土地以及一部分建设资金，而社会资本则担负起设计、建设还有运营等相关事宜。该项目的创新点在于运用了"全周期整体规划"的思路，将建设环节和运营环节看成是一个有机的整体，如此便有效避免了在传统模式下那种侧重于建设却轻视运营的状况出现。体育中心在白天的时候主要是为周边学校的体育教学以及课后活动提供服务，到了晚间和周末就会对社会公众开放，进而实现对资源的最大化利用。通过对收益机制进行合理的设计安排，该项目一方面保障了自身的公益属性，另一方面也达成了商业上的可持续发展，社会资本的年均收益率能够始终保持在一个较为合理的水平之上。这种模式最为突出的优势就在于它提升了供给的质量与效率，场馆在建成之后的使用率达到了78%，这一数据可是远远高于传统的政府投资项目。相关专家特别指出，对于教育PPP项目而言，应当着重关注对公益属性的保障，要借助合同约定的方式明确公共服务的底线所在，同时建立起动态调整机制，以此来确保项目能够长期且稳定地运行下去。

特许经营模式以及委托管理模式，是值得关注的两种模式。特许经营算得上是社会资本参与的一种重要形式，尤其契合那些规模相对大些、专业性比较强的体育设施。就拿广州市天河区所探索的"学校游泳池特许经营"模式来讲，是由专业企业来负责投资建设的，并且能获取特定期限的经营权，而学校，则可以得到场地的使用权，同时还能有收益分成。在模式设计方面，运用的是"基础服务加上增值服务"这样的分类管理方式，学校开展体育教学以及课后的基础活动时，能够享受优惠价格，至于高端培训以及社会服务，那就依照市场定价来执行，通过交叉补贴的方式来切实保障其公益性。在合同当中，明确约定了各方的权利和责任，比如说投资方要负责设施的建设以及专业的运营工作，学校要提供场地并且拥有优先使用权，等到特许经营期满之后，设施得无偿移交给学校。有相关数据表明，该模式在很大程度上提高了设施建设以及运营的专业化程度，参与这个项目的10所学校游泳池，其年均使用天数能够达到320天，这可是传统管理模式下年均使用天数的2.3倍。委托管理，它是另外一种相对灵活的合作形式，适用于对既有设施进行专业化运营的情况。像杭州市上城区所尝试的"第三方专业运营"模式，就是把学校的高端体育设施委托给专业机构来管理，通过服务协议来清楚明确服务的标准以及考核的机制。这种轻资产模式使得合作的门槛有所降低，能让更多中小型的专业机构有机会参与到学校体育设施的运营当中来，进而丰富了市场主体。专家给出的建议是，特许经营和委托管理都应当建立起科学合理的绩效评估体系，把服务质量和收益关联起来，以此来确保公共利益能够实现最大化。

社会力量参与其中的创新融资模式是值得关注的。除了以往传统的合作方式之外，近些年来还不断涌现出各式各样的创新融资模式，这些模式无疑为体育设施建设开拓了全新的思路。就拿上海市黄浦区所试点的"教育慈善信托"模式来讲，其是通过设立专门的专项信托计划来汇集来自社会各方的捐赠，进而将这些资金用于对学校特色体育设施建设给予支持。该模式有着独特的创新之处，它打破了传统捐赠那种呈现出碎片化的局限状态，使得资金能够实现专业化的管理，并且还能获得持续性的支持。在这一模式当中，信托计划是由专业的金融机构来担任受托人这一角色的，如此便可充分确保资金的安全以及其使用能够产生相应的效益。经过三年的时间，该区的教育慈善信托已经累计募集到了资金1.2亿元，凭借这些资金成功支持了15个学校体育设施项目，从中受益的学生人数更是超过了2万人。还有另外一种创新模式那就是众筹融资，这种模式尤其适合那种与社区联系较为密切的小型特色项目。比如北京市西城区的某小学，就是通过"校友+社区"这种众筹的方式，顺利地为校园攀岩墙项目筹集到了高达80％的建设资金。而且参与众筹的人员还能够获得在一定时段内的优先使用权，这样就实现了多方共赢的良好局面。除此之外，像体育产业发展基金、教育专项债券等这类创新金融工具同样也为设施建设开辟了新的资金渠道。相关专家也指出，对于创新融资模式而言，应当着重关注风险的管控以及长效机制的建设工作，要通过科学合理的设计来确保项目能够持续稳定地运行下去，从而避免因为短期行为而出现管理方面的困境情况。

第六章 城市中小学校课后体育服务的组织管理

第一节 课后体育服务的管理体制与运行机制

一、课后体育服务管理体制的构建路径

（一）多元主体协同管理模式

都市化进程加快的步伐，有力地推动了课后体育服务需求呈现出快速膨胀的态势，家长满心期待能够有高质量的体育服务，以此来契合孩子全面发展的种种需要。北京市海淀区实验学校经过摸索，探寻出一套管理架构，其以学校为主导，同时让社会参与进来，还获得了家长的支持，形成了一种类似三位一体的模式，通过给各方都赋予清晰明确的责任与权利，从而极大地激发了多方参与其中的热情。该校体育组组长王老师引领着团队，每周都会按照固定的时间召开协调会，以便能够及时去处理并解决在实施过程中所出现的各类问题，进而确保服务的品质始终保持在一个较高的水准。这样一种开放且共治的管理理念，切实有效地对学校以及社会的资源进行了整合，成功激活了课后体育服务自身所蕴含的内生动力。

多元协同管理可不是简单地做加法，而是要依靠建立起科学的决策机制来达成资源的最优配置。就拿上海市长宁区的某中学来说吧，这所学校把专业体育社会组织引入到课后服务当中。在这个过程里，学校主要承担场地供给以及安全监管方面的工作，体育组织，则负责给出专业的指导意见，家委会也没闲着，参与到了对服务的评估以及后续的改进工作之中。如此这般权责清晰明确的管理架构，促使课后体育活动朝着专业化的方向发展起来了。各方还会定期召开联席会议，围绕着服务内容以及质量去展开交流探讨，进而形成了一种良性的互动机制。

城市中小学课后体育服务的管理工作，迫切需要摆脱传统那种封闭式的管

理思维模式，进而去构建起一种能让学校内外协同起来、联动起来的开放性管理体系。就拿广州市天河区中心小学来说吧，它和区体育中心达成了合作关系，还确立了双方人员互派的相关制度，如此一来，管理经验能够相互交流，专业能力也能够彼此补充。学校的体育教师每个月都会去参加区体育中心所组织开展的专业培训活动，而区体育中心的教练，也会定期到学校来指导课后体育方面的活动。像这样的人员交流机制，实实在在地提升了学校课后体育服务所具备的专业水平，也明显提高了其管理方面的效能。

（二）分层分类管理策略

课后体育服务的管理工作得依据不同年龄段学生身心发展所呈现出的特点，来制定有差异的管理办法。就拿成都市锦江区的某小学来说，该校低年级的体育活动主要是以充满趣味性的游戏形式开展，在管理方面，着重强调师生之间的互动交流以及对学生的安全看护事宜；到了中年级，体育活动在原有基础上增加了基本技能方面的训练内容，而管理的侧重点则放在了对学生规则意识的培养上；至于高年级，更是增设了能够提升专项技能的项目，在管理过程中较为注重对学生自主组织能力的培养。该校负责体育方面工作的刘副校长，每学期都会针对不同年级学生的体育兴趣展开相应的调查活动，而后依据调查所得到的结果，对管理工作的侧重点做出适当的调整。

分类管理务必要全面考量项目所具有的特性以及场地当下的条件，进而施行精准化的管理举措。武汉市的某一所中学把课后开展的体育活动细致划分成了竞技类、休闲类以及健身类这三个主要的类别，并且针对每一个不同类别的活动都拟定了专门的管理规程。就竞技类活动而言，全程都有专业的教练来给予指导，会严格去落实相关的训练计划；休闲类活动重点在于让学生自主参与其中，教师在这个过程里主要承担的是安全监督方面的职责；而健身类活动则是采取了半指导性的管理模式。该学校会在每周三的下午开放学生体育管理委员会的会议，使得学生能够参与到管理事务当中来。

区域差异在分层管理的考量中属于重要因素，课后体育服务管理需结合当地实际情况来开展。就拿南京市鼓楼区来说，其会依照各学校的场地状况、师资配备以及学生的具体特点等方面的情况，把辖区内的学校划分成三个不同层次，进而实施有差别的管理举措。对于资源较为充裕的学校，推行自主管理的模式；那些条件处于中等水平的学校，则运用联盟合作管理的模式；而针对相对薄弱的学校，就由区教育部门直接给予帮扶，为其提供管理方面的指导以及资源方面的支持。并且，区体育教研员每个月还会组织各类学校来开展经验分享会，以此推动管理经验能够在不同学校之间相互交流、相互借鉴。

（三）信息化管理平台建设

在智慧校园不断推进建设这样的大背景之下，课后体育服务管理平台已然成为一种能够有效提升管理效能的得力工具。就拿杭州市西湖区来说吧，其积极地探索并着手建立起了课后体育服务管理系统，借助该系统成功地达成了活动预约、过程监控以及评价反馈等一系列流程的全数字化管理模式。学生们能够凭借手机应用程序去挑选自己所喜爱的体育项目，而与此同时，系统会依据场地可容纳的人数以及现有的教师资源状况来自动地完成调配工作。这个平台还会详细地记录下学生参与各项体育活动的具体情况，进而生成关于每个学生个人体育活动的画像，如此一来便能够为教师开展个性化的指导工作提供相应的依据。值得一提的是，在该系统正式上线三个月之后，经过统计发现，学生的参与率居然提升了足足26%。

数据驱动已然成为现代学校体育管理方面的核心理念所在。就拿深圳市南山区的某所学校来说，其专门建立起了体育活动方面的大数据分析系统，针对学生的体质健康相关数据以及活动参与方面的数据展开挖掘与分析工作。该系统能够自动生成月度的管理报告，在这份报告当中会展示出热门活动的情况、参与人次的变化趋向等诸多方面的信息，进而为管理方面的决策给予相应的数据支撑。学校的体育组长张老师提到，通过对数据的分析，能够助力他们去识别在管理过程中存在的那些薄弱环节，从而可以有针对性地对管理策略做出调整，使得课后开展的体育活动能够更加契合学生的实际需求。

信息技术能够在家校协同管理方面发挥助力作用，使得管理的透明度得以增强。就拿重庆市渝中区的某中学来说，其专门开发了家长监督模块，借助这一平台，家长能够查看自家孩子参与课后体育活动的具体情况，并且还可以提出相关的管理建议。该系统还设置了满意度评价这一功能，家长以及学生每个月都要针对服务做一次评价，而评价所得到的结果则成为管理优化极为重要的参考依据。如此开放且透明的管理方式，极大地增强了家长对于课后体育服务的信任程度，与此同时，家长志愿者参与到管理当中的积极性也有了明显的提升。

二、课后体育服务的运行机制优化

（一）资源整合与调配机制

城市中小学在课后体育服务的发展进程中，面临着资源不够充足以及分布不均衡这样双重的严峻挑战，所以建立起资源共享机制这件事显得极为重要。就拿天津市河西区教育局来说，其对区域内中小学的体育场地资源展开了整合行动，进而建立起了共享平台，成功实现了场地资源能够在不同学校之间进行调配。借助统一的预约系统，使得部分学校场地不足的问题得到了有效的解决。不仅如此，该区还积极引导那些教学质量优质的学校和相对薄弱的学校结成帮扶对子，开展教师资源的共享活动，每周都会安排优质学校的体育教师前往薄弱学校，对课后体育活动给予指导，以此来推动区域内课后体育服务朝着均衡的方向去发展。

社会资源的引入切实为课后体育服务给予了有力支撑，在此情形下，有必要构建起一套科学合理的对接机制。就拿长沙市岳麓区的某中学来说，该校与周边的体育场馆达成了合作关系，还专门签订了正式协议，以此清晰明确双方各自需承担的责任以及所能享有的权益。学校特意安排了专人来负责和场馆方展开沟通与协调方面的工作，从而保证在学生开展活动的时间段里，能够预留出相应场地，并且做好安全保障事宜。这样的校外资源引入机制，一方面拓展了学生参与课后体育活动的空间范围，另一方面也为学生带来了在专业场地进行体验的机会，使得课后体育服务的内容得以丰富起来。而相关管理人员也会定期到合作的场馆去走访查看，以此来确保所提供的服务能够维持应有的质量水准。

财政资源构成了课后体育服务得以持续运作的根基所在，在这样的情况下，构建多元的筹资机制显得格外重要且不可或缺。苏州市姑苏区针对这一情况积极展开探索，推行了政府购买服务的相关机制，其区财政专门设立了专项资金，依据学校规模的大小以及服务质量的高低来对经费加以分配。与此同时，学校方面同样采取了诸多举措以拓宽筹资渠道，比如通过合理地收取服务费，或者申请专项基金等不同方式来达成这一目的。就某所学校而言，该校引入了社会企业来对课后足球俱乐部给予赞助，在此合作模式当中，企业会为其提供装备方面的支持，并且还会派遣专业教练给予指导，而学校则负责提供场地以及基础管理方面的服务，如此一来，便形成了一种双方互利共赢的良好合作模式。

（二）教师激励与成长机制

课后体育服务的质量在相当程度上依赖于教师参与其中的积极性，故而构建一套科学合理的激励机制已然成为一件必须要做的事情。济南市历下区实施了课后体育服务工作量的计算办法，把教师参与课后服务这一情况归入到绩效考核的体系当中，使其和职称评定以及评优评先等方面相互关联起来。并且还借助发放课时津贴、购置商业保险等多种途径来提升教师的福利待遇水平。某学校的体育教师王刚颇为感慨地说道，认可层面的激励与物质方面的激励这两者同时发力，如此一来，大家参与课后服务的热情便极为高涨，也都愿意投入更多的心思去精心设计那些有趣好玩的活动。

教师专业能力获得提升，这对于服务质量得以持续改进而言，是极为关键的一点，所以有必要去建立起一套体系化的培训机制。南宁市青秀区教育局就构建起了三级培训体系，其中区级统一培训能够给予政策方面的解读，同时也能实现理念的更新；学科教研则负责开展有关专业技能的培训活动；校本研修更多的是聚焦在实操性的指导方面。此外，该区还设立了骨干教师带教这样的制度，借助师徒结对的方式来推动新手教师实现快速成长。有一位年轻的体育教师曾谈到，凭借着系统的培训以及老教师给予的指导，他在不长的时间里就掌握了多种体育活动组织的方法，其课后服务的能力也有了显著的提升。

外部专业力量的引入，能为教师队伍增添新的活力，在这一过程中，合理的人员配置机制是绝对不能缺少的。就拿福州市鼓楼区的某所学校来说吧，该校聘请了退役运动员，还有体育专业的大学生以及社会体育指导员，让他们参与到课后体育服务当中。学校还专门制定了外聘人员管理办法，把资质要求、聘用程序以及绩效考核标准都明确规定下来了。并且建立起了校内教师和外聘人员相互配合的机制，由校内教师来负责整体的管理工作，而外聘人员则负责提供专业方面的指导。这样的一种组合模式，一方面保障了管理能够持续进行下去，另一方面也使得专业水平得到了提升，所以受到了师生的一致好评。

（三）家校社互动机制

家长参与在课后体育服务得以成功施行的过程中，无疑起着极为重要的支撑作用，故而构建起行之有效的家校互动机制是十分关键且必不可少的。合肥市瑶海区的某所小学特意建立起了家长委员会体育小组，并且会定期地召开家长座谈会，其目的在于认真听取家长针对课后体育服务所提出的各种意见以及建议。与此同时，该校还开设了家长开放日，诚挚地邀请家长到现场去观摩体育活动，以此来增进家长们对课后体育服务的理解程度以及支持力度。除此之外，该校还大胆尝试开展亲子体育活动，让家长和孩子能够一同参与其中，而这一举措也获得了相当不错的反响。该校校长不禁感慨地说道：家长的角色已然从原本的旁观者成功转变为了参与者，如此一来，家长们对于课后体育服务的认同程度也得到了大幅度的提升。

社区所拥有的各类资源链接，能够为课后体育服务开拓出极为广阔的发展空间，在此情形之下，建立起学校和社区之间良好且良性的互动机制就显得尤为重要了。大连市沙河口区的某一所中学就积极主动地与社区体育俱乐部展开了对接工作，充分整合双方所具备的资源优势，从而顺利开展课后体育活动。在这一过程当中，学校主要承担起组织学生的相关工作，而社区则为活动提供场地以及器材方面的有力支持。不仅如此，双方还会定期举办校社联合的体育嘉年华活动，并且诚挚地邀请社区居民一同参与其中，以此来进一步增强学校与社区之间的紧密联系。有一位社区负责人对此评价说：这样的互动模式一方面满足了学生对于体育活动的切实需求，另一方面也使得社区的文化氛围变得更加活跃起来，最终达成了双赢的良好局面。

跨界合作使得课后体育服务的资源维度得以拓展，其内容深度也有所加深，在这样的情况下，建立起多方协同机制是很有必要的。西安市碑林区教育局搭建起了一个涵盖学校、体育协会以及社会企业的三方合作平台，并且会定期去组织开展交流活动，以此来推动资源的对接以及合作方面的创新。有某一所学校和本地的篮球俱乐部展开了合作，共同开展以篮球为主题的活动，在这个过程中，企业会给予专业的指导，还会提供赛事机会，而学校则负责提供基础训练以及人员组织方面的工作，如此便形成了一种能够优势互补的协作格局。这种多元合作机制成功突破了单一学校所存在的资源限制，为课后体育服务增添了强劲的动力。

第二节 课后体育服务的安全保障与风险管理

一、课后体育服务安全保障体系

（一）安全保障制度建设

课后体育服务的安全管理工作务必要将制度当作根基，从而全力构建起一套能够给予全方位保障的体系。就拿沈阳市和平区教育局来说，其专门制定了《中小学课后体育活动安全管理规定》，在这份规定里，清晰地明确了安全责任主体到底是谁，细致地规范了安全操作的具体流程，还设立起了针对安全事故的处理机制。该规定明确要求各个学校都要成立课后体育活动安全工作的领导小组，由校长来担任第一责任人，并且要层层签订安全责任书。区教育局在每学期都会组织开展安全工作的专项检查行动，以此来保证相关制度能够切实得到落实。有一位某校的负责人就曾发出这样的感叹，自从有了这么一套完善的制度之后，大家在开展工作的时候心里就更加有底气了，各项工作开展起来也更加有条有理、有章可循了。

安全预案在应对突发事件方面起着极为重要的保障作用，务必要依据不同的具体情形来制定相应的实施方案。兰州市城关区的某所中学精心建立起了课后体育活动安全预案库，这里面包含了像意外伤害、极端天气以及设施故障等诸多不同的情况。该预案对各个应急响应等级做出了明确界定，也详细规定了处置流程以及责任分工，而且还会定期对其进行更新与完善。这所学校每个学期都会开展两次应急演练活动，以此来提升师生应对突发事件的实际能力。该校负责安全工作的王老师着重指出，预案绝非是毫无用处的摆设，只有通过一次次反复的演练，将其真正内化为每一位老师的行动上的自觉意识，如此才能在关键的时刻切实发挥出它应有的作用。

场地设施安全管理制度无疑是防范风险极为重要的基础保障，其在实际运作过程中必须做到规范化以及精细化。就拿南京市鼓楼区的某小学来说，该校专门建立起了一套体育设施安全检查制度，并且还设立了专职的安全员岗位，由其来负责日常的检查工作以及相关记录事宜。同时，学校还精心制定了详细的检查表格，针对场地的平整度、器材的牢固性、防护设施的完好性等方面展开逐项的细致检查。不仅如此，学校还切实实行了设施安全责任追溯制度，一旦发现存在问题，便会及时安排人员进行维修，而且会将相关情况详细记录在册。据该校后勤主任介绍讲，通过采用这样一种类似网格化的管理方式，着实是大大降低了设施方面存在的安全隐患，在过去的三年时间里，学校未曾发生过哪怕一起设施安全方面的事故。

（二）人员安全管理策略

教师所具备的安全意识以及相应的能力，实则构成了课后体育服务安全层面的首道防线，所以强化针对教师的安全培训这件事，其重要性是不言而喻的。西宁市城东区教育局精心构建起了一套三级安全培训体系，具体而言，在区级层面所开展的统一培训，会将法律法规以及安全管理规范等内容涵盖其中；校级层面组织的培训，则把重点聚焦在了应急处置流程方面；而项目培训所针对的，便是特定体育项目所涉及的那些安全要点了。在开展培训的过程中，采用的是案例教学法，也就是借助对真实发生的事故案例加以分析，以此来促使教师的风险意识得以有效提高。区体育教研员张老师提到，经过这样系统的培训之后，教师们不单单清楚应该怎样去做，而且还能深刻明白为何要如此去做，如此一来，在安全管理方面的执行力便有了十分显著的提升。

学生安全教育在预防事故方面占据着极为重要的环节地位，所以有必要对教育方式加以创新，以此来提升其实际效果。徐州市鼓楼区的某一所中学就把安全教育全面融入到了课后体育活动的整个过程之中。在活动正式开始之前，会给出相应的安全提示内容，着重指出活动当中存在的风险点以及需要注意的各类事项；而在活动开展的过程里面，则推行同伴互助的制度，让学生们两两结成对子，彼此之间进行提醒以及给予帮助；等到活动结束之后，还会组织开展安全反思活动，对其中的经验教训加以总结归纳。此外，该校还借助安全知识竞赛、安全体验活动等多种不同的形式，促使教育的趣味性得以增强。有一位学生家长给出反馈信息称，自家孩子不但学会了相应的运动技能，而且还学会了具备自我保护的意识，相较而言，这可比单纯开展体育活动要有价值得多。

外部人员的管理在保障服务安全方面属于极为关键的一个环节，务必要构建起一套严格的资质审核机制才行。就无锡市梁溪区的某所学校来说，其针对社会教练以及志愿者专门制定了相应的准入标准，明确要求他们得提供资质证明、无犯罪记录证明还有健康证明等相关材料。同时还要建立起针对外部人员的岗前培训制度，对这些人员开展有关学校安全规范以及应急处置流程方面的培训活动。并且实行双导师制，也就是给每一位外部人员都配备一名校内教师，让他们共同来指导各类活动，以此确保整个过程的规范与安全。该校的安全主任李老师着重指出，对于外部人员，一方面得严格把好关，另一方面还得给予其必要的支持，只有这样形成安全方面的共识以及合力，才能够切实保证课后体育服务可以安全且有序地开展下去。

（三）应急处置机制构建

确立快速反应机制乃是应对紧急状况的根基所在，这就要求把职责以及流程都给明确下来。就拿长春市南关区的某所中学来说吧，其构建起了四级应急响应机制，具体如下：要是出现紧急情况，一级响应就是由在现场的教师马上着手进行处置；二级响应则是由年级组来给予协助处理；三级响应时学校的应急小组便会介入其中；而到了四级响应的时候，那就得启动校外救援力量了。在这所学校里还配备了应急处置箱，这箱子里面装着急救所用的各类用品，同时还有处置方面的指南。并且每位教师都有一份应急卡片，在这卡片上面清楚地列出来关键的联系方式以及处置的具体步骤。学校的应急处置组每周都会安排好值班事宜，目的就是要保证能够随时去应对那些突发的状况。比如说在一次篮球活动期间，有一名学生不小心脚踝给扭伤了，这时候现场的教师立刻就启动了应急流程，很快这件事情就得到了妥善的处理。

医疗救护能力在减轻伤害方面起着极为关键的作用，学校着实应当强化急救方面的培训工作，并且要做好相关设备的配备事宜。就拿佛山市禅城区的某所学校来说，它和当地的医院展开了合作，给校内所有的体育教师以及课后活动指导员给予了十分专业的急救培训，培训内容涵盖了心肺复苏、创伤方面的处理以及运动损伤应对等多个方面。学校还在各类活动场所安装了 AED 设备，同时会定期去组织关于该设备使用的培训活动。另外，学校也建立起了校医值班的相关制度，在课后活动时间段安排校医处于在岗状态，以便能够随时去处理有可能发生的各类伤情。该校校长着重强调，在医疗救护能力建设这块投入再多的精力、物力等都是不过分的，毕竟这和师生们的生命安全紧密相关，是必须要给予高度重视的一件事情。

信息的沟通在应急处置当中属于极为关键的一个环节，建立起一套畅通无阻的信息报告机制显得尤为重要。就温州市鹿城区的某所学校而言，其建立起了应急信息的三级报告制度。在班级这个层面，是由活动指导教师来负责信息的搜集工作并且完成上报事宜；而到了学校层面，则是由安全主任对各种情况加以汇总，同时对事件的等级做出评估，还会组织开展相应的处置工作；至于区级层面，主要是针对重大事件来进行指导以及协调方面的工作。该学校启用了智能化的信息平台，借助移动终端能够实时地将突发事件进行上报，如此一来便能够有效缩短反应所需要的时间。另外，学校还建立起了家校应急沟通的相关机制，能够及时地向家长通报具体情况，这样就可以避免因为信息不对称而引发一些次生问题。这种呈现出多层次特点的信息机制，能够确保应急信息的传递既及时又准确，进而为科学地进行处置提供了有力的决策依据。

二、课后体育服务风险识别与防控

（一）风险评估体系建立

系统性风险评估构成了有效预防事故的先决条件，为此有必要构建起一套科学的评估机制。济南市天桥区教育局引入了风险矩阵评估法，从可能性以及严重性这两个不同维度出发，针对课后体育活动所存在的风险展开分级操作。进而制定出风险等级评估表，对各式各样的体育项目实施风险测算，以此来明确需要重点防控的对象。该区的某所学校依照评估所得到的结果，把攀岩、足球这类属于高风险范畴的项目归入到重点管理的范围之中，同时增加相应的安全保障措施，并加大监管的力度。该校的安全主任谈到，通过开展风险评估，使得安全管理实现了从经验型往科学型的转变，防控措施也变得更加精准且更具成效。

场地环境方面存在的风险，对于体育活动的安全而言，属于极为重要的影响因素之一，所以有必要去建立起专门的评估机制。大连市西岗区的某所中学着手开发了场地安全风险评估表，从场地面积是不是适配、场地材质是否安全、器材设施的稳定性如何等多个维度来展开评估工作。依据季节的不同变化，会定期对评估内容予以更新，就好比在雨季的时候，会着重针对排水情况去做评估，而到了冬季，则会重点对防滑措施加以评估。学校还安排了专门的人员，每天都要对场地展开巡查，同时填写好安全记录表，要是发现了问题，就会立刻着手去处理。这样的一种动态评估机制，能够让场地风险变得可视化起来，从而极大地降低了因环境因素而引发的安全事故的发生概率。

活动组织方面的风险跟活动设计以及组织管理之间存在着紧密的关联，有必要针对其展开专门的评估工作。广州市海珠区的某所小学构建起了活动方案风险审核方面的机制，该校所有课后体育活动的方案在付诸实施之前，都务必要先经过安全性层面的评估才行。所涉及的评估内容涵盖了活动负荷对于学生身体状况而言是否适配、分组的方式是不是合理、活动规则是不是清晰明确等诸多方面。学校专门组建了一个由体育教师、医务人员还有安全专家共同构成的评估小组，以便从多个不同的角度来对活动方案展开审核工作。有一位体育教师发出这样的感慨，虽说方案评估在一定程度上使得工作量有所增加了，然而却让活动的设计变得更为细致周全了，相应的安全隐患也随之大幅减少了。

（二）重点领域风险防控

特殊人群的安全问题在风险防控领域占据着重点地位，必须给予高度关注。南昌市东湖区的某所学校构建起了学生健康档案管理系统，细致地对学生的身体状况以及各类特殊情况予以记录。针对患有心脏病、哮喘等慢性疾病的学生实施"红黄牌"管理举措，其中红牌意味着不适宜参与剧烈活动，黄牌则表明需要对活动强度加以适当限制。指导教师能够借助该系统来查询学生的健康状况，进而制定出具有个性化特点的活动方案。学校还会和家长签订健康告知书，促使家长如实告知学生的健康状况，双方共同肩负起安全责任。如此精细化的管理模式切实有效地预防了特殊学生在各类活动当中出现意外状况的情况发生。

高风险项目管理无疑是安全防控方面着重关注的要点所在，为此有必要制定出专门性的应对措施。就哈尔滨市道外区的某中学而言，其针对足球以及篮球这类对抗性相对较强的项目开展了分级管理举措。具体来讲，会依据学生的年龄状况还有技能所达到的水平来进行分组安排，进而为不同分组匹配与之相契合的教学内容以及合适的对抗强度。同时，还着手建立起了关于项目的专项安全规范，将装备方面的要求、场地所应达到的标准以及活动开展的流程都予以明确。并且，该中学还增加了教师的配备比例，针对高风险项目，至少要配备两名指导教师，其中一名负责相关的指导工作，另一名则负责安全方面的监督事宜。另外，项目负责人会定期组织开展安全研讨会，对潜在的风险点加以分析，进而不断完善防控措施。如此这般的多维度防控策略，切实有效地降低了高风险项目的事故发生率，有力地保障了活动能够安全有序地开展起来。

极端天气的应对在季节性风险防控当中属于重要的组成部分，有必要构建起相应的预警以及应对方面的机制。合肥市庐阳区的某一所学校专门制定了针对恶劣天气的应急预案，对于像高温、雷雨、寒潮这类极端天气状况明确设定了预警的标准以及响应的举措。该学校和气象部门构建起信息对接的机制，以便能够及时地获取到天气预警方面的相关信息。同时还设立了室外活动的熔断机制，一旦温度超出35度或者空气质量指数大于200的时候，就会自动取消室外的体育活动。学校还配备了便携式的气象监测设备，能够在现场对温度、湿度还有空气质量等进行监测，从而为相关决策给予一定的依据。在天气出现突然变化之时，会依据预案迅速地把学生疏散到安全的场所，进而确保学生的人身安全。

周边环境的安全状况无疑是不可被轻视的风险所在之处，必须得强化监控举措并且做好防范工作。太原市迎泽区的某所学校正处在交通要道的附近区域，所以针对校外存在的各类风险专门制定了一系列的防控办法。在临近道路的活动场地额外增添了安全围网，其目的在于防止相关器材不慎误入道路进而引发事故。要进一步加强校门口的管理力度，特意安排专门的人员来负责学生放学离校期间的安全事宜。同时还要和周边的社区构建起联动的机制，让社区志愿者能够帮忙维护学校周边的秩序情况。学校会定期针对周边环境展开安全方面的评估活动，一旦发现存在安全隐患，就及时向相关的部门予以反映，并且督促其尽快完成整改工作。这样一套较为全面的环境风险防控体系为课后开展的体育活动构筑起了一道安全的屏障，也得到了家长们的普遍认可。

（三）风险转移与责任分担

保险机制乃是达成风险转移的有效方式，其保障方案务必要经过科学设计才行。福州市台江区教育局给全区的中小学购置了学生综合保险，这一保险能够将课后体育活动当中有可能出现的意外风险涵盖在内。保险所涉及的内容包含多个层面，像意外伤害医疗方面、住院津贴方面以及伤残赔付方面等。有一所学校还特地针对那些高风险项目另外去购买了附加保险，以此来提升保障的程度。学校负责安全事务的刘老师讲道，保险机制一方面给予了经济方面的保障，另一方面更为关键的是构建起了风险共担的一种机制，如此一来便减轻了学校以及家庭在这方面的顾虑，让课后体育活动得以更加从容地开展起来。

责任书作为一种能够清晰明确各方责任的重要文书，在构建起合理的责任分担机制方面发挥着重要作用。就拿石家庄市新华区的某中学来说，该校实行了三级责任书签订的相关制度。具体而言，学校会和教育局签订涉及学校层面的责任书；同时，学校也会与教师来签订属于教师层面的责任书；另外，学校还会跟家长签订知情同意书。责任书当中明确地对各方所拥有的权利、应尽的义务以及责任的边界都做出了规定，如此一来，便能有效避免在发生事故之后出现责任不清不楚的状况。学校的法务顾问也参与到了责任书的起草工作当中，以保证责任书的内容既合法又有效。校长张老师持有这样的观点，他觉得责任书可绝非是用来推卸责任的一种工具，恰恰相反，它更像是一座能够厘清各方职责、促使大家形成共识的桥梁，这对于各方理性地去面对可能存在的风险，进而共同保障学生的安全是很有帮助的。

多元主体协同乃是建立责任网络的根基所在，有必要去构建合作共治的相关机制。西安市莲湖区的某一所小学着手构建起了涵盖政府、学校、家庭以及社会这四方的安全责任共同体。就教育部门而言，其负责的是政策方面的制定事宜以及监督指导方面的工作；学校，则要承担起主体方面的责任，将日常的安全管理工作妥善做好；家长需要配合学校开展的各项工作，如实把学生的身体状况告知学校；社会机构要给予专业层面的支持，参与到应急救援体系的建设当中去。学校会定期举办有关安全责任的论坛，各方代表齐聚于此共同对安全管理的策略展开研讨，进而形成关于安全责任的共识。这样的协同共治模式打造出了全方位的安全网络，在很大程度上提高了应对风险的能力，为课后体育服务给予了可靠的保障。

第三节 课后体育服务的评价体系与绩效考核

一、课后体育服务评价体系构建

（一）多元评价指标体系设计

科学领域中，合理的评价指标无疑是课后体育服务评价得以有效开展的根基所在，故而构建一套完备且合理的指标体系实属必要。北京市朝阳区教育局特意组织起专业的专家团队，着手从内容丰富性、实施有效性、管理规范性以及满意度这四个不同维度来精心设计评价指标体系。就内容方面的指标而言，其着重关注的是活动所呈现出的多样性以及活动对于实际情况的适应性；而实施方面的指标，则主要聚焦在参与度以及所取得的成效之上；管理方面的指标重点考察的是组织保障情况以及安全管理方面的状况；至于满意度方面的指标，它主要是用来反映师生家长所给出的评价情况。该区某学校的校长明确表示，这套精心设计出来的指标体系不但对表面所呈现出来的种种现象予以考察，而且还极为关注深层次所产生的实际效果，如此一来，便使得整个评价过程变得更加全面且客观，进而有力地推动了课后体育服务质量的稳步提升。

分层评价体系能够契合不同群体的需求，这可是指标设计方面极为重要的一种思路。就拿南京市鼓楼区的某中学来说吧，其建立起了三级评价指标体系。在校级这个层面，主要聚焦于课后体育服务的整体规划情况以及资源投入方面的事宜；而到了项目层面，则着重关注具体活动的内容是怎样设计的以及最终实施所达成的效果如何；至于个体层面嘛，关注的重点就放在了学生参与其中的体验感受以及他们在这个过程中的成长收获情况。针对不同年龄段的学生，还设置了各不相同的评价侧重点。对于低年级的学生而言，更侧重于兴趣的培养以及安全方面的保障工作；而高年级的学生，更多地会去关注技能方面的提升以及价值的内化情况。体育组长刘老师就持有这样的看法，他觉得这种分层评价的方式，能够让评价变得更加精准细致，能够从中察觉到不同层面所存在的问题以及呈现出来的亮点所在，进而为改进相关的服务提供具有针对性的依据。

将量化评价和质性评价相互结合起来，这可是指标设计颇为科学的一种路径，在此过程中得着重关注两者之间的平衡。就拿广州市越秀区的某所学校来说吧，在其评价指标设计的时候，一方面设置了像参与率、开设项目数、教师配备比这类的量化指标，另一方面，也把学生满意度、活动氛围、组织创新性等质性指标给纳入其中了。量化指标是经由数据统计的方式来获得的，如此一来就便于进行横向的比较；质性指标则是通过观察、访谈以及问卷调查这些途径来获取的，能够较为深入细致地反映出活动的质量情况。学校评价小组的张老师讲过，要是单纯依靠数据来做评价的话，是很容易出现形式主义这种情况的，可要是完全采用纯质性的评价，又会缺少客观性。只有把这两者结合起来，才能够真实准确地反映出课后体育服务的实际状况，进而为做出科学的决策给出相应的依据。

（二）评价主体多元化策略

学生评价构成课后体育服务评价的关键所在，故而需对其方式方法加以创新。杭州市上城区的某所学校着手构建了学生评价体系，借助多种不同的渠道来收集学生们的意见。在评价问卷的设计方面，充分考虑到不同年龄段的特点，针对低年级学生采用表情选择以及较为简单的问题形式，而对于高年级学生则增加了开放性问题，以此来更为细致地了解他们的需求。同时，还建立起了学生代表座谈会制度，每月开展一次，以便能够充分听取学生针对课后体育服务所给出的各类建议。并且还开发了线上评价小程序，如此一来，学生们能够随时将自己的反馈意见提交上去。该校体育负责人王老师不禁感慨，学生评价使得诸多以往未曾留意到的问题得以显现，在对服务内容作出相应调整之后，学生们参与其中的热情有了显著的提升。

教师评价能够给予专业方面的看法，其属于评价体系里极为重要的构成部分。长沙市芙蓉区的某一所中学构建起了教师评价方面的机制，从专业层面针对课后体育服务展开相应的评估工作。该中学组织体育教研组依照一定的时间周期对课后开展的活动实施听评课活动，从教学设计这个维度，还有组织实施方面以及效果反馈等不同的层面来进行评价。同时还建立起了教师之间相互评价的制度，那些参与到课后服务当中的教师们彼此之间互相进行观摩并且给予评价，以此实现相互学习、共同进步，各自吸取对方的长处来弥补自身的不足。另外还引入了区级的体育教研员，让其来给予专业的指导以及评价，从而带来外部的一些视角与看法。有一位体育教师讲道，专业的评价能够促使课后体育服务变得更加规范有序且更具科学性，在很大程度上提升了教学的质量，并且也推动了教师们相互之间展开交流与学习，进而营造出了一种良性的互动氛围。

家长以及社会给出的评价能够为服务的改进开拓出较为宽泛的视角，所以有必要进一步强化彼此间的联系与沟通。在成都市锦江区有一所小学，该校专门建立起了供家长进行评价的渠道，通过诸如家长开放日、开展满意度调查以及设置意见箱等多种形式来收集家长所给出的反馈信息。并且还组建了家长评价小组，让其定期参与到课后体育服务的评估工作当中，以便能提出从家长角度出发的相关建议。同时还邀请社区代表以及专业机构参与到第三方评价当中，以此来提升评价的客观性以及权威性。该校校长李老师着重指出，这种开放的评价体系能够促使学校突破仅仅局限于自我评价的这种状况，进而可以发现更多有待改进的空间，而且家长以及社会的参与也使得各方对于课后体育服务的理解与支持得到了强化，从而形成了一种颇为良好的合作关系。

（三）评价方法与工具创新

数据化评价方法给客观评价给予了相应的技术方面的支撑，要着重加强数据的收集工作以及对其的分析。在深圳市福田区有一所中学，该校构建起了课后体育活动的大数据平台，借助电子签到系统来对学生的参与状况予以记录，进而能够自动生成像参与率、持续率这类关键的数据。通过可穿戴设备来搜集学生的运动方面的数据，以此对活动的强度以及效果加以分析。系统会自动生成关于数据分析的报告，把趋势的变化情况以及异常的状况展示出来。学校的数据分析员张老师谈到，数据化评价能够把感性层面的认识转变成理性层面的分析，使得评价变得更为客观且精准，让决策也更加具备科学性以及可靠性，其已然成为现代学校管理当中不可或缺的一种工具。

过程性评价有着能够及时察觉问题并且随即做出调整的作用，这无疑是在评价方法领域的一项极为重要的创新之举。西安市雁塔区的某所学校推行了全程跟踪评价的相关机制，针对课后体育服务展开了贯穿全过程的评价工作。其专门设置了计划评价、实施监测以及成效评估这三个评价节点，如此便将服务的整个周期都涵盖在内了。该学校采用的是滚动式评价模式，每个月会开展一次规模相对较小的评价，而每学期则会开展一次规模相对较大的评价，通过这样的方式以便能够及时地发觉问题并做出相应调整。学校所设立的评价小组会定期到现场去进行观察，详细地记录下活动具体的实施状况以及所存在的问题，同时还会给出具有针对性的改进建议。这样的过程性评价机制成功达成了评价与改进之间的良性互动，进而促使课后体育服务的质量得以持续不断地提升。

第三方评价为评价体系增添了外部的审视角度，使得评价的公信力得以增强。重庆市江北区教育局把专业评估机构引入进来，针对全区中小学课后体育服务开展第三方评价工作。评价团队成员涵盖体育方面的专家、从事教育评估的专家以及社会各界人士，以此来确保评价具备专业性且有着多元的视角。运用标准化的评价工具，像结构化观察表、访谈提纲以及质量评估量表等，进而保障评价过程能够规范且统一。最终形成专业的评价报告，该报告不但会指出存在的问题，而且还会给出相应的建议，给学校改进工作提供可参考的依据。区教育局相关负责人觉得，第三方评价打破了自我评价所存在的局限性，引入了较为新颖的理念与方法，促使全区课后体育服务质量在整体上实现提升。

二、课后体育服务绩效考核机制

（一）教师绩效考核体系

教师绩效考核要求科学地去设计指标体系，以此来对教师工作予以全方位评价。哈尔滨市道里区的某所中学构建起了课后体育教师绩效考核体系，其从工作量、教学质量、安全管理以及创新发展这四个不同维度来展开综合性评价。就工作量指标而言，其中涵盖了课时数、带队次数等方面；教学质量指标，则把学生满意度、技能提升等方面纳入其中；安全管理指标着重于对事故的预防以及处理情况加以关注；创新发展指标主要是对教学改进以及特色创建等方面进行考察。该校的体育主任王老师提到，这套考核体系成功避免了仅仅单一考核工作量所存在的片面性问题，能够促使教师去关注服务质量以及学生发展状况，进而充分调动起教师的积极性与创造性。

把过程考核和结果考核相互结合起来，这可是绩效评价极为科学的一种方法，为此得去建立起全程跟踪的相关机制。太原市小店区的某所学校就推行了教师绩效全程考核的制度，把考核细致地划分成了三个阶段，分别是学期初的计划评价阶段、学期中的过程监测阶段以及学期末的结果评价阶段。在学期初的时候，教师要提交课后服务的计划，然后会有专门的评价小组来对其合理性展开评估；到了学期中，就会开展日常的考核工作，通过随堂听课、收集学生反馈等多种方式去深入了解实施的具体情况；等到学期末了，便会进行综合性的评价，既要关注学生的参与度以及他们的满意度，同时也要留意活动实施过程中的规范性与创新性方面的情况。该校的校长觉得，这样的全程考核机制能够让评价变得更加客观且更为全面，有效避免了仅仅依靠结果评价所带来的偶然性以及表面性等弊端，使得教师们的工作开展得更加踏实，也更有成效。

分类分层考核这种方式能够契合不同教师群体所具有的特点，算得上是考核环节里一项颇为重要的策略。就拿济南市历下区的某所学校来说吧，该校依据教师的类型以及所担任的岗位存在的不同之处，进而实施了分类考核举措。对于体育教师而言，其考核的侧重点在于专业方面的引领作用以及相关项目的开发情况；而班主任的考核重点则放在组织管理工作以及安全保障方面；至于外聘教练，考核重点聚焦在专业水平以及教学所取得的效果上。针对年资不同的教师，还设置了存在差异的考核标准，像新手教师会着重关注其基本胜任力的情况，资深教师则更侧重于其创新引领方面的表现。体育组长李老师提到，分类分层考核成功避免了采用单一标准去评价所有教师这种不合理的做法，如此一来，使得每一位教师都能够寻觅到契合自身的发展路径，进而形成了团队成员之间优势能够相互补充的良好结构。

（二）学校绩效考核策略

学校整体的绩效考核务必要做到突出关键要点，同时还得兼顾各方面情况，要以科学合理的方式去设计考核指标。武汉市武昌区教育局着手构建了中小学课后体育服务绩效考核体系，对其从组织管理、资源投入、实施过程以及服务成效这四个不同维度来展开评价。就组织管理层面而言，考核项目涵盖了像制度建设以及队伍建设等方面；在资源投入方面，考核的是经费使用情况以及设施配备状况等；至于实施过程，考核的是活动开展的实际情形以及安全保障相关事宜等；而服务成效方面，则是考核学生的参与程度以及满意程度等。区教育局的负责人着重指出，这套考核体系不单单关注那些硬性的指标，对于软性指标同样也会予以关注，既考量投入的情况，也会去看产出的成果，较为全面且准确地反映出了学校课后体育服务的实际状况与水平。

绩效考核结果的应用在推动相关方面改进上属于极为关键的一个环节，所以务必要建立起一套科学合理的激励机制。就拿成都市青羊区教育局来说，其把中小学课后体育服务的绩效考核结果和资源配置情况关联起来，也和评优评先以及校长考核等方面紧密挂钩。那些考核结果为优秀的学校能够得到专项经费方面的奖励，而这笔经费可用来对体育设施加以改善，同时也能用于教师培训事宜。考核所得到的结果在学校进行评优评先之时是非常重要的依据，在市级示范学校评选过程当中也占据着一定的权重比例。并且还把课后体育服务纳入到了校长考核的内容范畴当中，其在年度考核里所占的比重达到了10%。有一位中学校长曾明确表示，这样的结果应用机制在很大程度上提高了学校对于课后体育服务的重视程度，校长们如今已不再把课后体育服务看作是额外的一种负担，而是将其视作学校发展当中不可或缺的重要组成部分。

区域协同乃是提升整体绩效的一条行之有效的路径，所以有必要建立起区域联动机制。就苏州市姑苏区而言，其开展了课后体育服务区域联动绩效管理方面的相关举措,把区域内的中小学划分成了若干个联盟,以此来推动联盟内实现协同发展。一方面,构建起联盟内的资源共享以及互助机制,让优质学校发挥带动作用,促使薄弱学校能够一同提高;另一方面,展开联盟内的评价交流活动,使得学校之间可以互相展开评价,进而做到取长补短。并且还设置了联盟整体绩效考核指标,以推动学校之间相互促进。区教研员张老师提到,区域协同机制成功打破了学校之间存在的壁垒,营造出了资源共享、优势互补的优良格局,区域整体的课后体育服务水平也有了显著的提升,学校之间的差距也在逐步地缩小。

（三）外部机构绩效考核

外部机构参与到课后体育服务当中,就有必要去建立一套规范的绩效考核体系,以此来切实确保服务质量能达到相应标准。就拿广州市天河区的某中学来说,其针对那些参与课后体育服务的社会机构专门制定了绩效考核办法,主要从资质符合度、服务规范性、教学有效性以及安全保障这四个方面来展开评价工作。在资质考核这块,着重检查教练的资格证书以及机构的资质证明;服务规范方面的考核,则聚焦于教学计划的执行情况以及人员的到位率;对于教学有效性的考核,主要看学生技能有没有得到提升以及学生的满意度如何;而安全保障方面的考核,重点在于预案制定情况以及事故处理能力。该校的后勤主任提到,这样规范的考核机制使得外部机构越发重视起服务质量了,以往那种敷衍应付的现象也随之减少了许多,学生和家长的满意度更是有了明显的提升。

契约管理构成了外部机构绩效考核的根基所在,所以得制定出科学合理的合同以及考核方案才行。南京市秦淮区教育局积极推行课后体育服务购买合同的标准化管理举措,着手制定了统一的服务合同模板,同时也拟定了相应的考核细则。在合同当中,清晰明确地对服务内容、质量标准以及考核方式都做出了规定,而且把考核结果和付款紧密挂钩起来,采取分阶段支付的方式。还建立起了黑名单制度,一旦有考核不合格的外部机构,那么该机构就会被列入到黑名单之中,进而会被限制参与后续的合作项目。区教育局的相关负责人着重指出,通过这种契约化的管理模式,能够让外部机构的权责清晰明确起来,既切实保障了学校方面的权益，又有力地促进了服务机构朝着规范的方向去发展，还使得整体的服务水平得以有效提升。

动态调整机制算得上是外部机构绩效管理方面极为重要的一项策略，在这之中，务必要让评价始终保有灵活性。杭州市西湖区的某所小学针对外部机构开展了动态绩效管理工作，为此还专门设立起了定期评估以及即时反馈这样的双轨制度。就定期评估来讲，其是每个月开展一次，会对服务质量展开全方位的评价；而即时反馈机制，则允许学生、家长以及教师能够在任何时候提交他们的意见，一旦发现存在重大问题，便会马上进行干预。该校还推行了弹性合作机制，依据评估所得到的结果来对合作内容以及规模做出动态调整，那些表现优秀的机构能够获取更多的合作机会，至于表现相对较差的机构，则会被及时调整或者直接终止合作。该校的负责人提及，动态调整机制使得外部机构的危机感以及上进心都得到了增强，进而推动它们持续不断地去改进自身的服务质量，由此也形成了一种良性竞争的良好局面。

第四节 课后体育服务的政策支持与实践探索

一、课后体育服务政策体系构建

（一）国家层面政策制定

国家层面出台的相关政策给课后体育服务确立了基本准则，也指明了其发展走向。教育部会同多个部门一同印发的《关于推进中小学生课后服务工作的指导意见》，把体育活动列为课后服务的关键内容，并且要求学校要好好利用体育方面的各类资源，去开展多种多样的体育活动。《关于全面加强和改进新时代学校体育工作的意见》着重指出要发挥体育在育人方面的功能，进一步拓展课后体育活动所涉及的空间范围。《"双减"政策》则清晰明确地提出要强化课后体育服务，以此来舒缓学生那过重的学业负担，推动学生实现全方位的发展。上述这些政策共同构建起了一个纵向连贯相通的体系，为地方以及学校开展课后体育服务给予了相应的政策支撑以及行动方面的指引。

顶层设计务必要把目标导向以及基本原则给明确下来，以此来给实践给出相应的基本遵循准则。就国家层面所出台的政策而言，着重强调了课后体育服务所应秉持的公益性、普惠性还有多样性这些原则，要求得面向所有的学生，从而去满足各式各样不同的需求。在政策设计这块儿，其特别注重系统性方面的考量，会把课后体育服务归入到学校体育的整体规划布局当中去，使其和体育课程、课余训练以及竞赛活动等一同协同着往前推进。与此同时，相关政策还大力鼓励开展创新实践活动，准许各地依据自身的实际情况去摸索探寻多样化的实施路径。有一位教育方面的专家就明确指出，国家所出台的政策一方面提供了一个基本的框架架构，另一方面也预留出了可供创新的空间余地，如此一来便为课后体育服务能够得以健康发展营造出了一个很不错的政策环境氛围。

资源保障实乃政策落地的根基所在，于国家层面而言，其保障机制正逐步得以完善。中央财政专门设立了专项资金，用以对课后服务体系的建设给予支持，体育设施的改善以及教师培训等方面均被纳入到了该专项资金的支持范畴之中。在人力资源政策方面，是允许学校去聘请退休教师以及社会体育指导员来参与到课后体育服务当中的，如此一来，人才来源的渠道也就得以拓宽了。财政部门也出台了相应政策，对课后服务经费的使用范围以及管理办法都予以了明确规定，从而为体育活动能够顺利开展提供了经费方面的有力保障。某省教育厅的负责人曾明确表示，国家层面所推行的这些资源保障政策，切实解决了基层最为关切的诸多问题，为课后体育服务筑牢了物质方面的坚实基础，有力地推动了相关政策在实际当中落地施行。

（二）地方政策创新实践

地方政策实则是国家政策的一种具体化呈现，并且在此基础上还有着创新发展的态势，其需依据不同地方的具体情况来施行。上海市教育委员会拟定了《关于进一步加强中小学课后体育服务的实施意见》，在其中推出了"一校一品"体育特色创建计划，明确规定每所学校都要培育出至少一项体育特色项目。同时还着手建立考核激励方面的机制，把课后体育服务归入到学校的评价体系当中。

另外在经费保障模式上也进行了创新，采取政府购买服务的方式，以此引入社会力量参与进来。上海市杨浦区教育局的相关负责人提到，地方政策是在国家所设定的框架之下展开了创新性的设计规划，这样既能够彰显出政策的导向作用，又能很好地与地方的实际情况相契合，从而给学校给予了更为具体细致的指导。

区域联动属于地方政策实施方面极为重要的一种策略，这需要全面统筹且有序推进，从而凝聚成一股强大的合力。就浙江省杭州市而言，其构建起了市区联动形式的课后体育服务推进机制。在市级这个层面，会着手制定整体的规划以及相关标准，并且给予政策层面与资源方面的有力支持；而到了区县层面，主要承担的任务就是具体去落实相关工作，同时展开监督以及指导工作；至于学校层面，则会依据实际的情况来拟定具体的实施方案。另外还建立起了三级联席会议的制度，会定期针对推进过程中出现的各类问题展开研究并加以解决。与此同时，还创新性地打造出区域资源共享机制，使得优质的体育资源能够在区域范围之内实现统筹调配，进而推动均衡发展。杭州市教育局体卫艺处的负责人着重指出，区域联动机制成功规避了以往那种各自为政所呈现出的低效状况，塑造出整体推进所具备的强大合力，极大地加快了政策落地的速度以及成效展现的进程。

地方政策创新得建立起动态调整的机制，以便能及时对实践需求予以回应。就拿江苏省南京市来说，其建立了课后体育服务政策的评估调整机制，会对该政策实施的效果展开定期的评估工作。一方面，会组织学校、家长以及专家一同参与到政策咨询会当中，来收集各方给出的意见与建议；另一方面，还会建立起政策反馈的通道，如此一来学校在政策落实过程中要是遇到问题，就能够随时进行报告；并且还会定期开展调研活动，从而对政策实施的现状加以了解。依据评估所得到的结果，及时对政策做出调整与完善，进而提升政策的适应性以及有效性。南京市鼓楼区教育局的负责人提到，这样的动态调整机制能够让政策和实践紧密地结合起来，使其不断得到优化与完善，切实有效地提升了政策的针对性和实际效果。

（三）学校政策执行策略

政策落地要求学校层面展开创造性转化工作，也就是要把宏观政策实实在在地转变为具体的行动举措。北京市海淀区的某所中学专门制定了《课后体育服务实施办法》，在其中清晰地明确了组织架构是怎样安排的，运行机制该如何运作以及保障措施又有哪些内容。还建立起了由校长牵头负责的工作领导小组，让体育教研组来承担具体的实施任务，同时安排班主任协助做好组织管理方面的相关事宜。进一步制定出了各个岗位的职责以及详细的工作流程，把每一个环节的责任人以及对应的工作标准都明确界定出来。学校依据自身所具有的特点以及学生们的实际需求情况，确定把足球、篮球还有武术当作重点去发展的项目，以此来打造形成具有特色的品牌。校长提到说，把宏观政策转化成为具体的实施操作方案，这可是政策落地过程当中极为关键的一个环节，学校在做这件事情的时候，一方面得对照着政策所提出的要求来落实，另一方面还得结合学校自身的实际情况去开展创新性的设计工作。

资源整合算得上是学校在执行政策时极为重要的一项策略，这需要多方共同行动起来、协同配合才行。就拿上海市静安区的某所小学来说吧，该校精心构建起了一种资源整合机制，这种机制呈现出内外结合的特点，而且还具备多元互补的优势。在盘活校内资源方面，学校会妥善安排教师参与其中相关事务，同时也会对场地的使用计划加以优化；而在引入外部资源这一块，学校和体育场馆以及各类社会组织纷纷建立起了合作关系，如此一来，活动空间得以拓展，活动内容也变得更加丰富多样了；再者，对于整合家长资源来讲，学校会邀请那些有着体育特长的家长参与到相关的指导以及管理工作当中。另外，学校还专门成立了资源协调小组，这个小组负责对各类资源进行统筹配置，以便能够提升资源的使用效率。副校长张老师提到，这样的资源整合机制成功突破了以往单一依靠学校自身资源的那种局限局面，让课后体育服务内容得到了极大的丰富，服务质量也有了明显的提升。

政策的执行有必要去构建起监督反馈方面的机制，以此来切实保障政策能够被落实到应有的位置。就拿广州市荔湾区的某中学来讲，其针对课后体育服务政策的执行状况构建起了专门的监督体系。先是成立了一个监督小组，这个小组的成员是由学校的领导、教师代表以及家长代表共同组成的，该小组会按照固定的周期去细致检查政策落实的具体情形；同时还设立了周报告以及月总结这样的制度，以便能够及时且准确地知晓执行的进展状况以及过程当中存在的各类问题；并且还会开展定期的评估活动，从参与度、规范性以及有效性等不同的维度来对执行所产生的效果做出评价。对于在这个过程当中所发现的问题，会及时做出相应的调整与改进举措，从而确保政策在执行的时候不会出现走样或者变形的情况。学校的德育主任李老师持有这样的观点，他觉得监督反馈机制就如同政策执行过程当中的"保险阀"一般，一方面能够有效防止出现形式主义的不良现象，另一方面还能够推动政策持续不断地进行完善，它实实在在是政策得以有效落实的极为重要的保障所在。

二、课后体育服务实践探索

（一）师资队伍建设探索

将专职教师与兼职教师相结合，这无疑是解决师资短缺问题的一个行之有效的策略，在此过程中，还需对管理模式加以创新。深圳市福田区的某所中学便构建起了一套由"三支队伍"协同配合的师资体系。其中，第一支队伍为校内的体育教师，他们主要负责对体育教学活动进行整体的规划安排，同时给予专业方面的指导；第二支队伍是其他学科的教师，这些教师在经过相关培训之后，便能够承担起基础性项目的指导工作；第三支队伍则是外聘的专业人员，这里面涵盖了退休的体育教师、大学生志愿者以及专业教练等。该学校还建立起了一种将统一管理和专业引领相互结合的运行机制，由校内的体育教师出任各个项目的总指导，而外聘人员则负责具体的实施操作。这样的专兼结合模式，实实在在地缓解了师资不足的状况，同时还极大地丰富了课后体育服务的内容，并且使得整体的专业水平得以提升。

教师能力得以提升的关键所在便是专业培训，为此有必要构建起一套系统化的培训体系。青岛市市北区教育局就搭建起了三级培训体系，以此来促使课后体育服务师资水平获得提升。在区级层面，会组织开展政策解读以及管理能力方面的培训活动，还会邀请相关专家来详细讲解课后服务的理念以及组织策略等内容；在学科层面，则着手开展专业技能培训工作，由体育教研员和骨干教师来示范教学方法以及活动设计等具体事项；在校本层面主要是进行实操训练，重点在于对实际问题加以解决。培训采取的是线上与线下相结合的方式，专门建立起网络学习平台，从而能够提供可随时用于学习的资源。区体育教研员提到，通过这样系统的培训，使得教师从原本仅仅"能教"的状态转变为能够"教好"，其专业能力以及服务水平都有了明显的提升，这也为课后体育服务质量给予了强有力的保障。

教师激励对于维持队伍的稳定而言是极为重要的一项措施，故而有必要建立起多元的激励机制。就成都市锦江区的某所中学来说，其便构建起了课后体育服务教师的多元激励体系。在物质激励这一方面，该中学专门制定了工作量的计算办法，把课后服务也一并纳入到绩效考核当中，使其和奖金能够直接关联起来；从职业发展激励角度来看，学校会将教师参与课后体育服务的情况当作是评优评先以及职称评定的关键依据；至于荣誉激励方面，学校设立了诸如"优秀指导教师"这样的荣誉称号，并且会在校园内外开展宣传以及进行表彰活动；在专业发展激励层面，学校会优先推荐参与课后体育服务的教师去参加高级别的培训以及各类学术交流活动。该校校长觉得，这样的多元激励机制可不单单是解决了"有人干"的问题，更为关键的在于还很好地解决了"干得好"的问题，由此使得教师参与其中的主动性以及创造性都得到了十分明显的增强。

（二）资源保障机制探索

多元筹资不失为解决经费短缺状况的一条有效路径，在此过程中还需不断开拓创新举措。就天津市和平区的某所中学而言，其构建起了一种由政府发挥主导作用，同时多方积极参与其中的多元筹资机制。一方面，积极争取政府的专项经费，区教育局专门设立了课后服务专项资金，这笔资金会依据学生人数以及项目数量来进行相应分配；另一方面，大力开展社会合作，与体育企业构建起合作关系，由企业为其提供器材方面的赞助以及专业层面的支持。此外，还会合理收取一定的服务费，针对特色项目以及高水平培训等情况，适当收取一些用以覆盖成本的费用，以此保障服务能够具备可持续性。而且，学校还专门成立了专项基金，以此鼓励校友以及社会各界人士进行捐赠，进而为课后体育服务的发展给予有力支持。据该校财务负责人讲，这样的多元筹资机制让学校得以摆脱仅仅依靠财政拨款的单一局面，使得资金来源变得更加稳定且多样，从而为课后体育服务给予了可持续的经费保障。

场地的拓展算得上是解决空间限制的一种创新策略，这一策略需要对校内外的资源加以整合。广州市越秀区的某所小学就对"四位一体"的场地保障模式展开了探索。在校内空间盘活方面，借助功能重组以及时段划分的方式，以此来提升场地的利用效率；在周边资源拓展上，和社区体育设施、公共体育场馆构建起合作关系，安排学生定期前往这些地方开展活动；对于社会场地的借助，与体育俱乐部签订合作协议，利用其专业场地去开展特色项目；在打造微型空间时，把楼道、走廊等改造成活动区域，还设置了攀爬墙、平衡线等小型设施。该校的总务主任提到，这种多元场地保障模式冲破了校园物理边界所带来的限制，给课后体育活动赋予了更为广阔的空间，使得学生在活动选择上也更加丰富多样了。

智能化管理在提升运行效率方面有着重要意义，需巧妙运用现代各类技术。济南市历下区的某所中学搭建起课后体育服务智能化管理平台，达成了全流程的数字化管理模式。学生借助该平台来挑选活动项目，与此同时，系统会自动完成教师以及场地资源的匹配工作；教师利用此平台记录考勤状况与活动开展的实际情况，进而形成电子档案；家长经由这个平台能够知晓子女的参与情形，并且提供相关的反馈意见；管理者通过该平台对整体的运行状况予以监控，同时开展数据分析以及为决策提供相应支持。此外，该平台还整合了考核评价的功能，可自动生成统计报表与分析图表。信息技术方面的负责人指出，智能化管理平台在很大程度上提高了资源调配的效率，也提升了管理的精准程度，并且降低了管理所需要花费的成本，已然成为现代学校治理环节中极为重要的支撑工具。

三、课后体育服务创新案例分析

（一）特色项目打造案例

传统体育文化的传承向来是特色项目着重关注的重要方向，其发展模式也亟待创新。浙江省宁波市的某所小学精心打造了"非遗体育"这一特色项目，把当地的传统体育项目巧妙融入到课后服务当中。该校与非物质文化遗产的传承人达成合作，开设了诸如舟山锣鼓、宁波花式跳绳这类极具地方特色的项目，并且由传承人定期前往学校指导相关活动。同时，学校还着手编写校本教材，对传统体育项目的历史文化背景、技术要领以及训练方法展开系统的梳理。此外，学校会举办非遗体育文化节，让学生能够充分展示自己的学习成果，并且邀请家长以及社区居民参与其中，展开互动。该校校长谈到，非遗体育项目一方面满足了学生的锻炼需求，另一方面也使得传统文化得以传承，深受学生的喜爱，已然成为学校一张亮丽的名片以及极具代表性的文化符号。

体教融合无疑是特色项目建设方面一条颇具创新性的路径，而在此过程中，打破体系方面存在的壁垒是十分必要的。山东省青岛市的某所中学开展了"一校一队一俱乐部"这样特色项目的建设工作。该校把乒乓球确定为特色项目，并且和专业体校构建起了合作的关系，二者一同来组建校队。专业体校会派遣专业的教练按照固定的周期来给予指导，而学校这边则负责提供相应的场地以及开展基础训练；同时还建立起联合选材的机制，如此一来，那些表现优秀的学生便拥有了能够进入专业队伍去进一步深造的机会；再者还实行对文化学习以及专业训练进行统筹安排的举措，以此来确保学生能够实现全面的发展。该项目产生了辐射带动的作用，推动了全校乒乓球活动的开展，进而形成了呈金字塔式的人才培养体系。学校负责体育事务的相关负责人着重指出，体教融合这样的模式成功打通了学校体育和专业体育之间的通道，不但使得项目的专业水平得以提升，而且还让其普及面得到了扩大，最终达成了普及与提高二者之间良性互动的良好局面。

（二）区域联动发展案例

区域资源实现共享，这可是提升整体水平的一条颇为有效的途径，所以得去建立起相应的协调机制。就拿北京市东城区来说吧，其构建起了"区域联盟"课后体育服务的发展模式。具体而言，先是成立了区域课后体育服务联盟，由教育局来牵头，让学校、社会组织以及专家一同参与其中；接着建立起资源共享平台，把区域内的场地、设备以及师资等各类资源加以整合，从而能够实现跨校的调配；还组织开展联盟活动，像联盟运动会、教师培训以及经验交流等这类活动，以此促进各方之间的交流互动；并且设立了专项经费，用来支持联盟的建设以及各项活动的开展。区教育局的负责人提到，这一联盟机制成功打破了学校之间存在的壁垒，形成了资源得以整合、优势能够互补的良好局面，区域整体的课后体育服务水平有了显著的提升，校际之间的差距也明显缩小了。

项目联盟作为推动特色发展的一种创新模式，务必要重视专业方面的引领作用。江苏省苏州市吴中区着手组建起了不同体育项目的专项联盟，以此来推动课后体育服务朝着特色发展的方向迈进。像足球、篮球、排球之类的项目，分别都组建起了专项联盟，由在这些项目上具备专业特长的学校来牵头组织，其他相关学校则是基于自愿的原则加入其中。在联盟内部，会开展诸如教师培训活动、教学研讨活动以及比赛交流活动等一系列活动，以此来提升整体的专业水平。同时还建立起了联盟内的资源共享机制，让那些优质学校能够对相对薄弱的学校给予发展方面的指导。并且还积极探索联合育人的模式，如此一来，学生便可以跨校去参加具有特色的活动。区体育教研员着重指出，项目联盟这一机制有力地促进了专业资源的整合以及经验的共享，各个学校在相互合作的过程中，都找寻到了属于自身的特色发展方向，成功避免了同质化的竞争，进而形成了错位发展的良好态势。

社区联动算得上是拓展服务空间的一项重要策略，在此过程中，校社协作的强化是很有必要的。上海市静安区对"学校社区一体化"课后体育服务模式展开了探索。其建立起了校社联席会议制度，让学校和社区能够定期进行沟通，以此来对资源以及活动安排加以协调；实施双向开放举措，也就是学校的体育设施面向社区开放，同时社区的体育资源也向学生开放；开展联合活动，像学校与社区会共同举办体育节、运动会这类活动，进而增进彼此之间的交流互动；还建立了共管共评机制，学校和社区一同参与到管理以及评价当中，凝聚成一股合力。区教育局负责人提到，校社联动机制把课后体育服务融入到了社区生活里，使得活动的内容与形式变得更加丰富，育人空间也得到了拓展，促成了学校教育和社会教育的有机结合，形成了一种良好的教育生态，收获了家长和社区居民的普遍认可。

（三）数字化转型案例

智慧平台的建设在数字化转型进程当中起着基础性的作用，对此要着重关注应用场景方面的设计事宜。浙江省杭州市的某所中学着手构建了课后体育服务智慧平台，达成了全流程的数字化管理目标。该平台涵盖了诸如活动规划、学生选课、考勤记录以及效果评价等一系列的功能模块，将管理的整个过程都囊括在内；同时还开发了移动端应用程序，如此一来，师生以及家长均能够借助手机随时展开相关操作并进行查询；并且集成了数据分析这一功能，能够自动生成关于活动热度、学生参与度等方面的分析报告，进而为相关决策给予有力的支持。该校的信息主管谈到，智慧平台一方面提升了管理的效率，另一方面更为关键的是，借助数据分析能够察觉到存在的问题以及需求，以此推动课后体育服务持续不断地优化，使其成为学校管理工作当中极为得力的智能助手。

数据驱动下的个性化服务无疑构成了数字化应用的核心价值所在，这便要求能够妥善运用大数据技术。就拿广东省广州市的某所重点中学来说，其积极探索了一种名为"智能体适能"的课后服务模式。该校专门建立起了学生体适能大数据平台，借助可穿戴设备来采集学生的体能方面的数据。与此同时，系统会自动针对学生的体质特点展开分析，进而生成具有个性化特征的锻炼方案。不仅如此，还设置了虚拟运动场景，如此一来，学生便能够通过数字终端获取相应的指导以及反馈信息。并且在此基础上形成了电子健康档案,用于记录学生体质的发展轨迹,以便为其提供更为科学的指导。体育教师王老师就颇为感慨地讲道:"数据驱动这一情况实实在在地改变了传统体育教学的固有方式,使得指导变得更加精准且有效,让学生对于自身的身体状况能够拥有更为清晰的认知,极大地提高了锻炼的针对性以及有效性。"

虚拟现实技术给体育活动开拓出了新的空间,这便需要对其应用模式加以创新。在辽宁省沈阳市的某所学校,打造出了"VR体育空间",由此拓展出课后体育服务的全新维度。一方面,该校引入了虚拟现实设备并建设起体验中心,如此一来,学生能够去体验像高尔夫、滑雪这类受到场地限制的项目;另一方面,还开发了增强现实应用,借助手机投射出虚拟教练,进而指导学生展开标准动作的练习;此外,还建立起混合现实体育游戏,把虚拟元素和现实活动相互结合起来,使得趣味性得以增强。该校的技术负责人提到,虚拟技术冲破了传统体育活动在时空方面的限制,能让学生去体验到更为丰富多样的运动项目,从而激发学生参与其中的热情,尤其是对于那些原本对传统体育活动并不感兴趣的学生而言,更是产生了颇为显著的吸引力。

第七章 城市中小学校课后体育服务体系的未来发展

第一节 智慧体育与数字化课后体育服务

一、智慧体育技术在课后服务中的应用

（一）可穿戴设备助力个性化体育指导

智能手环以及运动手表这类可穿戴设备，在课后体育活动里的普及程度正快速攀升。就拿北京海淀区的某所实验学校来说吧，该校引入了智能手环来对学生的心率、运动量等各项指标加以监测，如此一来，教师便能借助后台所呈现的数据去充分知晓每一位学生的运动状况，进而有针对性地去拟定相关的训练规划。这种借助技术的方式，成功化解了在传统体育教学过程当中难以周全顾及个体差异的这一棘手难题。学生小王便是因为佩戴了智能手环，从而察觉到自己真正有效的运动时长存在不足的情况，而后在教师的悉心指导之下，对跑步的节奏以及强度都做出了相应的调整，结果经过一个学期之后，其体质测试的成绩有了颇为显著的提升。有意思的是，有不少学生还会把每日的运动数据分享到社交平台之上，由此便形成了一种能够彼此激励的良性循环态势。

AI算法正重塑课后体育指导模式。就拿南京某中学来说，其把人工智能技术运用到了篮球训练当中，借助视频分析系统来捕捉学生投篮姿势，该系统会自动对诸如手腕角度、膝盖屈伸这类关键点加以标注，进而生成具有个性化的改进建议。这套系统突破了专业教练资源匮乏这一局限，使得每一位参与篮球课后项目的学生均能够获取到精准的指导。部分体育基础相对薄弱的学生凭借系统所给出的反馈，快速地掌握了正确的动作要领，参与体育活动的热情也显著提升了。教练李明不禁感慨，技术确实正在改变传统的体育教学方式，毕竟通过数据分析得出的结果相较于肉眼观察而言，要更为客观且精准。

虚拟现实技术给课后体育带来了沉浸式的体验感受。在上海浦东新区的某所学校，专门设立了VR体育体验区，当学生戴上相关设备后，马上就能够去体验像攀岩、滑雪这类在校园平常很难开展起来的项目。该技术成功突破了场地方面、天气状况以及安全保障等诸多限制条件，进而拓宽了课后体育活动可选择的范围。有意思的是，有不少平日里对体育活动兴趣并不是很大的学生，反倒成了VR体育区的经常光顾者。学校的体育主任张华在观察过程中发现，虚拟现实能让学生身处游戏化的情境之中，由此提高他们的运动技能，同时还减轻了学生对于失败所产生的恐惧心理。在深圳的某所小学，利用VR技术开设了国际象棋课程，学生在课程中与虚拟的对手展开对弈，而且系统会依据学生的水平高低自动去调整对弈的难度，这样就有效解决了在传统教学里进度不均衡的问题。

（二）大数据支持课后体育科学评价

大数据正逐步改变课后体育服务的评价体系。杭州西湖区教育局着手建立起了区域性学生体质健康大数据平台，把日常体育活动数据、体质测试结果以及健康档案信息都加以整合。该平台凭借海量的数据来制定契合本区域学生特点的评价标准，这使得过去那种单一且静态的评价模式发生了改变。像柔韧性、平衡能力等一些以往长期被人们所忽视的指标，如今也被纳入到了评价体系当中。杭州的某所初中依据平台所提供的数据发现，本校学生的上肢力量普遍比较偏弱，于是便据此对课后训练计划做出了相应的调整，经过半年时间，该项指标有了显著的提升。学生家长钱女士对此有所反映，称现在的体育评价变得越发全面且科学了。

数据可视化这一技术手段能够促使体育评价变得既直观又具备良好的效果。在广州天河区有一所学校，其专门开发了体育成长电子档案系统，把学生每一回参与体育活动的数据通过图表的形式展现出来，进而生成了个人运动轨迹图。如此直观的这种呈现的方式，在很大程度上激发了学生内心的进取心。就拿学生李华来说，当他看到自己耐力跑成绩的曲线呈现出持续上升的态势时，内心便生出了颇为强烈的成就感。而且该系统还会依据数据所发生的变化，以智能化的方式生成一些鼓励性的话语，这样带有情感化的设计举措，有效地增强了师生之间的互动交流。有意思的是，有不少家长都反映，自家孩子常常会主动地去展示自己所拥有的运动数据，如此一来，体育相关的话题也就变成了亲子之间沟通交流的一座崭新桥梁。广州的这所学校所做出的这一番尝试，彻底改变了传统体育评价那种枯燥且乏味的固有形象，成功地让数据转化成为激励学生不断前进的有效工具。

人工智能的评价方式冲破了传统体育评价所存在的种种局限。就拿武汉的某所中学来说，该校引入了一套借助计算机视觉构建起来的动作评分系统，用这个系统去评判学生在武术、体操之类项目当中完成的质量情况。该系统能够精准捕捉到那些人眼很难确切判断出来的细微动作方面的差异，从而突破了以往主观评价所带有的局限性。这种技术尤其契合那些对动作规范性有着较高要求的项目，如此一来，还大大减轻了教师在评价方面的负担。该校的体育老师王刚讲道，系统给出的评价使得学生对于评分不公的质疑明显减少了，所以也就更容易被大家所接受。并且这个系统还能够依据所出现错误的不同类型，推送极具针对性的训练建议，进而形成了评价与指导相互衔接的这么一个闭环。有从事教育研究的相关人士指出，智能评价可不能完全取代教师评价，它应当是作为一种补充而存在的，只有做到人机协同配合，才能够达成更为完善的评价效果。

（三）智能平台推动资源优化配置

智能预约系统使得课后体育场地的使用效率得以提升。成都高新区的某所学校开发出了校园体育设施智能预约平台，借助该平台，学生能够凭借手机实时去查看场地的具体使用状况，并且还能完成场地预约操作。此平台会依照使用频率来自动对开放时段做出相应调整，比如在使用高峰期的时候，便会适当增加管理人员的配备数量。这样的智能化管理举措，极大地提升了有限场地的使用比率。此外，学校还留意到，平台所生成的热力图呈现出部分较为冷门的场地长期处于闲置状态，依据这一情况，学校对这些场地的功能定位进行了调整，经过一个学期之后，整体场地的使用率提高了40%。从系统记录当中能够看出，在智能预约系统上线之后，场地方面的纠纷明显减少了许多，而且学生对于各项活动的满意度也有了显著提升。再者，预约所产生的数据还为学校开展体育设施规划工作给予了重要的决策参考依据，能够对后续的资源投入方向起到有效的引导作用。

课后体育资源共享平台突破了校际之间存在的壁垒。就拿上海普陀区来说，其构建起了区域课后体育资源共享体系，把辖区内各个学校的体育设施、教练方面的资源以及专业课程等都进行了整合。如此一来，学生能够跨校去选择并参与到课后体育活动当中，这便有效化解了单一学校在资源方面存在的不均衡状况。该平台着重关注体育特长生的各类需求，会为他们去寻觅并匹配最为契合的指导教师。有一些规模相对较小学校的学生，借助这个平台获得了以往很难有机会接触到的那种高水平训练契机。系统所具备的智能匹配算法，会全面考量学生的兴趣爱好、能力层级、距离远近等诸多因素，进而给出最优的选择推荐。上海的这一尝试举措，彻底改变了传统课后体育资源呈现出的孤岛般的现象，有力推动了区域内体育资源朝着均衡化的方向发展。

智能教学管理系统对课后体育资源配置予以优化。南京鼓楼区的某所学校应用了智能课表管理系统，进而达成了课后体育活动智能排课的目标。该系统依据学生选课状况、场地实际条件、教师所擅长的领域等多维度的数据信息，自动生成最为优质的课表方案。尤其要指出的是，系统能够依照天气预报的情况，自主对室内外活动安排做出相应调整，以此来降低因临时变动而引发的混乱局面。在学校运用这一系统之后，课后体育活动的组织效率提升了百分之三十，教师以及学生的满意度都有明显的提高。并且系统还会针对往期的数据展开分析，以此预测学生选课的偏好倾向，提前对资源配置做出调整。南京的这一智能化方面的尝试，为解决课后体育资源调配所存在的难题开拓了新的思路，达成了资源利用精细化管理的成效。

二、数字化课后体育服务的发展趋势

（一）课后体育服务的智能化转型

智能化已然逐步成为课后体育服务得以升级的关键驱动力所在。就拿重庆某所实验学校来说，其倾力打造了智能体育场馆，把物联网以及大数据等相关技术融合其中，从而达成了对课后体育活动展开智能化管理的目标。场馆内部所设置的智能终端，能够依照学生的身份信息来自动对器材参数做出相应调整，就好比跑步机的坡度、阻力之类的参数都能自动适配。并且，在体育场地还装配了环境监测系统，此系统可实时对温湿度以及灯光进行调控，以便营造出最为适宜的运动环境。这些乍看上去似乎颇为微小的智能化方面的改变，实际上正在重新塑造着学生们的运动体验。颇为有意思的是，该校察觉到智能场馆的使用频率要远远高于传统场地，学生们对于有科技加持赋能的体育活动展现出了极为浓厚的兴趣。重庆的这一实践情况充分显示出，智能化不但使得管理效率得以提升，而且还极大地激发了学生们参与体育活动的热情。

人工智能教练逐渐发展成为课后体育服务领域的一股新兴力量。就拿广州的某所中学来说，该校引入了AI教练系统，如此一来，学生便能够借助手机APP来获取专业方面的指导。该系统会对学生的动作视频加以采集，进而分析其技术动作是否规范，同时还会给出相应的改进建议。和传统教练有所不同的是，AI教练并不会受到时间以及地点的约束，学生在任何时候都能够得到指导。让人颇感惊喜的是，部分性格相对内向的学生往往更乐意接受AI教练给予的指导，这样一来便能够减少因展示失误而产生的社交压力。广州这所学校的教练王强在实际观察中发现，AI系统在很大程度上扩展了专业指导所能涉及的范围，使得每一位学生都可以获得具有针对性的指导。当然了，AI教练目前依然存在着诸如情感交流不够充分等方面的局限，所以学校采取了人机协同的模式，以便能够做到取长补短。

数字化的健康管理模式实实在在地改变着课后体育服务方面的理念。杭州有一所小学着手开发了智能健康管理系统，把学生的体育活动相关数据和健康指标放在一起进行关联分析，进而生成具有个性化特点的健康报告。该系统能够依照学生具体的体质状况，自动地为其推荐合适的运动处方，打个比方来说，那些心肺功能相对较弱的学生，就会收到要增加有氧运动这类的建议。这样一种由数据来驱动的精准健康服务模式，得到了家长们极为广泛的认可。另外，系统还会将子女的运动情况推送给家长，也正因如此，许多家庭逐渐建立起了共同运动的习惯。杭州这所学校所做的这种尝试充分表明，数字化进程正在推动学校体育服务从侧重于技能培养的方向朝着全面健康管理的方向发生转变，进一步拓展了课后体育服务所涉及的内涵以及外延范围。

（二）数字课程丰富课后体育内容

线上线下混合式的体育课程已然逐步发展成为一种全新的趋势。就拿北京海淀区的某所学校来说吧，该校着手开发了一种混合式的课后篮球训练课程，把线上的理论讲解以及线下的实践训练有机地结合到了一起。学生们能够借助手机APP去研习战术分析、规则解读之类的相关内容，而到了线下的时候，就可以把精力主要放在技术动作的练习之上。如此一来，便使得有限的课后时间得到了更为高效的利用。教练张明在实际教学过程中察觉到，当学生们先在线上完成相关内容的学习之后，再开展线下训练时，其训练的针对性有了十分显著的增强。并且，这所学校还充分利用了VR技术来创建出虚拟的球场，学生们能够在这样的虚拟环境当中去模拟比赛的具体情境，进而对自身的决策能力展开针对性的训练。这种打破了时空限制的混合式学习模式深受学生们的喜爱，无论是学生们的参与度，还是其技能提升的速度，相较于传统的课程而言，都要更胜一筹。

数字游戏化实实在在地在对课后体育学习体验加以重塑。就拿深圳的某所小学来说吧，其把游戏化元素融入到了课后体育APP当中，如此一来，学生在完成相应的运动任务之后，便能够获取到虚拟积分以及徽章。在该系统里面，还精心设计出了多种多样的运动挑战以及成长路径，像是连续打卡、技能闯关等这些形式。有相关研究明确显示，这样的一种游戏化设计，在很大程度上提高了学生参与课后体育活动的持续性。颇为有意思的是，不少学生会选择在社交平台上去展示自己所获得的徽章，进而使得体育方面的成就感能够在社交层面得到认同。该校的体育老师陈华经过观察发现，这种游戏化设计对于那些在传统体育活动当中参与度比较低的学生而言，有着特别大的吸引力。从深圳这所学校的实际实践情况来看，数字游戏化可并非是简单意义上的娱乐化举措，相反，它其实是一种能够借助游戏机制来激发学生内在动机的颇为有效的教学策略。

沉浸式体育内容切实拓展了课后体育的边界范围。就拿上海的某所实验学校来说，其引入了AR也就是增强现实体育课程，在这一课程当中，学生借助平板电脑能够在校园里面开展像定向越野、寻宝之类的活动。该系统把虚拟任务点和实际地理位置有机结合起来，如此一来，学生只有通过真实地奔跑方才能够完成相应挑战。这种技术方面的手段已然突破了传统体育项目所存在的种种局限，进而营造出了全新的运动体验。这所学校还发现，AR活动尤其受到女生的喜爱，甚至改变了一部分女生对于剧烈运动原本所持有的抵触心理。上海的这所学校所做出的创新尝试充分表明，数字技术可不单单能够模拟传统体育项目，而且还能够创造出在传统条件下根本无法实现的全新体育内容，极大地拓宽了课后体育在可能性方面的边界。

（三）数据驱动的体育服务个性化

精准画像技术可达成体育服务的个性化推送这一目标。就拿成都的某所中学来说，该校构建起了学生体育兴趣能力画像系统，对学生的选课记录、在体育活动中的表现以及问卷调查等诸多方面的数据展开综合性分析。此系统能够自主识别出学生在体育方面的偏好、能力层级以及发展潜能等情况，进而推送与之匹配度达到最高程度的课后体育活动。这样精准的推送举措，极大地提升了学生做出选择时的满意程度。据学校方面的观察，依照数据所推荐的课后活动，其学生的出勤率相较于随机选择的课后活动，要高出足足40%。颇为有趣的是，该系统偶尔还会向学生推荐一些他们此前从未接触过的运动项目，而有不少学生也正是因为这样的推荐，从而发现了自身新的体育兴趣所在。成都这所中学的体育部主任赵刚持有这样的观点，即由数据来驱动的精准服务，正在逐步改变传统体育活动选择过程中所存在的盲目性问题，使得每一位学生都能够寻觅到最为契合自身的发展路径。

适应性学习系统对体育学习的个性化起到了促进作用。武汉的某所实验学校应用了体育适应性学习平台，该系统能够依据学生的实际表现，以动态的方式对学习内容以及难度做出相应调整。就拿篮球训练来说，系统会依照学生的投篮命中率，自动对训练距离还有强度予以调整。这样一种个性化的学习路径设计方式，打破了在传统体育教学过程中常常容易出现的两极分化状况。学生小李谈及自身感受时表示，系统给他设置的挑战总是恰到好处，既不至于太过简单而让他觉得无聊，也不会因为难度过高而使他产生挫折感。学校在实践过程中还察觉到，适应性系统尤其适宜用来帮助那些体育基础相对薄弱的学生建立起学习的信心，从而促使他们逐步实现提高。武汉的这所学校所做出的相关尝试充分表明，借助技术赋能所形成的个性化学习路径，正在逐步成为有效解决学生个体差异问题的一种可行方案。

多维评价体系能够助力全面发展。南京有一所小学着手构建了依托大数据的多维体育评价体系，从而突破了传统那种仅看单一成绩的评价模式。该系统一方面会记录下学生的技能水平情况，另一方面还对学生的参与度、进步幅度以及团队合作等诸多维度的指标予以关注。每一位学生都能够从中找到属于自己的闪光点，也能发现自身的成长空间。这种全方位的评价尤其关注像坚持精神、挑战自我这类非竞技类指标。南京这所小学的体育教师王丽留意到，多维评价使得学生对体育的认知发生了改变，学生已不再是单纯地去追求输赢了。而且，该系统还会定期生成关于学生体育素养发展的报告，以此来帮助学生清楚地知晓自己的优势与不足。南京这所学校的实践情况充分显示，数字化评价并非是简单地利用电子手段去取代纸笔记录的方式，而是借助对多维数据的分析来重新构建评价理念，进而推动学生实现全面发展。

三、数字化课后体育服务的实施路径

（一）科技与教育深度融合的顶层设计

政府层面正在积极推动数字体育方面的战略规划相关事宜。江苏省教育厅专门制定了《中小学数字体育发展五年行动计划》，在这份计划里，明确把数字技术同课后体育做深度融合当作重点要去完成的任务。计划还设立了专项资金，以此来对学校数字体育平台的建设给予支持，并且制定了一系列的配套政策，目的是保障其能够顺利实施。该计划着重强调了数字体育的普惠性质，希望能让城乡各类学校都能被涉及。另外，江苏还构建起了数字体育项目库，如此一来，学校就可以依据自身具备的条件去挑选合适的解决方案。江苏所做的这一政策方面的探索充分表明，数字体育要想实现良好发展，那就得有顶层设计来发挥引领作用，要对资源投入以及标准制定进行统筹规划，不然的话，要是各自为政，就很容易出现资源浪费以及系统兼容性方面的问题。

数字体育标准体系的建设正处于加快推进的进程之中。北京市教委承担起牵头制定校园数字体育服务标准的职责，该标准涉及数据采集、存储、分析以及应用等诸多环节的规范事宜。此标准着重对学生数据安全和隐私保护予以关注，清晰地明确了数据收集的边界范围以及具体的使用规则。这套标准体系当中，不但包含有技术规范方面的内容，而且涵盖了应用指南方面的相关内容，从而为学校呈现出一条清晰明确的实施路径。此外，北京还着手建立起了数字体育产品的评测认证机制，借助这一机制能够助力学校去挑选那些既安全又可靠的产品。这般标准化的探索实践活动，其意义颇为重大，为数字体育能够实现健康且有序的发展给予了制度层面的有力保障。数字体育作为一个新兴的领域，以往由于标准的缺失，曾经致使市场出现混乱的局面，并且造成了资源的浪费情况，而北京所开展的这些实践活动，为有效解决这一问题提供了极具价值的有益参考。

数字体育人才培养体系已然处在逐步形成的过程之中。上海市着手建立起了数字体育教师培训认证的相关机制，并且精心开发出一系列专业课程，以此来着力提升教师的数字素养。其培训内容包含了数字工具应用、数据分析能力以及混合式教学设计等多个方面。上海还进一步在师范院校特意增设了与数字体育相关的专业方向，目的在于培养出复合型的人才。而且上海充分调动起了社会各类资源来参与到人才培养的工作当中，企业专家常常会受到邀请而进入校园，为师生们分享前沿的相关技术。上海所做出的这些探索清晰地表明，数字体育得以发展的核心要点就在于人才，一方面要全力提升现有教师的能力水平，另一方面还得注重培养专业的人才队伍。即便技术再怎么先进，可要是缺乏能够熟练掌握并运用其方法的人才，那么该项技术也很难充分发挥出它应有的效用。所以说，人才培养的工作应当走在技术应用的前面，从而为数字体育的可持续发展给予人力资源方面的有力保障。

（二）多元参与机制的构建与实施

学校所主导的数字体育生态正处于逐步形成的态势。在浙江杭州的某所实验学校，其着力构建起了数字体育服务生态圈，在此过程中，把体育教师、从事IT相关工作的人员、在校学生以及学生家长等诸多方面的力量有效地整合到了一起。该学校专门成立了数字体育工作室，积极鼓励教师投身到数字资源的开发工作当中。颇为有趣的是，这所学校还组建起了学生数字体育志愿服务队，其主要职责在于协助老师和同学们去解决各类技术方面的问题。从杭州这所学校的实际践行情况来看，数字体育绝非仅仅是技术人员单方面的事情，而应当全方位地充分调动起各个参与方的积极性。学校数字体育项目的负责人张华指出，让师生一同参与到数字体育的建设进程之中，一方面能够在很大程度上降低推广所面临的难度，另一方面也能够促使整个系统更加契合实际的应用需求。毕竟，真正具备强大生命力的数字体育生态必然要以用户作为核心，并且充分调动起多方参与其中的积极性才行。

企业参与着实为课后数字体育增添了诸多活力。就拿深圳市教育局来说，其构建起了政企合作机制，以此来引导体育科技企业投身到课后数字体育服务当中。政府方面着手制定服务标准以及评估机制，而企业则依据这些标准去开发相关的产品与服务。比如深圳的某所小学就和本地的运动科技公司展开合作，共同开发出定制化的体育APP，把企业所拥有的先进技术和学校秉持的教育理念相互融合起来。这样的合作模式一方面解决了学校在技术能力方面存在不足的问题，另一方面也给企业提供了用于产品验证的场景。深圳在这方面的探索充分显示出，政企合作乃是数字体育得以发展的重要路径。政府应当搭建起相应的平台，从而引导企业能够有序地参与其中，而并非是把数字体育建设的任务完全交托给市场，或者是全部由政府自身来承担。要使得数字体育实现可持续发展，关键就在于平衡好教育的公益性以及市场的活力。

社区资源正逐步同课后数字体育实现深度融合的态势。就拿广州天河区来说，其倾力打造了社区数字体育共享平台，在这个平台之上，把学校方面的资源、社区体育场馆所具备的资源以及专业机构的各类资源都有效地整合到了一块儿。如此一来，学生借助这一统一的平台，便能够对社区内多种多样的体育设施以及各类体育课程进行查询并且完成预约操作。而且该平台还特意建立起了积分互通的相关机制，这样学生在不同场所所产生的运动数据就可以被汇总起来并做好相应记录。广州所做出的这一尝试，实实在在地将课后体育在时间与空间方面的边界给拓展了开来，使得学生不再仅仅被局限在校内去开展体育活动。特别要提到的是，该平台还成功吸引了社区当中的体育达人积极参与到课后的指导工作当中，这无疑极大地丰富了师资方面的力量。从广州的这一实践情况来看，数字技术确实有能力打破校内外体育资源之间所存在的壁垒，进而构建起一种学校与社区协同开展育人工作的全新模式。展望未来，课后体育服务理当朝着更加开放包容的方向去发展，要充分借助社会各个方面的资源，以此来构建起全域育人的良好格局。

（三）循序渐进的数字化转型策略

分层推进策略在各地纷纷落地开展实践活动。浙江省专门制定了数字体育方面的三级推进框架，设定了基础应用、深度融合以及创新引领这三个不同的层次，如此一来，学校便能够依据自身的实际条件去挑选契合自身的发展路径。在基础层面，着重于对数字体育意识展开普及工作，同时推动基本工具的应用；

处于深度层面时，则着重强调要以数据作为驱动来开展精准教学；而到了创新层面，是大力鼓励针对前沿技术去进行探索，并且推动模式方面的创新之举。这样的分层推进方式有效规避了那种一刀切式的实施风险，充分尊重了教育发展的内在规律。就拿浙江的某县级市所开展的实践情况来看，即便是在经济发展相对欠佳的地区，同样能够寻觅到适宜自身的数字体育发展路径。基层学校的相关负责人反馈表示，这种分层框架使得学校拥有了清晰明确的努力方向以及奋斗目标，从而避免了因盲目去追求那种看似高大上的做法而导致的资源浪费情况出现。

试点先行这一模式于多地均收获了成效。就广东省而言，其采取典型示范引领方面的战略，在各个地方挑选不同类型的学校来开展有关数字体育的试点工作，进而形成了能够被复制且可推广开来的相关经验。那些参与试点的学校得到了政策层面以及资金方面的支持，借此集中精力去解决在技术应用过程中所出现的诸多难点问题。比如广东某县级学校在开展试点的过程当中，鉴于农村学校网络条件受到限制这样的状况，便开发出了适用于低带宽环境之下的轻量级数字体育应用。这些从一线实践当中所产生的解决方案相较于理论设计而言，具备更强的操作性。广东的相关实践清晰地表明，数字体育在推广的时候应当采用渐进式的策略，凭借试点探索来逐步积累经验，进而一步步扩大其涉及的范围。这样一种稳妥推进的方式不但能够对风险加以控制，而且还可以确保质量，有效避免因一哄而上而出现的那种浅层次应用情况。

模块化建设路径给予了灵活选择的余地。就拿江苏南京某区教育局来说，其采用了数字体育模块化建设的策略，把整个系统拆解成数据采集、存储分析以及应用服务等这些相对独立存在的模块。学校能够依照自身的需求以及具备的条件，去挑选契合的模块组合，并非一定要一次性就把全部的建设工作都完成。这样的模块化策略在很大程度上降低了数字体育实施的难度，使得有限的资源可以着重去解决那些最为紧迫的问题。比如说南京某所相对薄弱的学校，起初就先建设了基础数据采集系统，如此一来便解决了数据积累方面的问题，也为后续更为深入的应用打下了根基。从江苏的实际情况来看，数字体育建设其实没必要去追求一下子就做到尽善尽美、一步到位，而是应当采取那种循序渐进的、模块化的策略，好让学校拥有足够充裕的时间去消化吸收。毕竟技术应用本身就是一个逐步推进的过程，只有当它切实融入到日常的教学实践当中去，才能够将其应有的效用充分发挥出来。

第二节 课后体育服务的多元合作模式

一、政府与学校协同推进的合作机制

（一）政府主导的顶层设计与资源保障

政府在课后体育服务体系构建方面，起着极为重要的引领以及保障作用。就拿天津市来讲，市教育局出台了《中小学课后体育服务实施指南》，在其中清晰明确了服务标准、资源配置、评价机制这些关键的核心要素，给全市的课后体育相关工作给予了一份行动方面的指南。这份指南着重指出，要推动政府多个部门相互联动起来，通过体教融合的方式去推进课后体育方面的工作。并且，天津还专门设立了专项资金，以此来对各个区县的课后体育项目予以支持，采用的是"市级加以引导、区级负责统筹、校级具体实施"这样的多级推进模式。另外，天津针对那些较为薄弱的学校还制定了定向支持的相关政策，比如说会给师资力量不足的学校配备专门的体育专员，以便能有效解决其发展不平衡的问题。

政策方面的创新正逐步突破课后体育服务发展所面临的瓶颈状况。就上海市而言，其出台了《课后体育服务质量提升行动计划》，把课后体育服务归入到教育评价体系当中，并且设定了诸如场地设施、师资配备以及活动内容等一系列的硬性衡量指标。该政策最为突出的突破点就在于它打破了以往传统的行政壁垒，准许体育场馆相关人员、社会体育指导员等凭借所持有证件正式上岗来从事课后体育指导方面的工作。上海市的长宁区也在积极探索构建起区域统筹性质的"社区—学校"联动机制，以此达成体育资源在不同部门之间的整合效果。这样的创新式举措切实有效地解决了课后体育服务过程中所存在的师资短

缺这一难题，同时还进一步拓宽了服务供给的渠道。

资金支持机制对于保障课后体育服务质量而言极为关键。江苏省着手构建起多元化的课后体育经费保障体系，把课后体育服务经费归入到财政预算当中，并且专门设立了专项资金，这些资金主要被用在器材购置、场地改造以及师资培训等诸多方面。同时，江苏还在积极探索着建立起差异化的补助机制，针对那些薄弱地区以及特殊学校给予一定的倾斜支持。南京市鼓楼区则在资金使用方式上进行了创新，推行项目化管理模式，如此一来，学校便能够依据自身的实际需求去申报专项资金，在切实保障基础性服务得以开展的同时，着重对特色项目建设给予大力支持。这种精准投入机制在很大程度上提高了资金的使用效益，有效避免了像"撒胡椒面"式分配所带来的那种低效问题。

（二）学校主体作用的充分发挥

课后体育服务主体责任能否切实落实，这可是成功与否的关键所在。就拿成都的某所实验学校来说吧，该校专门成立了课后体育服务工作领导小组，校长更是亲自出任组长，而体育教研组、班主任以及后勤等诸多部门也都协同起来一同参与其中。学校还精心制定了极为详细的课后体育服务实施方案，把责任分工给明确得清清楚楚，同时建立起了督导机制，以此来保证服务质量。这所学校尤其看重制度方面的建设，还自主开发了课后体育服务电子管理系统，进而实现了像活动报名、考勤管理以及家校沟通等一系列流程的全数字化管理。从成都这所学校的实际经验来看，校长对其给予重视乃是课后体育服务能够顺利开展的一个前提条件，而制度方面的有力保障以及组织层面的有效落实则属于其中极为关键的环节。

师资团队的建设情况在很大程度上对服务质量起着决定性作用。南京的某所中学着力构建起了"专兼结合"模式的课后体育师资团队，在这个团队当中，除了原本的体育教师之外，还把那些具备体育特长的其他学科教师也吸纳了进来。学校专门针对非体育专业的教师开展了专项的培训活动，以此来促使他们的活动组织能力得以提升。该校还积极探索出了一种"小老师"制度，也就是让高年级的学生去担任低年级体育活动的助教，如此一来，既有效解决了师资不足方面的问题，同时也给学生创造了锻炼自身的良好机会。另外，南京的这所学校还和体育院校之间建立起了合作的关系，会定期邀请专业的教师进到学校里面来给予指导，从而为教师的专业发展给予有力的支持。

学校的资源整合方面的能力状况对其所能达成的服务效果是存在影响的。广州有一所小学，充分依托现有的各类资源，颇为巧妙地打造出了具备多种功能的体育活动空间。在这所学校里，把那些闲置不用的教室精心改造成为室内体能训练的专门场所，同时，在操场的边角之处还设置了充满趣味的体育游戏区域，如此这般，将校园空间所蕴含的潜力给充分挖掘了出来。而且，学校还针对体育器材展开了富有创新性的改造工作，比如说，会利用那些废旧的轮胎来制作障碍训练所需要的器材，这样做既契合环保的理念，又具有很强的实用性。从广州这所学校所采取的这些做法当中能够明显看出，即便学校所拥有的资源是有限的，可这并非是开展课后体育服务所面临的难以逾越障碍，最为关键的要点在于学校自身所具备的创新思维以及资源整合方面的能力情况。该校负责体育相关事务的张明就曾这样讲过："我们可不能老是一味地等着政府加大投入，而是得想方设法把现有的资源给盘活起来，要努力让校园里的每一个角落都能够变成孩子们可以尽情开展活动的场所。"

（三）政校互动机制的创新实践

绩效评价机制在推动服务质量提升方面有着重要作用。武汉市着手建立起了课后体育服务评价体系，并且把评价结果同学校的评优评先以及经费分配等方面紧密挂钩起来。其评价内容涵盖了参与度、活动所呈现出的多样性以及安全保障等多个维度的指标，以此来避免仅仅简单地依据规模去评判成效。武汉的江岸区更是额外引入了第三方评估机制，邀请专业的相关机构针对各校的课后体育服务展开客观公正的评价。有意思的是，武汉有一所学校，因为其评价结果不太理想，该校校长便亲自带领团队到兄弟学校去走访，以便学习相关经验，结果在一年之后，其服务质量就有了十分显著的提升。武汉所开展的这些实践充分表明，科学合理的评价机制是能够形成有效激励的，进而推动学校持续不断地去改进自身的服务质量。

信息反馈渠道对政校之间实现良性互动起到了促进作用。杭州市专门构建起课后体育服务信息反馈平台，在这个平台上，学生以及家长能够直接将自己的意见和建议反馈给教育主管部门。并且该平台还会按照一定周期来生成分析报告，从而为政府在进行决策之时提供相应依据。杭州西湖区教育局会定期举办课后体育服务相关的座谈会，在举办之时会邀请学校方面的代表以及家长方面的代表一同来参与其中，大家能够面对面展开充分的交流沟通。曾经有一位家长代表在某次座谈会上提出了十分合理化的建议，而这一建议最终促使区级层面针对课后体育服务的相关政策得以进行调整优化。杭州所施行的这一整套机制，彻底改变了以往那种传统的自上而下的管理模式，进而成功构建起了由政府、学校、家长等多方共同参与其中的协同治理全新格局。

专业方面的指导对于提升学校的服务能力有着重要作用。就拿上海市来说，其专门组建了课后体育服务专家指导团，这个指导团会定期到学校当中去开展相关的指导工作。该专家团队是由体育教研员、高校里面的专家以及优秀教师等不同人员共同组成的，能够给予学校专业性的支持。在上海的浦东新区，还特别创建了课后体育服务资源库，对那些优秀的案例以及活动方案加以收集并整理，以便学校能够从中获取可供借鉴参考的内容。值得一提的是，上海还推行了一种"联片帮扶"的机制，由各方面条件比较优质的学校来带动那些相对薄弱的学校，让它们能够共同实现提升。比如说上海的某一所普通小学，在名校给予的指导之下，其课后体育服务的水平很快就得到了提高，学生的参与度在仅仅一年的时间内就提升了40%。从上海的这些实践情况来看，专业方面的指导以及资源的共享，是能够切实有效地提升整体的服务水平的，并且还可以在一定程度上缩小区域内不同学校在发展方面所存在的差距。

二、社会力量参与的多元化模式

（一）体育专业机构合作的多样路径

体育培训机构参与到拓展课后项目的选择事宜当中。在深圳市福田区，其引入了优质的体育培训机构来参与课后体育服务，这里要求相关机构必须得先通过极为严格的资质审核以及评估流程，之后才能够进入到学校里面开展服务。就拿深圳的某所小学来说吧，它和一家专业的足球培训机构达成了合作，共同开设足球课程，在这个合作当中，该机构会提供专业的教练以及训练方案，而学校这边则负责提供场地并且做好学生的组织工作。这样的一种合作模式，有效地解决了学校在专业师资方面存在不足的问题，同时还极大地丰富了课后体育项目的种类。有一位家长就反映说，专业机构的教练在教学方法上显得更为科学合理，自家孩子在学习过程中进步也是十分明显的。不过，深圳在这方面的实践也充分表明，在引入外部机构的时候，务必要强化监管力度，只有这样才能确保教育性这一重要原则不会被商业利益给冲淡了。学校和机构在合作的时候，应当去建立起明确清晰的考核标准以及退出机制，以此来切实保障服务的质量。

体育社会组织会给予专业方面的支持服务。北京市朝阳区和市级体育协会确立了合作关系，在此情形下，协会能够针对学校课后体育活动给予专业的指导。北京市乒乓球协会会挑选退役运动员来出任学校教练一职，并且会定期开展校际联赛，通过这样的方式来构建起一套完整的竞赛体系。这样的合作不但使得学校体育技术水平有所提升，而且还为学生搭建起了能够进行展示的平台。北京还会鼓励体育协会带头组建跨校运动队，以此来化解单个学校所存在的优秀运动员数量不够多的这一状况。一位参与到合作当中的协会负责人讲过，这样的模式对于协会而言也是存在好处的，其能够扩大青少年体育人口的基数，进而为专业队伍输送后备人才营造出有利的条件。

高校的体育资源能够转化成为课后服务的动力源泉。就拿上海的某所高校来说吧，它和周边的中小学构建起了"体育共同体"关系，把自身的体育场馆对外开放，还专门派出专业的教师去为中小学的课后体育活动给予支持。该高校体育学院的学生，能够在这些中小学开展相关的教学实践活动，如此一来，既能够对他们自身的教学能力起到很好的锻炼作用，同时也为中小学的师资力量做了有效的补充。十分有新意的一点是，上海这所高校所取得的体育科研成果可以直接在中小学得以应用并且实现转化，比如说最新研发出来的青少年体能测试评价标准，就在合作的学校当中率先开始实施了。这样的一种产学研一体化的模式，成功地让高校资源和基础教育的需求实现了精准的对接。从上海的这一实践情况来看，高校的体育资源在参与课后服务的时候，不应该仅仅被限制在场地开放以及人员支持这两个方面，还应当充分发挥出其智力支持以及创新引领等方面的重要作用。

（二）企业支持的创新合作方式

企业赞助给课后体育带来了全新活力。广州市越秀区创设了"政府引导、企业赞助、学校实施"这样的合作模式，成功吸引到诸多体育相关企业对课后体育活动予以支持。比如某运动品牌就在广州的十所小学打造了"快乐体育角"，同时还配备了专业器材以及给出活动方案。企业一方面给予资金以及物资方面的支持，另一方面还组织退役运动员走进校园开展相关指导活动。这种企业参与其中的模式可不单单只是简单的物质捐赠那么回事，其更加侧重于专业内容方面的输出。广州有一位校长讲过，企业所拥有的资源很好地弥补了政府投入存在的不足，尤其是在那些专业性相对较强的体育项目层面，企业给予的支持极大地提高了服务的质量。

企业技术赋能课后体育服务创新。深圳某科技企业与学校合作开发智能体育教学系统，利用计算机视觉技术实现动作分析和评价。系统应用于深圳市南山区多所学校的课后篮球训练中，学生可通过系统获得即时反馈和改进建议。深圳的这一实践表明，企业参与不应局限于传统意义上的赞助和捐赠，技术创新才是企业参与课后体育服务的核心价值。一位参与合作的企业负责人感慨："我们的技术在学校找到了最好的应用场景，看到孩子们因为我们的系统喜欢上运动，这比单纯的商业成功更有意义。"

企业履行社会责任的相关项目，对课后体育实现普惠式发展起到了助力作用。就拿上海的某家规模不小的企业来说，其开展了"阳光体育计划"，给郊区以及那些体育资源相对薄弱的学校给予体育器材方面的支持，同时也在场地建设上提供助力。该计划还着重关注到了特殊教育学校在体育方面的需求，专门定制并开发出适合残障学生使用的体育器材，还制定了与之相匹配的活动方案。从上海的这一实际案例能够看出，企业参与其中，确实能够在一定程度上有效缓解课后体育资源分配存在不均衡的状况，进而推动课后体育朝着普惠的方向发展。相关研究也显示，企业在课后体育领域投入社会责任项目，一方面提升了企业自身的形象，另一方面也带来了颇为显著的社会效益。有专家提出，政府需要建立起相应的激励机制，以此来引导更多的企业把社会责任投入聚焦到课后体育这个与国民素质息息相关的基础性领域之上。

（三）社区共建的整合模式

社区资源的共享能够拓展课后体育活动所需要的空间。就拿北京海淀区来说，其推行了"社区学校化、学校社区化"这样的一种战略，由此达成了体育资源双向开放的局面。学校在放学后会把体育场馆开放给社区居民来使用，而社区的体育设施，也会优先保障学生在课后去使用。比如北京的某所小学就和社区的文体中心构建起了合作的关系，如此一来，学生凭借校园卡便能够免费使用社区里的游泳池、乒乓球室等设施。这种资源共享的模式在实际效果上，切实缓解了校内场地不够用的问题。社区党委书记王明讲道："体育设施要是闲置在那里，那可就是一种浪费，学校和社区的资源倘若能够相互补充起来，那利用效率可是能够得到很大程度的提高。"从北京的相关实践情况来看，打破学校和社区之间存在的边界，进而构建起一体化的服务体系，这无疑是解决资源受到制约这一问题的有效办法。

社区所拥有的人才资源，能够对课后体育力量起到有力的充实作用。就拿上海徐汇区来说，其专门建立起了"社区体育人才库"，在这个人才库的组建过程中，积极招募退休的体育教师以及体育爱好者，让他们来担任课后体育方面的志愿者。这些被招募而来的志愿者，在经过一系列专业且系统的培训之后，便会投身到学校的课后体育指导相关工作当中去。在上海的某个社区，有一位退休的田径教练，他持之以恒地坚持了整整五年时间，为附近的学校悉心指导田径队，通过他的精心指导，培养出了多名在区级比赛中荣获冠军的学生。从上海所做出的这些探索当中不难看出，社区的人才资源对于课后体育服务而言，无疑是极为宝贵的财富。倘若能够对这些资源加以充分的发掘，并合理地进行利用，那么便可以在很大程度上有效缓解专业师资不足这一突出问题。经过相关研究还发现，那些参与到学校体育志愿服务当中的社区居民，普遍都反馈称自己从中获得了很强的获得感。这种合作模式不但成功解决了学校在体育师资等方面的需求，而且还很好地满足了社区居民想要参与社会事务的心理需要，着实是一种能够实现双方共赢的合作方式。

社区着力营造体育文化方面的育人环境。就拿广州天河区来说，其倾力打造了"体育社区"建设示范点，把诸多体育元素巧妙地融入到社区文化的建设工作之中。社区会精心组织形式丰富多样的群众体育活动，还会热情地邀请学生以及家长一同来参与其中，如此一来，便营造出了颇为浓厚的体育氛围。在广州的某个社区，还特意在公园设置了一条体育文化长廊，在这条长廊上展示着诸如奥运知识、体育明星事迹等一系列内容，这也使之成为学生在校外开展体育学习的一处重要场所。有一位社区工作者就深有感触地说道："我们可不能仅仅着眼于建设硬件设施，还得花心思去营造体育文化氛围才行，得让孩子们在社区里切切实实地感受到体育的独特魅力。"从广州的这些实践情况来看，课后体育服务可不能仅仅局限在技能训练这一方面，文化方面的熏陶其实同样是极为重要的。社区是完全有能力成为学校体育文化的一种延伸与补充的，进而营造出全域育人的那种良好环境。

第三节 课后体育服务体系的国际经验借鉴

一、发达国家课后体育服务的典型模式

（一）美国社区主导的多元参与模式

美国的课后体育服务主要由社区来起主导作用，进而形成了多元主体参与其中的格局。在美国，众多社区纷纷成立了青少年体育协会，专门负责对课后体育活动展开组织与管理方面的相关事宜。这些协会基本上都属于非营利性质的组织，它们是由社区居民自发进行组织创建的，其运行所需要的经费主要来源于三个方面，即政府所拨付的款项、企业给予的赞助以及家庭所缴纳的会费。就拿马萨诸塞州牛顿市的青少年体育协会来说，其每年组织开展的体育项目数量超过了20种之多，能够覆盖到当地95％以上的学生群体。该协会和学校之间一直保持着极为紧密的合作关系，彼此会共享场地设施以及专业人才等资源，不过在组织管理层面上，协会又是相对独立的。这种以社区为主导的模式最为突出的特点就在于其自治性相当强，所开展的活动在设计方面会更加贴合社区的实际需求，如此一来，居民在参与其中时的参与感以及归属感也都很强。从美国的相关实践情况来看，社区所蕴含的力量是完全可以成为推动课后体育服务发展的重要因素的。

志愿者队伍已然成为美国课后体育服务极为关键的一股力量。就拿美国密歇根州安娜堡市的青少年足球联盟来说，其拥有的志愿者教练多达200余名，这些教练基本上是球员家长或者是社区里热衷于体育的人士。该联盟会给志愿者安排专业方面的培训以及相应的认证事宜，以此来保证指导工作的质量水平。美国还构建起了较为完备的体育志愿者保障方面的制度，像责任保险、免税政策等均涵盖在内，这样做的目的在于减少志愿者参与其中所面临的风险。有一项调查结果表明，美国超过一半的课后青少年体育活动皆是由志愿者来给予指导的。这种以志愿者为主导的模式在很大程度上削减了服务所需的成本，同时也使得服务的覆盖范围得以扩大。从美国所积累的相关经验能够看出，充分调动社会参

与的积极性，并且进一步建立起完善且健全的志愿者管理方面的制度，这无疑是化解课后体育服务资源短缺这一问题的颇为有效的一种途径。

青少年体育联赛系统当属美国课后体育所呈现出的一大特色所在。美国各个州基本上都构建起了较为完善的青少年体育联赛体系，其联赛层级从社区联赛一直延伸到州际比赛，层级划分清晰明了，所涉及的范围也颇为广泛。就拿加利福尼亚州的青少年篮球联赛来说吧，它会依据年龄以及技术水平等因素划分成多个不同的等级，如此这般，便能保证处在不同层次的学生都能够寻觅到契合自身情况的竞技平台。美国的青少年联赛在很大程度上大多采用的是"常规赛+季后赛"这样的制度安排，其持续的时间相对较长，而且青少年们的参与程度也比较高。尤其值得一提的是，美国的各类联赛普遍都对体育道德以及公平竞争格外重视，并且还设置有完备的行为准则以及仲裁机制。有一位长期从事美国青少年体育相关研究的专家曾明确指出，这种系统化的联赛体系一方面为青少年们提供了能够展示自身技能的平台，另一方面更是培育体育精神以及团队意识的极为重要的载体。

（二）英国课外俱乐部的系统化运作

英国学校的体育俱乐部体系已然相当完善，已然形成了一套颇为完备的系统化服务网络。在英国，绝大多数中小学都纷纷建立起了多个体育俱乐部，这些俱乐部所涉及的运动项目颇为丰富多样，涵盖了诸多不同种类的运动项目，并且均是由专业的教师或者经验丰富的教练来负责相关事宜。就拿伦敦的某所中学来说吧，该校就拥有多达15个不同项目的体育俱乐部，如此一来，学生们便能够依据自身的兴趣爱好来自由地进行选择。这些俱乐部开展活动的时间大多安排在放学后或者周末时段，从这个角度来讲，它们无疑是课堂体育极为重要的一种延伸形式。英国政府还推行了"学校体育俱乐部支持计划"，通过这一计划，能够为俱乐部给予资金方面的支持，同时也会提供相应的器材以及专业的培训支持。尤其值得一提的是，英国的体育俱乐部成功建立起了从学校层面一直到地区层面，进而再到全国层面的完整体系，借助于这样的体系，学生们完全可以通过俱乐部这种途径，逐步地参与到更高水平的训练以及各类比赛当中去。这样一种系统化的俱乐部体系，实实在在地为学生们勾勒出了一条清晰明了的体育发展路径。

英国的"活跃学校"项目在推动课后体育发展方面成效显著，实现了较为全面的发展态势。英国的教育部会同体育部门携手推出了"活跃学校"认证项目，该项目会针对学校所开展的课外体育服务展开全方位的评估，并且给予相应支持。其认证标准涵盖了活动的多样与否、参与普及的程度以及教师的专业水平等多个方面。那些成功获得认证的学校，能够优先得到来自政府方面的资源支持。就拿伦敦西区的某所小学来说，在申请认证的整个过程当中，依据相关的评估标准对课后体育体系进行了全面且细致的优化，如此一来，该校的活动参与率大幅提升，足足提高了35%。尤为值得一提的是，该项目并非仅仅着眼于竞技体育这一方面，而是有着更为广泛的关注范畴。

更加着重于健康生活方式的培育以及全体人员的参与。英国的这一项目给予我们启示，政府所进行的引导以及标准化方面的建设，对于课后体育服务质量的提升而言，有着不容忽视的重要意义。标准并非是一种限制，反倒是一种引领以及保障，其能够推动学校展开自查并促使其做出改进，进而形成一种良性的发展机制。英国所积累的经验清晰地表明，政府部门应当从单纯的资源投入这一做法转变方向，改为着重进行标准的制定以及质量的监督，以此来充分发挥政策所具有的引导作用。

（三）日本学校社团的育人特色

日本的课后运动部活动有着颇为深厚的传统，其育人特色十分鲜明。在日本的中小学当中，普遍都设立了运动部，会安排专职教师或者兼职教师来出任指导员，在放学后会定期开展相应的训练活动。就拿东京的某所初中来说，该校设置了10个运动部，学生的参与率更是超过了70%之多。运动部遵循的是自愿参加的原则，不过一旦学生选择加入其中，那就得严格遵守相关的纪律要求以及训练计划安排。日本运动部最为突出的特点就在于其极为注重礼仪以及团队精神的培育，在开展活动之前以及活动结束之后，必定会设置行礼以及反思这样的环节。有一位长期对日本学校体育进行研究的专家就曾明确指出："日本的运动部可不单单是进行技能训练的场所，更是开展品格教育的极为重要的载体。"像这样把体育活动和人格培养紧密关联、有机结合起来的理念，确实是很值得我们去好好借鉴的。从日本的相关经验当中我们能够得知，课后所开展的体育服务可不能仅仅只着眼于学生的身体素质提升以及运动技能的掌握，而应当更加重视其在育人方面所具备的重要价值。

日本的社区体育俱乐部能够对学校体育方面存在的不足予以补充。在少子化现象愈发凸显以及教师负担不断加重这样的背景之下，日本于近些年开始推行"综合型地域体育俱乐部"相关计划，着手建立起面向全体居民开放的社区体育组织，以此来吸引青少年积极参与其中。这些俱乐部当中，有不少是由已经退休的教师、从事体育专业相关工作的人士以及社区志愿者来负责运营管理的，而政府方面则会为其提供场地以及资金方面的支持。就拿大阪的某一个社区俱乐部来说，它和周边的三所中小学构建起了合作关系，在学生放学后接收他们前来参与训练活动，如此一来，便很好地弥补了学校运动部在数量上存在的不足这一问题。日本所采用的这种模式，最为突出的特点就在于能够实现跨年龄段的交流互动，青少年可以和不同年龄层次的人一同参与到各类活动当中，进而拓展了自身的社会交往空间范围。从日本的相关实践情况来看，其给予我们这样的启示：伴随着社会不断发生变迁，课后体育服务所采用的模式同样也需要跟上时代发展的步伐，做到与时俱进。学校发挥主导作用并且与社区进行补充配合的这种协同模式，很有可能会成为未来发展的一种趋势所在。

日本的体育节庆活动对课后体育内涵起到了丰富的作用。日本的学校极为看重体育节、运动会这类大型活动，将其当作课后体育训练成果的一种集中展现方式。就拿福冈的某所中学来说，该校每年都会举办时长为三天的体育节，在这个体育节当中包含了传统项目的比赛，还有团体进行的表演以及亲子之间的互动环节等。而体育节的筹备时间能长达两个月之久，学生们会利用课后的时间来集中开展训练活动，全校学生的参与比率差不多接近百分之百了。这样的大型活动一方面能够极大地激发学生们参与其中的热情，另一方面也已然成为学校特色文化里极为重要的一个组成部分。特别要指出的是，日本学校所开展的体育活动常常会把传统文化的诸多元素融入进去，比如相扑、剑道等，如此便能够进一步增强学生们对于文化的认同感。从日本的这些做法当中可以看出，节庆活动其实是课后体育不可或缺的重要组成部分，它有能力激发学生参与的动力，能够展示出课后体育开展过程中的阶段性成果，还可以增强学生们的集体归属感，所以应当对其给予充分的重视才行。

二、国际经验借鉴的本土化路径

（一）基于国情的选择性引进

城乡差异背景下的差异化借鉴策略。中国城乡教育资源差距明显，不同地区发展不平衡，这一国情决定了国际经验借鉴需要区分情境。江苏某发达地区可借鉴美国多元参与模式，引导社会力量参与课后体育服务；而西部农村地区则更适合学习日本学校主导模式，充分发挥有限资源效益。北京某区教育局在制定课后体育规划时，专门组织专家对区内学校进行分类，根据不同类型学校特点借鉴不同国家经验。研究表明，国际经验引进要考虑本地资源禀赋、文化传统和发展阶段，避免生搬硬套。一位教育政策专家指出："不同国家的成功经验往往基于特定的社会文化背景，引进时需要审慎分析其适用条件，不能简单套用。"

在不同文化传统所形成的差异情境下，会出现创造性转化的情况。东西方文化对于体育的理解以及价值取向方面，存在着颇为显著的差异，而这些差异对课后体育服务的目标设定工作以及具体的实施路径，都产生着一定的影响。西方国家往往更着重于个人发展以及自由选择这两方面，然而中国传统却更多地注重集体意识以及规范习得方面的内容。就拿上海的某所学校来说，其在借鉴美国社区参与模式之时，十分巧妙地将中国传统邻里互助理念融入其中，进而组织起了"社区体育互助小组"，如此一来，既很好地保留了社区参与精神，同时也与本土文化习惯相契合。再看深圳的某中学，在引入英国俱乐部制度之际，特意增加了班级集体参与这样一个环节，以此来对个人选择和集体活动之间的关系加以平衡。从这些实践当中能够看出，在借鉴国际经验的时候，是需要在文化层面进行创造性转化的，绝不是简单地将其移植过来就行。在借鉴的整个过程当中，应当充分尊重本土文化传统，在维持先进理念的基础之上，努力去寻找与本土文化能够相互契合的点，从而达成"洋为中用"的目的。

在教育体制所营造的大背景之下，存在着系统性整合这样一个情况。中国的教育体制自身展现出颇为显著的系统性以及统一性特征，而在对国际经验加以借鉴的时候，必须要充分顾及到这一特点才行。就拿北京市来说，在引入芬兰所秉持的"快乐体育"理念之际，其做法并非是对活动形式进行简单的照搬照抄，而是经过一番考量，把该理念巧妙地整合到了既有的教育体系当中，使其能够和中考体育改革、综合素质评价等相关政策协同起来一并向前推进。再看重庆某区的教育局，在借鉴英国"活跃学校"标准之时，针对标准内容做出了相应的调整，特意增加了其与国家体质健康标准之间的衔接程度，以此来确保各项政策能够达成协调一致的状态。从这些实际发生的案例当中不难看出，对国际经验的借鉴活动不应该只是孤立地去引进其中某一个单点内容，而应当是从整体层面出发，达成一种系统性的融合状态。正如一位从事教育管理工作的专家所着重强调的那样："任何一项改革方面的举措，其都是存在于特定的教育体制框架之内的，倘若脱离了这个体制而只是单兵突进式地去推进，那么是很难实现持续发展的。"所以说，在引进国际经验的时候，务必要充分考量其与现有教育体制是否具备兼容性，并且依据实际情况去做一些必要的调适以及重构方面的工作。

（二）试点先行的渐进实施策略

区域试点模式对经验积累起到了推动作用。上海市浦东新区特意选取了20所不同类型的学校来开展国际课后体育模式的试点工作，其中涵盖了像美国社区主导型、日本运动部型、芬兰整合型等诸多不同的模式。在试点开展期间，还建立起了跟踪研究的相关机制，会定期对试点情况进行总结、评估，并且依据评估结果做出相应的改进。经过两年的试点周期之后，浦东新区成功形成了具备"中国特色的课后体育服务指南"，随后便在全区范围内展开推广与应用。而深圳市这边，采取的是"伙伴学校"模式，也就是挑选出一所本地学校和一所国外学校结成对子，直接把国外学校的课后体育运作模式引进过来，通过深入的交流互动来促使其实现本土化的转化。从这些区域试点的实际情况来看，国际经验要想实现本土化，是需要经历一个实践探索以及经验不断积累的过程的，切不可急于求成。先行开展试点的策略不但能够对可能出现的风险加以控制，而且还能形成可以进行推广的实施路径，它无疑是实现理性借鉴的一条重要途径。

学校里的微创新不断积累起来，进而推动了整体层面的变革。就拿杭州的某所小学来说，其最初是从引入英国的"课间活力站"这样一个小小的创新举措开始的，随后便一步步地构建起了较为完整的课后体育服务体系。再看北京的某中学，先是对日本运动部的礼仪文化加以尝试，在取得了不错的效果之后，又进一步系统性地引入了其管理模式以及训练方法。从这些学校所开展的微创新实践当中能够看出，在借鉴国际经验的时候，可以从比较小的切口切入进去，凭借着点滴的积累来推动整体发生变革。有一位学校的管理者曾这样分享过："我们并非是要一下子就达到完美的状态，而是要先找准一个合适的突破口，让师生们能够有成功的体验，然后再逐渐地去扩大改革的范围。"这样一种渐进式的路径是符合教育规律的，它能够在一定程度上减少改革所遇到的阻力，同时还能增强改革自身所蕴含的内生动力。需要明确的是，微创新和碎片化改革完全不是一回事，学校应当在把目标明确下来的前提条件之下，精心去设计一套系统化的渐进路径，以此来确保各项创新能够协调一致地开展下去。

评估反馈机制对于保障实施效果起着重要作用。广州市在参考国际课后体育模式之际，构建起了"引进—评估—调整—推广"这样一套闭环管理机制。在引进的初始阶段设置了试运行时期，借助问卷调查、召开座谈会等多种不同的方式来收集师生所给出的反馈信息，进而能够及时对实施方案做出相应的调整。尤其要提到的是，广州还引入了第三方评估机构，以此对借鉴的效果展开客观的评价，从而避免了自我评价所存在的主观性问题。有一位参与到评估工作当中的专家曾明确指出："引进国际经验并非最终目的，真正的根本在于提升服务质量，评估工作应当聚焦于实际所产生的效果，而并非仅仅是对形式的模仿。"天津的某一个区则专门设立了"国际经验借鉴研究中心"，其主要职责就是负责对借鉴效果展开追踪式的研究，以便为后续政策的调整提供相关的依据。从这些实践情况来看，科学合理的评估反馈机制无疑是确保国际经验借鉴能够取得实际成效的极为重要的保障，它能够及时察觉到所存在的问题，进而对实施路径加以优化。

（三）创新整合的本土化发展路径

在理念的引领之下展开模式的重构工作。浙江省在借鉴国际相关经验的进程当中，着重对核心理念加以提炼，随后依据本地的实际状况来对实施模式予以重构。就好比在借鉴芬兰所倡导的"快乐体育"理念之际，浙江方面并未直接去照搬其活动的形式，而是从中提炼出了"趣味性""自主性"以及"全面性"这三大核心理念，以此来对本地的课后体育改革给予指导。杭州的某一个区以"健康第一"作为核心要点，对英美日等诸多国家的先进理念进行整合，进而创建出了"阳光体育+"这样的课后服务体系，由此形成了带有本土特色的服务模式。有一位参与到设计工作当中的专家曾明确指出："在借鉴国际经验这件事情上，最具价值的地方在于理念层面所带来的启发，而并非是对具体操作模式的简单复制。"从这些实践当中能够看出，由理念来进行引领，这是国际经验实现本土化的一条重要路径，其能够突破形式方面的局限，紧紧抓住本质的内涵，进而达成创造性的转化。

多元模式相互融合从而形成本土特色。就拿北京某实验学校来说，在其课后体育服务设计环节，十分巧妙地将多国经验融合到一起。具体而言，该学校采用了美国的社区参与机制，同时还引入了英国的专业教练制度，并且也借鉴了日本的礼仪文化，经过一系列的整合之后，最终形成了独具特色的"开放型运动社团"模式。再看天津某区教育局，在区域推进相关事宜的过程中，并没有去追求以单一模式来实现统一，反而是大力鼓励各个学校依据自身所具备的条件，去有选择性地借鉴不同的国际经验，进而形成多样化的发展格局。有一位研究者曾做出这样的评价："创新并非是毫无源头的，它实际上是多元融合所产生的成果，而借鉴国际经验恰恰能够为本土创新带来极为丰富的素材。"从这些案例当中我们能够得到这样的启示，国际经验本土化这件事不应仅仅局限于对单一模式的引进，而应当是多元智慧相互融合且不断创新的一个过程。这种融合创新一方面汲取了国际上的先进经验，另一方面又深深扎根于本土的实际情况，如此一来便能够催生出更具适应性以及生命力的发展模式。

数字技术所具备的赋能作用能够推动模式实现升级发展。深圳市在对国际课后体育模式加以借鉴的时候，尤为注重数字技术与之的融合运用，进而促使传统模式达成现代化的升级转变。就好比在引入美国社区参与模式之际，其专门开发了"智慧社区体育平台"，如此一来便成功突破了传统模式下信息不对称所存在的局限；而在借鉴日本运动部文化之时，又结合了智能评价系统，使得培训效果的监测能力得以增强。上海的某所学校把英国俱乐部制和智能化管理系统相互结合起来，构建起了"数字化体育俱乐部"，从而让资源配置以及活动管理都能够实现智能化操作。这些实际的操作实践均表明，数字技术是完全可以成为国际经验在本土化进程当中的重要推动助力的，它能够对传统模式所存在的不足之处予以弥补，并且还能将其优势效应进一步放大。对于未来课后体育服务的本土化发展而言，应当充分将中国在数字技术方面所拥有的优势发挥出来，推动传统模式和现代技术实现深度的融合，进而形成具备时代特色的创新模式。

第四节 课后体育服务体系的展望与趋势

一、课后体育服务体系的优化策略

（一）政策与制度的创新设计

构建体系化的政策支持框架一事，当下教育部正在着手研究并制定《中小学课后体育服务体系建设指导纲要》，从宏观这个层面来讲，其能够明确课后体育服务发展的方向以及需遵循的基本原则。与此同时，各地的教育部门也在积极地去摸索契合本地特点的相关政策体系，就好比上海市便出台了《学校体育三年行动计划》，在该计划里明确地把课后体育当作重点发展的领域。展望未来，在政策设计方面会越发注重其系统性以及协同性，这里面不但会有顶层层面的设计规划，而且还会配备相应的实施细则；不但会清晰地明确规划目标，而且还会给予资源方面的有力保障。相关研究显示，这种体系化的政策支持是能够凝聚起强大合力的，能够有效避免因碎片化推进而致使政策效应出现衰减的情况，其对于课后体育服务的长远发展无疑有着极为重要的支撑作用。

制度方面的创新能够有效破解发展过程中遇到的瓶颈难题。就人才制度创新来讲，北京市积极探索出了"双聘教练"这样一种制度模式，在该模式下，专业教练是能够同时接受体育部门以及教育部门聘用的，如此一来，便成功打破了人才在流动方面存在的壁垒。再看资源配置制度创新方面的情况，浙江省推行了"场馆共建共享"的相关机制，借助对制度的精心设计，推动学校的体育场馆向社会开放，并且让社会场馆在使用安排上能够优先保障学生的需求。而在评价激励制度创新层面，上海市把课后体育服务的质量纳入到了学校的考核体系当中，使其和学校的评优评先直接关联起来。从这些有关制度创新的实践情况能够明显看出，要想推动课后体育服务实现良好发展，关键就在于突破体制机制方面所存在的诸多障碍，这就要求我们必须要有勇于去探索的精神，同时还要敢于去进行突破，通过在制度上不断创新，进而释放出发展所需要的活力。

多部门协同治理机制逐步得到完善。在天津市，专门成立了一个由教育、体育、财政等诸多部门共同组成的课后体育服务协调委员会，该委员会全力推进与之相关的各项工作。这种跨部门协同合作的机制，日后极有可能会演变成一种普遍被采用的做法，毕竟课后体育服务具备综合性的特点，需要通过这样的方式来妥善应对。这里要注意的是，未来的协同治理并非仅仅停留在宏观层面的协调上，而是会朝着微观落实的方向不断延伸拓展，比如会建立起联合督导、联席会议以及信息共享等一系列具体的工作机制。南京市则在积极探索一种"一门受理、协同办理"的服务机制，在此机制下，学校只需要向教育部门提出申请就行，而与之相关的各类资源会由协调机构来统一进行调配安排。这种既简化了程序又明确了责任的协同机制，能够切实有效地提升行政方面的工作效率，同时还能减轻学校所承担的负担，它无疑会成为未来制度不断优化的一个极为重要的发展方向。

（二）专业与普惠的平衡发展

专业发展和普及推广要同步推进。广州市体育局会同教育局共同制定了《青少年体育后备人才培养与学校体育协同发展计划》，在推动全面普及的进程中，着手建立专业人才培养体系。这样的"二元并重"发展理念势必会成为主流选择。深圳市实行的是"金字塔"式发展策略，在基础层面针对全体学生开展普及性活动，中间层面给有潜力的学生安排提高性训练，顶层则面向专业后备人才开展精英培养工作。专家表示，往后的课后体育服务应当打破"专业化与大众化"的二元对立思维模式，构建起普及与提高能够有机衔接的连续体系，既确保每个学生拥有基本的参与权利，又能给有潜力的学生开辟出专业发展的通道。

服务内容呈现出多样化以及个性化同步发展的态势。北京的某所学校把课后体育活动划分成了三个类别：基础性活动是面向全体学生开展的，其重点在于培养学生的基本运动能力；特色性活动则是针对有着不同兴趣爱好的学生来设置的，能够为他们提供各式各样的选择；专项性活动主要面向那些在体育方面有特长的学生，可为其提供具有一定深度的专业训练。这样的分类服务模式是能够同时兼顾到体育活动普及层面以及提高层面的不同需求的，而且极有可能会成为未来课后体育活动发展的一种趋势。杭州的某所学校对"1+X"课程模式展开了探索，其中"1"所代表的是所有学生都必须要参与的基础课程，而"X"则是学生们可以依据自身兴趣来自主选择的特色课程。在未来，课后体育服务会越发重视其自身的结构设计，会通过设置多层次、多种类型的服务内容，以此来达成普惠性和专业性两者之间平衡发展的目标。

资源配置要达成均衡化以及重点化，需统筹着向前推进。上海市教育委员会推行了一种资源配置策略，也就是"均衡化加重点化"的模式：一方面得保障每所学校都能有基本的资源配置到位，另一方面还会对那些有特色项目的学校给予重点方面的支持。这样一种存在差异的资源配置模式，是把公平和效率都兼顾到了的，它将会成为日后政策所倾向的方向。江苏省在探索一种资源配置的机制，叫做"区域统筹、校际共享"，如此一来，既能够防止出现重复建设的情况，又可以形成资源集聚起来的效应。教育经济学相关的研究显示，在资源是有限的这种条件之下，适度地去进行集中以及共享，相较于完全均匀地分配资源，是更具备效率的。未来在进行资源配置的时候，会更加看重结构方面的优化以及效益的提升，要通过科学合理地配置资源，来实现普惠式发展以及在重点方面有所突破，让二者达成统一的状态。

（三）质量与效益的提升路径

在关于服务质量标准体系的建设方面，北京市当下正在着手制定《中小学课后体育服务质量标准》，在这份标准里，对师资条件、场地设施以及活动内容等诸多方面的核心指标都做出了明确的界定。而上海市，则是在积极探索建立分级分类的质量评价体系，会依据学校的不同类型以及其所处的发展阶段来设置存在差异的标准。从这些有关质量标准建设的实践情况来看，能够发现未来在中小学课后体育服务这块，会越发着重于规范化以及标准化的发展路径，借助明确具体的质量要求来引领整个服务水平实现提升。有专家特别提到，质量标准可不能仅仅只是把目光聚焦在硬件条件还有外在的形式上面，而是应当更加重视教育所能够达成的效果以及学生在参与过程中的切身体验，进而去建立起一套以学生发展作为核心的多元化质量评价体系。如此的一种理念上的转变，将会促使课后体育服务从单纯的规模不断扩张的状态朝着着重提升服务质量的方向发生转变。

专业支持体系的构建工作在多地有着不同实践举措。浙江省专门组建了课后体育服务专家指导团，该指导团会定期前往学校，深入其中开展专业层面的指导事宜。上海市则建立起了"区域体育教研共同体"，以此推动校际之间在专业方面展开交流，并实现资源的共享。广州市着手开发课后体育服务资源库，在这个过程中收集诸多优秀案例以及各类活动方案，从而给学校给予专业方面的参考依据。从这些支持体系建设的实际情况能够看出，要想提升服务质量，强有力的专业支撑是必不可少的，而且在未来的发展中会越发看重专业资源的整合以及共享情况。需要注意的是，专业支持并非一成不变，它将会从以往单一方向的指导逐步转变为互动式的交流模式，由单纯的经验分享过渡到侧重于解决实际问题，会更加关注针对性以及实效性，以便能实实在在地解决学校在具体实施过程中所碰到的种种困难。

参考文献

[1] 教育部.关于全面加强和改进新时代学校体育工作的意见[Z].2020-10-15.

[2] 国务院办公厅.关于进一步减轻义务教育阶段学生作业负担和校外培训负担的意见[Z].2021-07-24.

[3] 国家体育总局,教育部.关于推进学校体育场馆向社会开放的实施意见[Z].2017-09-13.

[4] 中华人民共和国教育部.学校体育美育工作"双提升"计划[Z].2023-01-10.

[5] 刘波,吴键.我国中小学课后体育服务发展路径研究[J].体育科学,2022,42(5):25-34.

[6] 丁亮,王健.中小学课后体育活动的价值取向与实施策略[J].北京体育大学学报,2021,44(11):89-97.

[7] 李相如,张振.国外课后体育服务体系比较研究[J].体育学刊,2020,27(6):42-48.

[8] 周爱光,刘畅.日本学校课后体育俱乐部发展经验及启示[J].上海体育学院学报,2019,43(4):76-83.

[9] 王宗平,李艳翎.美国中小学课后体育项目的组织模式研究[J].武汉体育学院学报,2021,55(8):67-73.

[10] 杨桦,杨国庆.学校体育场地设施开放共享机制构建[J].体育科研,2020,41(4):12-19.

[11] 陈佩杰.城市中小学校课后体育服务供需错位及对策研究[J].体育科学,2022,42(9):56-64.

[12] 马卫平.新时代学校体育教师专业发展路径探析[J].体育教学,2021,41(5):11-14.

[13] 董翠香,郑厚成.中小学校外体育培训机构管理研究[J].首都体育学院学报,2020,32(4):347-352.

[14] 王健,王登峰.双减背景下中小学校课后体育服务体系重构[J].体育学研究,2022,36(3):12-19.

[15] 张力为,刘海元.中国学校体育的政策演进与发展趋势[J].北京体育大学学报,2021,44(5):1-11.

[16] 钟秉枢,李艳翎.我国智慧体育发展现状与未来趋势[J].上海体育学院学报,2022,46(1):78-85.

[17] 刘青,孙葆丽.中小学课后体育服务质量评价指标体系构建[J].体育科学,2021,41(7):87-95.

[18] 张林,陈佳.体教融合背景下课后体育服务多元合作模式探究[J].体育教学,2022,42(4):25-29.

[19] 黄汉升,张瑞林.中小学校课后体育安全风险防控机制研究[J].武汉体育学院学报,2021,55(4):62-67.

[20] 徐伟,李相如.数字化时代课后体育服务创新研究[J].体育学刊,2022,29(5):35-42.

[21] 钟秉枢.学校体育课程资源开发与利用[M].北京:北京体育大学出版社,2020.

[22] 马卫平,毛振明.学校体育学[M].北京:高等教育出版社,2019.

[23] 王登峰,林显鹏.中国学校体育改革与发展研究[M].北京:人民体育出版社,2021.

[24] 张力为,刘波.体育教育学[M].北京:高等教育出版社,2020.

[25] 国家体育总局.全民健身计划(2021—2025年)[Z].2021-08-03.

[26] 孙葆丽,赵丰.城市中小学课后体育服务满意度调查研究[J].体育科学,2023,43(2):45-53.

[27] 王宗平,刘青."健康中国2030"背景下中小学体育发展战略研究[J].体育科学,2020,40(6):3-11.

[28] 潘绍伟,董翠香.学校体育与社区体育资源整合机制探究[J].体育学研究,2021,35(5):76-82.

[29] 周爱光,郑厚成.课后体育服务与青少年体质健康促进研究[J].上海体育学院学报,2022,46(3):56-62.

[30] 刘青,丁亮.新时代学校体育高质量发展研究[M].北京:教育科学出版社,2022.